# EINSTEIN And The RABBI

# 愛因斯坦—與—猶太拉比

Searching for the Soul

萊維
Naomi Levy

王惟芬——譯

目錄

譯者序 007

第一篇 追尋靈魂

第一章 與靈魂相遇 014
第二章 愛因斯坦與拉比：靈魂復活 025
第三章 在我的內部尋找我：尋找自己的內在本質 040
第四章 靈魂自拍照 044
第五章 遇見靈魂的三個層次 051

第二篇 接觸生命之力：視野和行動的關鍵

調高靈魂之聲的音量：滋養與喚醒靈魂 060
第六章 滿足靈魂的需求 061
第七章 冥想是靈魂的良藥 066
第八章 讓音樂提升你的靈魂 075

第九章　為滿足你的靈魂而吃　082
第十章　禱告和學習是理解的關鍵　088
第十一章　在自然中恢復靈魂　095
第十二章　迎接安息日：在休息的日子恢復你的靈魂　098
進入靈魂的廣泛視野　105
第十三章　退一步海闊天空　106
第十四章　超越我們的狹隘視界　114
第十五章　信以為真　121
第十六章　瞥見大掛毯：探測隱藏的連結　133
發現行動的力量　140
第十七章　打破陳舊的熟悉模式　141
第十八章　永孕：找到讓你完成人生任務的勇氣　146

# 目錄


## 第三篇　傾聽愛之力：親密關係和聽見召喚的關鍵

學習深愛 156
第十九章　軟化：把石心變肉心 157
第二十章　體驗寬恕的治療 168
第二十一章　為聖戰祈禱：思而後行的學習 181
第二十二章　認識真朋友的救贖力量 188
第二十三章　尋找靈魂伴侶 193
第二十四章　帶著五種神聖特質進入婚姻 197
第二十五章　認識婚姻持久的祕密 201
第二十六章　與靈魂一起養育 207
發掘你的神聖召喚 214
第二十七章　聽從靈魂的召喚 215
第二十八章　明白自己就是合適人選 220

第二十九章　感受靈魂的拉扯　235
第三十章　把弱點轉化成強項　243
第三十一章　讓你的靈魂作用　251
第三十二章　擊敗靈魂的對手　256
第三十三章　知道你是誰：認識你真正的神聖力量　264

**第四篇　迎接永恆之力：高層認知的關鍵**

經驗合一，一嚐永恆滋味　282
第三十四章　拉近距離返回家園　283
第三十五章　感受你靈魂的四十二場旅程　288
第三十六章　認識阻礙對你的提升　294
第三十七章　看到你的未來世界　303
懂得時間與永恆的深層含意　309
第三十八章　珍惜永不消亡的祝福　310

目錄

第三十九章　生活在靈魂時光　319
第四十章　體驗合一　331
第四十一章　為靈魂帶來樂趣　339
第四十二章　牽起連接線　345

圓滿：那封信　361
謝辭　377
注釋　383
參考書目　395

# 譯者序

給中一、揚義，及和我在這人間天堂彼此相伴的朋友們。

「我們能體驗到最美好的事，就是神祕。」——愛因斯坦致拉比馬庫斯

「告訴我，有一個永恆的靈魂。告訴我，靈魂是真實的。」——拉比馬庫斯致愛因斯坦

「別告訴我要相信。別要求我要懷有信心。我需要知道這是一項事實。一個科學事實。」——拉比萊維

上面三句話都是出自這本書，前兩句出自頂尖科學家和二戰期間從集中營中解救出上千孩童的拉比的通信，後一句則是本書作者的一段小結。乍看之下這些話讓人覺得錯亂不解，為何科學家頌揚神祕的美感，拉比卻渴求科學的真相，而深信靈魂作為一實體存在的作者卻寫出一句讓接近無神論者的我打從心底認同的話？

寫在這裡的，不能算是導讀，甚或也不適合當作開場的序言，這比較接近譯者的獨白，

儘管中間還夾雜有和作者的對話。動念寫序主要是因為翻譯這本書的過程有別以往，一來是書的內容涉及我十分不熟悉的神的領域，二來是在譯書過程中，和擔任拉比的作者有所連繫，並且曾向基督徒友人請教，因此覺得這本書還有些隱形的共同譯者，想要在此撰文致謝，同時分享一些翻譯時的心態轉折。

很感謝編輯讓我有機會接觸到這本書，雖然他問我翻譯意願時，我猶豫再三，主要是覺得自己沒有「屬靈」的體質，在神的話語前總顯得特別駑鈍無感，二來我對「拉比」一詞十分陌生，最初以為是某種神職人員（後來才知道其實是猶太教中地位崇高的導師）。能夠透過譯書認識一個新世界，向來是當譯者的最大樂趣，但貿然接下與自己調性截然不同的案子，可能會是災難一場，畢竟翻譯一本書，基本上就是將大腦騰出一些空間，和作者「同居」幾個月，透過其眼光看世界，而和世界觀與自己南轅北轍的人朝暮共處，可不是什麼樂事。

多年來抱持著神的存在與我無關的不可知論者的立場，但隨著年歲漸長，覺得相信有一個比人類更崇高的存在是件很美好的事，畢竟古往今來人類創造出的許多美好成就都源自於對神的崇拜。我也毫不懷疑宗教、信仰，或是人對神的看法，對這世界乃至於整個人類文明的影響深遠。即便如此，我還是在基督徒友人面前坦言，個人覺得宗教這檔事基本上就是，人說要有神，就依自己的形象造了神。然後我翻到這本追求靈魂的書，真不知道對我來說這是救贖，還是懲罰——這念頭經常在譯書時於腦中浮現，實際上在許多的當下，心中的獨白是「這該不是報應吧！」或是「難不成神在透過這本書對我說話？」當然，也會有「這一切只是詞語本身的誘惑，是一種指涉性的暗示」，總之這本書就是一會兒進入神的子民的角度，一會兒自我反思，一會兒又陷入矛盾的拉鋸中完成的。

此際，在翻完這本書後，我可以很誠懇地說，自己看待宗教的立場並沒有因此改變，但確實體認到之前所沒有想過的層面。一直以來，我都是在理性或知性的系統中看待宗教、信仰或是神的問題，神是研究的客體，不是一個與之互動交流的主體，但這本書帶我進入另一個維度，進入信仰本身。以愛因斯坦和兩位拉比的書信，以及個人故事和生活經驗為經緯，引領讀者進入神的國度（而且是個著墨人性更多於神性的世界，所以讀來不至於有太多閱讀障礙），順道回顧一段猶太人的近代史。儘管我是抱著觀光客的心態來「參觀」她的信仰所構成的世界，但也覺得許多話語深深說到我的心坎裡，而在讀到有人將自己的想法與感受恰如其分地以文字表現出來時，總覺得有一種莫名的親切與熟悉感，也許那就是一種與「靈魂」的相遇。

在翻譯科普和人文學科的書籍多年後，這幾年決定走出自己的舒適圈，嘗試看看新領域。接下這本書，一方面是衝著「愛因斯坦」這四個大字，心想在翻譯過程中多少還是可以找到一點立足之地，一些理性依歸，而且我也難掩好奇，想要知道愛因斯坦寫下這句話的來龍去脈。再來是因為好友中不乏神的子民，多年來也受到他們不少啟發與開示，在他們身上看到一些特質，感受到不一樣的溫暖，儘管難免感到彼此間有道無法跨越的藩籬，因此也想要透過此書更加認識這些友人，甚或是整個有神論者的世界。

另外一項吸引我的原因是那尋求靈魂的動人原文副標。最初讓我興起這段翻譯過程會是一段靈魂之旅的美好幻想，殊不知在這書中「靈魂」不是一種精神狀態的比喻，也不是一個形而上的概念，而是一個真真實實的物理存在。用我個人淺薄的話來說，是種離「活見鬼」並不太遠的狀態。我確定自己沒在這段時間遇見鬼，至於是否有和自己的「靈魂」、世人的「集體靈魂」取得連繫，甚至直通作者所謂「靈魂之魂」，也就是「神」的所在，就很難說了。我只能說，有時候，在字句斟酌地想著該如何轉化成中文，在想著這些話換作是中文世界的人會怎麼說時，偶爾會陷入一種無語的狀態，或是陷入一種感慨，或是莫名所以地流下淚來，即使我從頭到尾都是個不可知論者，也能感動拉比萊維所感動的。翻譯到最後，我還是沒能照著作者的建議，透過禱告和神交流，但卻和她本人通過email，告訴她我深深為她追尋這兩封信的旅程所打動，喜歡她將個人經歷穿插其中的古今對應，也對她將猶太教古老智慧轉化給生活在高科技社會中的現代人的建議深感佩服，甚至覺得有些建議彷彿是為我寫的，與自己的生命經驗遙相呼應。同時也近乎「懺悔」地坦承，不論有多感動，神還是離我很遙遠的事實。她則是大方地告訴我這無所謂，她也常常為無神論者提供諮詢，只要我的翻譯忠於她的文字，一切都會很完美。

我不知道這一切是否真的很完美——實際上我知道，這離完美還很遠。因為不管這些詞語有多貼近原意，都無法帶我去到神的國度。而她在那裡，但我執意不靠近。法國詩人博納富瓦（Yves Bonnefoy）在談到譯詩時，提出一個很美的見解：「如果詩歌的譯者不是詩人，他在翻譯的過程中也會成為詩人。詩人和他的譯者之間有一種親密的關係，這是兩個相互訴說和傾聽的聲音。」在翻譯的過程中，沒能成為神的子民的我，倒是和作者產生某種連結，看到她在書中所描繪的那些生命弧線與我的相互交錯與應和，也完全同意所謂的天堂，不是在死後的世界，而是在這裡，只要我們能看見。人間就是天堂。

我無意在這裡簡介整本書的內容，倒是想在做結前提出在翻譯過程中遇到的棘手問題，原本想用譯注的方式說明，但因找不到簡潔扼要的文字而作罷。問題是這樣的，在書中作者難免會引用經文，但我留意到她所用的英文版，和華文世界所選用的有所出入，顯然是因為她讀的經文是由希伯來文翻譯的英譯本，當然也有可能是因為猶太教和基督教，即便信奉的是同一個神，但在解經釋義上有所出入。起初我有點無所適從，不知該選華人世界常用的《聖經》譯文（但離作者所選用的有所差距）還是直譯，更麻煩的是，即使用英文來查詢，當用字有出入時，根本無法確定這是否出自同一段經文。在這樣的情況下，我不得不放棄以現有《聖經》譯本為依歸的做法，而採取原文直譯。以下列這段摘自《詩篇》的經文為例。

作者的英譯版本是：「I called to God from my narrowness, and God answered me with a vast expanse.」在中英對照版中，最接近的經文是下面這段：「From the straits I called God; God answered me with a vast expanse.」

一般的《聖經》譯本將其翻成「我在急難中求告耶和華，祂就應允我，把我安置在寬闊之地」，但怎麼看都覺得背離原文，而且難以和前後文呼應。於是我將其譯成：我在狹窄之處呼求神，祂就應允我，把我安置在廣闊之地。

經過跟神的關係比較友好的朋友揚義潤飾後，最後則改成為：「當視野狹窄的我呼求神時，祂以廣闊的境界開我心眼。」

看著友人的譯文，我也是有種大開眼界的感受。這句話實際上是作者在《詩篇》中最喜歡的詩句，還有下一句是：「備受束縛的我呼求神時，祂用寬敞的空間許我自由。」

翻譯時深感束縛的我讀來真的很有感觸。儘管我沒有真的向神呼求，但也因此而感到自由了，於是釋懷地按自己的方法，與作者「忠於她文字」的建議，翻完了整本書，不再拘泥於既有的《聖經》譯文，或是刻意模仿教徒的口氣用語。現在想來，這種做法確實更忠於作者的意思，因為她也採取開放寬容而務實的態度在面對這世界，在承繼傳統時不忘與時俱進的殷切，一反我對猶太教是個戒律嚴明甚至墨守成規的教派的淺薄想法，甚至讓我有點明白何以猶太人能夠在這麼多領域嶄露頭角的一些原因。

我無法像作者一樣為讀者祈禱，或是引用一段《詩篇》來收尾，最後僅讓我以一段愛因斯坦的文字來作結：「覺察到在人所能經驗的一切事物背後，還存在有超越我們心智所能理解的，而這當中的美麗和崇高只能以間接地方式傳達出來：這就是虔誠的信仰。在這層意義上，也只有在這層意義上，我具有虔誠的宗教信仰。」

# 第一篇

# 追尋靈魂

# 第一章

# 與靈魂相遇

你的父親是拉比嗎？

當我告訴別人我從四歲起就想成為拉比時，他們總是問我同樣的問題。不，我父親是做女裝的，但他是「**我的**」拉比。當我還是個孩子的時候，父親會讀《聖經》英雄和先知的故事給我聽，這些都是我的睡前故事。他告訴我要如何禱告，如何愛上禱告的旋律，還教會我如何和他手牽手走在街上一同和音唱歌。星期六的早上，當我的朋友在家穿著睡衣看漫畫時，父親會帶著我去猶太會堂，我會坐在他旁邊，玩他禱告披肩上的流蘇。

當我在幼稚園宣布自己想成為一名拉比時，每個人都笑了。有人嘲笑我說：「難道妳不知道女孩不能當拉比嗎？」但是父親很支持我。「諾米，」他用我的綽號來叫我：「繼續妳的夢想，有一天妳就是那個會笑的人。不是因為『我這樣告訴妳』。在妳成為拉比的那一天，妳會因為純粹的喜樂而由衷笑出來。」所以我繼續堅持夢想，即使它看起來比較接近幻想。

父親一直教我，而我也一直學習。等到我要行成年禮（bat mitzvah）的時候，我們家參加的猶太會堂不允許女孩在安息日（Sabbath）早晨吟唱《妥拉》（*Torah*）中的經文，或是領導任何服事。只允許女孩在週五晚上讀一些《先知書》中的讀物*。我的父親教我如何誦唱先知書的內容。當我懂得閱讀後，父親開始教我如何在星期五晚上的安息日服事中帶領所有的旋律和禱告。我非常熱切地學習，也輕鬆地全部吸收。我們倆一起唱歌，為神創造美好的合音。然後我父親去猶太會堂的理事會，講述我們的狀況。他是在爭取正義，他滿懷熱情，鼓起勇氣地爭辯。最後理事會稍微有點放軟：他們說我可以帶領某些《詩篇》，但不允許我向神禱告或祝福。我喜歡這個妥協。我的成年禮變成一場美麗的家庭自製服事。只有我和父親在講壇上。我吟頌《詩篇》，每當要祝福時，則是由他開口。以這種方式與他一起帶領服事，對我來說是非常完美。

我之所以想當拉比是來自靈魂的召喚嗎？在成長過程中，我從未認真想過靈魂一事。也許會說到這個字眼，比如說「觸動我的靈魂」之類的話，但我將這句話中的「靈魂」理解成這是我們內心深處的代表，一個安置真正情感的地方。我知道音樂對我來說是一種非常觸動

* 譯注：猶太人的《聖經》，即一般人所謂的舊約《聖經》，一共分為三部分，分別是《妥拉》（*Torah*）、《先知書》（*Nevi'im*）和《聖卷》（*Ketuvim*），「妥拉」的希伯來文字根有「射中目標」之意，引伸出來的意義包括「教導」、「指示方向」、「引導」，因此係指律法書，但一般也可廣義解釋為拉比的教導。舊約《聖經》中的《妥拉》共有五卷書，有時稱作「摩西五經」，分別為《創世記》、《出埃及記》、《利未記》、《民數記》與《申命記》

靈魂的經驗。我知道愛也屬於靈魂領域。

我的父母是靈魂伴侶，這一點我很確信。他們難分難捨，總是將彼此抱在懷裡。他們互動的方式很罕見。每天早上，當我父親出門工作時，他們總是熱情相擁，好像這是難熬的離別；每天晚上父親到家的時候，他們會站在前門那裡良久，就像長時間分離後重逢的戀人一樣。他們那時就感覺到能在一起的時間很有限嗎？

成年禮的兩年後，當我十五歲時，有天晚上我的父母走在街上。一名男子拿著槍接近他們要錢，然後槍殺了我的父親。

父親去世了，我的整個世界都崩潰了。

突然間，「靈魂」一詞一遍又一遍地出現。不停有人向我提到父親的靈魂。在他的葬禮上，拉比在禱告時，說他的靈魂會在神庇護的翅膀下找到平安。神是一隻鳥嗎？我只知道我的父親離開了。我非常想念他，覺得和他徹底隔絕。我好想和他說話，和他一起唱歌、一起禱告，在猶太會堂裡坐在他身旁。我想和他一起學習。但只是一片寂靜，什麼也沒有了。只剩我一個人。父親再也不會教我了。

父親去世那天，很多東西都死了。母親死了，至少那個強壯、充滿活力把我養大的女人已經不復存在。現在的她對我來說似乎很渺小而且很虛弱。安息日也沒了，所有的假日也是。當那位籌辦假日聚會的人不復存在時，還有機會坐在度假桌旁嗎？我的朋友也都死了。他們當然還在我身邊，但他們怎能理解我呢？他們忙著談論青春痘和十六歲的甜蜜，我只是在他們旁邊的一團黑霧中夢遊，沒法真正和他們在一起。我死了。會和朋友嬉鬧，分享心中愛慕的男孩和最喜歡的搖滾明星的那位十五歲女孩死了。我變得麻木。禱告也死了。父親和我對神、信仰和禱告所做的那些鏗鏘有力的討論，現在看起來都是空洞的。神有什麼好？我不再渴望成為拉比。

四年過去了，我進了大學。有一天，當我走在校園的路上，專注想著自己的事情時，我感覺到父親。我感覺到他的存在。這是明白無誤的。很難準確描述我的感受，但這是一個深刻的認識，就像你在睡覺時，突然間有一種強烈的感覺，感到有人就站在你身邊，看著你。起初，感覺到父親的存在有點可怕，但後來覺得很安慰。他跟我在一起，和我一起走路。

我覺得這種感覺會過去，但我錯了。父親並沒有丟下我一個人，我無法搖動他，但我總是感覺到他的存在。

我開始擔心起來，也許我失去對理智的控制。一天，在下課後，我決定告訴我的文學教授伯克博士我所遇到的這個問題。他是我那時的導師，我需要向某人透露。窗外一片灰茫茫，天氣很冷。我們坐下來喝咖啡，我鼓起勇氣告訴他感覺到父親的事。我說：「我想我可能瘋了。」我想知道我是否需要去看醫師。

伯克博士笑著說：「妳為什麼這麼想？這是一份禮物！」

禮物？這感覺起來比較像是一種負擔。但是在那個下雨的午後，伯克博士跟我說《哈姆雷特》和《咆哮山莊》以及愛爾蘭的民間故事，還有西班牙的魔幻寫實作家馬奎斯（Gabriel

García Márquez）的故事。我們談到了感知世間萬物的脈動節奏、創造的心跳，也談到神祕感應、擁抱生命的魔力，而不是一直嘗試去控制它。他說：「奈歐米，妳承繼了偉大先知的傳統，這是來自亞伯拉罕、摩西、黛博拉和山繆爾的傳統——他們都曾接觸到一種『存在』。」我腦中浮現小時候與父親讀過的《聖經》故事。伯克博士提醒我，「心理學」（psychology）這個詞並不意味著對心靈或心的研究，而是對靈魂的研究。他非常有信心地向我保證：「相信我，妳並沒有發瘋。妳正在遇見妳的靈魂……以及妳父親的靈魂。」

那天我和父親一起回到宿舍。我不再擔心他的存在，而是歡迎他的到來。然後我告訴自己：**所以，精神疾病就是當你感到與世隔絕和孤獨的時候，而心理健康就是當你開始感覺到那些看不到的靈魂的存在**。

父親去世時，我誤以為從此我們天人永隔。我的悲傷掩蓋了我聆聽和感受的能力。現在我和他一起行走，我重新學習他很久以前教給我的東西。

要是靈魂不只是代表我們內心深處的隱喻，怎麼辦？要是靈魂真的是一個精神實體、一位神聖的嚮導，一個神派來棲居在我們內部的永恆使者呢？要是靈魂可以看到我們眼睛所無法察覺的？要是靈魂也有渴望、需求，以及提供我們更高層次的召喚和真愛的智慧，以及真正的生活目的？要是靈魂在我們死去後仍然活著？要是離去的親人的靈魂比我們想像的更接近我們呢？

我開始研究靈魂——它在我們內部的位置以及它離開我們的旅程。我開始為能夠認識我的靈魂而禱告，我開始冥想，並傾聽我靈魂的聲音。漸漸地，四歲女孩的渴望以我從未感受過的熱力活躍起來。我的靈魂在呼喚著我，它一直在呼喚我，要我成為一名拉比。

在我大三大四時，紐約的猶太神學院投票決定允許女性進入拉比學校。當我聽到這個消息時，感到非常震驚，一邊笑一邊哭。最後，我也名列進入神學院的第一批女性。這感覺就像回家一樣，就像完成一個圓圈。在神學院的院長叫我上講台，欣慰地在我的肩膀披上禱告披肩來祝福我，並且任命我為拉比的那天，我知道父親也在笑，從純粹的喜悅中笑出來。

獲得任命後不久，我開始深入研究《聖經》文本、拉比的注釋，以及關於靈魂的神祕教義。我開始發現靈魂不僅是與來世的連繫，也是認識此時此刻的**此生**關鍵。

我了解，我們生活在猶太神祕主義者所謂的「分離世界」（World of Separation）中，在這個地方我們只看到部分的真理，生活似乎脫節、斷裂。我研習猶太教義中所謂的「狹隘心靈」（Narrow Mind）和「廣博心靈」（Expansive Mind）。這些真的都是直覺式的智慧。我們經常會沉溺在自身的小事裡。我們小心眼又善妒。我們的憤怒矇閉了眼睛，我們過去受到的傷害讓我們盲目，我們的欲望和野心也讓我們視而不見。但是我們也有可能獲得一廣博心靈——這就是你的靈魂為你提供的視野。我們有能力看到整體，用慈悲的眼光看待世界，並且為我們經常忽視的美麗和早已獲得的祝福做見證。當我們進入此一廣博心靈的狀態時，阻礙我們的障礙就會融化消失。我們能看透它們，擺脫它們，並且超越它們來看待我們的道路。這時我們就獲得一雙看到整體世界的眼睛。在那裡，所有對立的二元性都消失了。

我擔任拉比這麼多年來，遇到各式各樣的人帶著他們的生活問題來找我：**我應該怎樣生活？這個對象適合我嗎？要如何在婚姻中找回熱情？怎樣才能找到真正的召喚？**在我擔任拉比時，很早就意識到，大多數的生活問題實際上都是靈魂問題。我們有一種切身的感覺，認為現在過的生活不是我們真正想要的生活。我們知道還有更多的事要做，對自己抱持更多的期望，想要給予更多，感受更多。我們這麼想，完全是對的！

我們經歷了這些渴望，因為到了某個階段，我們與自己的靈魂分離，與引導我們走向自身存在目的內在聲音分離。人在談他們的問題時，常常會用到靈魂這個詞彙：「我覺得自己是一個失落的靈魂。」「我覺得我的靈魂中有一個洞。」事實上我們的靈魂根本沒有消失，只是我們失去了與它的連結。若是我們能夠學會與靈魂重新取得連繫，就會得知困擾我們的這些問題的答案。

既然靈魂如此明智，為什麼我們不再傾聽自己的靈魂呢？這是生而為人的挑戰。因為我們有權選擇我們想聽的。身體有其欲望，自我有其野心，而周遭的世界則是以誘惑和承諾呼喚我們，讓我們分心。靈魂不能強迫你傾聽，但它永遠不會放棄嘗試，它永遠不會失去對你的期望。在你的生命中，你的靈魂會不斷拉扯你。這就是何以會產生那種空洞感的緣故。你感覺到的空洞來自於一段差距，是你所在的位置與你的靈魂所知道你應該在的位置之間的距離。

你會怎麼形容你的靈魂？也許你是用世俗的方式看待靈魂，認為這是深藏在你內心真理的一種隱喻。也許你會想到宗教的答案，認為靈魂是神聖而永恆的。但你對你的靈魂有多少認識呢？你能描述一下你的靈魂的需要嗎？它供給你什麼？你曾經感受到與你的靈魂緊密連結嗎？你什麼時候失去了這種連結？生命的悲劇是靈魂近在咫尺，但仍是個陌生人。

我們很容易陷入迷失和困惑，任誰都有過這種感覺。我們的感官很容易變得遲鈍，有時是因為受傷而導致自我封閉，但多半是因為我們的習慣。我們陷入一種既定模式，日復一日的過日子，沒有渴求、延伸和傾聽。然後你有一天醒來，意識到已經遠離自己的本質。在試圖取悅他人的同時，你失去了自己。你的工作不再與你產生共鳴。你的人際關係淺薄。在承擔所有的義務和壓力後，你不再做自己喜歡的事情。我們想要在放逐中流浪，希望找到一種回歸本質的方法。

好消息是，我們並未注定會一直處於這種隔絕的狀態。有一種方式可以回歸到真實的自我，而這取決於我們是否願意與我們的靈魂相遇，接觸和聆聽我們靈魂的聲音。在愛、智慧、指導和力量方面，靈魂是我們自己內部的顧問。我們早已習慣無視靈魂的存在，我們現在面臨的挑戰是要學會傾聽並接受靈魂的教導。

將靈魂帶到你感到隔絕和漂離之處，觀察你的生活如何在你面前展開。將靈魂帶到你的關係中，將會學到親密的意義。將靈魂帶到你的工作中，就能學會召喚的意義。將靈魂帶進你的房子，就能明白家是什麼。把靈魂帶入你的學習中，就會獲得智慧。將靈魂帶入你的心靈，就能輕鬆面對自己的脆弱，並體驗到之前從沒想過的自身內部的愛的深度。這是一種引導你展現仁慈和無私行為的愛。為你的恐懼帶來靈魂，你將學到勇氣。為你的意識帶來靈魂，你將興起幫助素昧平生者的熱情。為你的夢想帶來靈魂，將會學到堅持不懈的喜悅。是的，堅持某件事情的純粹喜悅。

你的靈魂想要教你認識自身的力量。它希望你相信自己的能力和天賦。它想要你自傲地抬起頭來，宣稱自己與生俱來的權利：生命就是你要經歷的生活。你的靈魂希望你穿越黑暗、迷霧和混亂來追隨它。你的靈魂會帶你到高處，帶往愛和良善。

你的靈魂想念你。神想念你。你的靈魂永遠不會放棄對你的等待。是的，它為你而生，為你禱告。所以不要再逃跑、隱藏和分散自己的專注力。釋放自己。擺脫那些讓你閉上眼睛、低頭無視的習慣。歡迎你的靈魂回到你的生活中。牽起它的手，讓它帶領你走向真正的道路。

邀請靈魂進入生活需要練習，也需要一點瘋狂。一種神聖的瘋狂。要有意願歡迎並依循一種你無法證明其存在的精神實體。但就另一方面來看，這麼多年來我們也跟隨那些看不到的聲音，像是恐懼、擔憂、論斷或野心等聲音。所以，歡迎進入這神聖的瘋狂中。

與靈魂共同生活並不意味著所有的痛苦都會消失，也不表示所有的困惑都會奇蹟般地離去。有時我們無法滿足我們的靈魂，因為我們天真地相信，滿足靈魂會讓我們獲得內心的平靜，或是進入狂喜的狀態。事實是，靈魂並不處理滿足或幸福，而是在於開眼和不適。靈魂希望你感到不舒服，才會讓你努力爭取更多、去成長和學習，並在這個美麗而破碎的世界中

在我們內部預先放置的生命歷程，這是我所知道的唯一方式。人眼中看到人性。他們的問題在你內心活躍起來。與靈魂共處可能是痛苦的。但若要過著神看到需要修復之處。與靈魂共存可能會讓你徹夜難眠，你會突然開始在你過去所忽略的陌生

我之所以成為拉比，是為了幫助他人聽到他們的靈魂，並與其他人的靈魂有所連繫，不論是生者還是逝者的靈魂。我看到人們在開始接觸他們的靈魂時所經歷的非比尋常的變化。貧乏的婚姻生活重新浪漫起來，無聊的日子展現出新色彩，長年的孤獨感煙消雲散，內部負面的聲音開始軟化，猶豫不決的心逐漸清楚起來。恐懼不一定會消失，但它不再是難以跨越的障礙。一種新的歸屬感油然而生，將我們與內在真理連繫起來，也與他人相結合。人們開始發現更深層的目的和意義，並且想要將工作轉變為召喚。愛變得不那麼具有威脅性，它進入，並更自由地流動。信仰和希望似乎不再像是一種渴望，而比較像是老朋友。死亡變得不那麼可怕，也非絕對的終點。我們開始意識到我們是某事物的一部分，與所有造物相連。經常有人告訴我，認識自己的靈魂就像回頭認識一個全新的自己。而且，正如伯克博士很久以前教導我的那樣，感受到已逝親人的存在是一份寶貴的禮物。

今晚是我父親的「yahrzeit」，即他的忌日，我寫下這些字句。他已經離開三十七年了，但他從未真正離開過我。在此謹代表我的父親，以他多年前在一堂課中教給我的，來為你祝福：

願你跟隨你靈魂的召喚，願你在最深切的渴望成真的那一天，因為純粹的喜悅而笑。阿門。

# 第二章
# 愛因斯坦與拉比：靈魂復活

三年前，我開始感到有另一個靈魂在拉扯著我。這次不是親人的靈魂，而是一個我素未謀面的男人的靈魂。我沒有察覺它的到來，因為那時我正忙著自己的事……

我正在為一堂名叫「合一」（Oneness）的課程做研究。我想教我的學生看看我們與萬物相互連繫的方式，舉凡生者、死者、動物與岩石等一切造物。我打算與他們分享我第一次教導我的孩子關於靈魂，以及在死後靈魂會發生什麼事的比喻。

我會說：「我們都裝在一碗宇宙湯中。」

「像雞湯一樣的湯？」他們會這樣問。

「不，更為濃稠。」我會這樣回答。

「像蔬菜濃湯？」

「不，」我接著會說：「比較像是燉菜。」

這就是我對我們在永恆之地所做的比喻。我相信我們所感知到的物質世界，實際上是屬於我們精神世界的一部分，而且十分接近我們，就像我們呼吸的氣息一樣。我們都是這鍋沸騰的宇宙燉菜的一部分，為我們所看不到的靈魂所環繞。這股同樣的永恆氣流貫穿我們，以及我們周遭的一切。

一天下午，當我在為我的班級準備教材時，偶然發現愛因斯坦對我們與宇宙關係的描述：

> 人類是我們稱為「宇宙」這個整體的一部分，是受時空侷限的一部分。人將對自我、自己的思想和情感等體驗，當成是與其餘事物分離的東西，這是人的意識的一種光學錯覺。努力擺脫這種錯覺是一個真正的宗教問題。要在能力範圍內尋求心靈的平靜，就要去試圖克服它，而不是滋養這種錯覺。[1]

愛因斯坦這段精闢的見解讓我將原本的工作停下來。他的這段話完全展現出我所相信的一切，同時觸及到我們有限的視野以及我們難以看到的合一，即將我們也涵蓋其中的整體。愛因斯坦的這段文字貼切地捕捉到我多年來研究的神祕教義：狹隘心靈和廣博心靈、分離世界與我們都可進入的整合世界。是的，我想，我們生活在一種失明的狀態。我們的孤獨感是一種錯誤。愛因斯坦的話重申了我自己經歷到的一切。愛因斯坦說，我們都是更大整體，萬事萬物的一部分。而我們對分離的錯覺導致我們陷入極大的痛苦、困惑和孤獨，但實際上所有的事物都是相互連結和交織的。

當時我根本沒想到愛因斯坦這段關於宇宙的精彩解說，會把我引向一個陌生人的靈魂，並且讓我感到一定得追隨他故事中的神聖線索。就這樣，我偶然發現的這段愛因斯坦的話，讓我踏上一段加深我對靈魂和永恆認識的旅程。

我無法相信愛因斯坦曾寫過這些話。他對我們在宇宙中位置的描述聽起來像是一位禪宗大師，或是古代的神祕文本。但對我們說這話的人，既不是佛教徒，也不是神祕主義者，而是一個相信所有存在的統一性的物理學家；他看到物質、時間和空間，之間的相互連繫。

當我在網路上發現愛因斯坦這段動人的引文時，完全沒有任何背景脈絡。我想知道這句話的出處，想知道愛因斯坦在寫下這段文字時到底在想什麼。我需要知道他是和誰講這些話。

這就是我這段旅程開始的地方。當我深入挖掘時，我發現愛因斯坦是在一封給一位失去孩子的男子的信中寫下這些話語。進一步搜索後，我得知愛因斯坦的這封信是寫給一位名叫羅伯特．馬庫斯（Robert S. Marcus）的醫師。對那些引用愛因斯坦精彩話語的人來說，他的真實身分毫不重要。無論我在哪裡找到愛因斯坦的這段語，總會在旁邊的括號中看到同樣的注解：（這是出自愛因斯坦寫給一位悲傷父親的信）。但我需要進一步認識這位悲傷的父親。

我腦中浮現許多疑問：這位醫師是誰？他是一名怎樣的醫師？他對愛因斯坦說了什麼才激發他寫出這段關於宇宙美好特徵的話語，深深打動我的心？

我花了好長一段時間查找，想要得到更多關於馬庫斯醫師的資訊。然後，有一天早上，在我翻閱檔案時，赫然發現這位馬庫斯其實不是醫師，而是拉比！

原來是拉比馬庫斯，這位悲傷的父親先寫信給愛因斯坦。我立即覺得和這個拉比非常親近。人在痛苦時會向他們的神職人員求助，但神職人員要向誰求助呢？我想這位拉比馬庫斯一定很痛苦，正在尋找答案。但他為什麼會寫信給愛因斯坦？我在心中思忖著。

於是我展開一場為期三年的旅程，閱讀大量書信，進入布滿灰塵的閣樓和檔案館，並且進行數十次的採訪面談。這項探詢任務引領我前往紐約、辛辛那提以及耶路撒冷。慢慢地，我開始揭開這個謎團的神祕面紗。

拉比馬庫斯是在一九〇九年出生於紐澤西州的紐澤西市。他於一九三一年被任命為東正教的拉比，並於一九三五年獲得紐約大學法學學位。他的拉比生涯從會眾拉比開始，但很快就意識到自己並沒有因為小事或猶太會堂的政治而遠離自己的目標。當時，希特勒得勢上台，不僅威脅他同族人民的生存，也威脅全世界的良知，這時他感受到要為全體猶太人而努力的招喚。拉比馬庫斯決定離開他的講台，與美國猶太人大會著名的猶太活動家拉比史蒂芬·懷斯（Rabbi Stephen S. Wise）一起服事。當美國參戰時，拉比馬庫斯立即入伍，擔任巴頓將軍軍隊中的猶太牧師。這不是個容易的決定。他當時早已成家，妻子已生下兩個年幼的兒子，但當他知道自己有責任去鼓勵和安慰戰場上的士兵時，他實在無法就這樣待在家裡。

拉比馬庫斯在一九四四年春天上船，剛好就在獨立紀念日那天。當時他的妻子費伊已經懷了他們的第三個孩子。他幾乎每天都會寫信給費伊。通常在這些信的最後，他會特別寫幾句話給他的長子傑伊，當時他只有五歲，但卻有超齡的心智，相當成熟。拉比馬庫斯似乎與傑伊有深厚的精神連繫。這些信件中的字句混合有鼓勵、父親的擔憂與渴望。「親愛的兒子……外出時請小心，不要弄濕腳，因為在這樣嚴寒的天氣裡，很容易感冒……愛你的父親。」「你有出去多呼吸一些新鮮空氣嗎？」「我一天比一天更愛你。」「游泳時記得要小心。」[2]

在信件中，他對傑伊說話的口吻，經常像是和一位比他年紀大很多的孩子一樣：「你必須保護（弟弟）史蒂芬，並關注媽媽。」在獨立紀念日那天，他寫給傑伊：「今天，我們的軍隊進入法國，攻擊納粹……他們已經殺死四百萬我們猶太人，有男有女，還有小孩……很抱歉，我不能回家慶祝你的六歲生日，因為我必須和那些為世界上所有孩子而戰的勇敢士兵們待在一起。我必須設法鼓勵他們，讓他們不致感到害怕。即使我沒有和你在一起，我也會想到你、史蒂芬和媽咪。」

拉比馬庫斯是空軍部隊第九戰術隊的隊長，曾獲得六顆戰役星章和銅星勳章。諾曼第登陸時，他也在那片海灘上，然後又前往法國南部和德國，撫慰那些受到驚嚇、受傷和垂死的士兵。在一封他寫給費伊的信中，我讀到他描述年輕男孩在他手臂中嚥下最後一口氣的情景，也讀到拉比馬庫斯寫給那些陣亡士兵的父母的信件。信中充滿憐憫，並向他們承諾，他們的兒子的靈魂將生活在「永生之屋」。

然後在一九四五年四月，拉比馬庫斯隨第一批軍隊進入布亨瓦爾德（Buchenwald）集中營，參與解救任務。

當他走進布亨瓦爾德時，看到難以描述的不人道場景。屍體堆得很高，四處散發燃燒人體的惡臭。然後他走到還有氣息的屍體堆前，對著他們一個接一個地喊道：「你自由了！你自由了！」[3]

當他走進這個地獄般的世界時，找到了一些孩子。這景象讓他難以置信。在集中營裡，兒童是第一批遭屠宰的。但不可思議的是，拉比馬庫斯發現九百零四名為營地囚犯隱藏和拯救的猶太男孩。他們營養不良，但還活著。拉比馬庫斯立即向日內瓦猶太人的兒童救援組織（Oeuvre des Secours aux Enfants, OSE）發一封電報：「在布亨瓦爾德找到一千位猶太兒童。立即採取措施將其疏散。」[4]

這些孩童成為拉比馬庫斯的個人使命。其中有一位名叫艾利澤的十六歲男孩，看起來生不如死。不過，大多數人並不知道誰是艾利澤，他是以艾利．魏瑟爾（Elie Wiesel，知名作家、諾貝爾和平獎得主）的名字，逐漸為世界所認識。

拉比馬庫斯的同事拉比赫歇爾．沙克特（Herschel Schacter）有機會一窺這些孩子的心理狀態。他發現一名叫呂勒克（Lulek）的小男孩滿懷恐懼地在一堆屍體中躲藏著，淚水從他臉上流下來。拉比沙克特抱起那個男孩。他以意第緒語（Yiddish）問：

「你叫什麼名字，我的孩子？」

「呂勒克。」孩子回答。

「你多大了？」這位拉比繼續問道。

「年齡有什麼意義？」七歲的呂勒克這樣回答：「總之我比你還要大。」

「為什麼你認為你年紀比我大？」拉比沙克特笑著問。

「因為你像個孩子一樣，又哭又笑，」呂勒克回答道：「我不笑好久了，甚至不再哭泣。所以，我們哪一個年紀比較大？」[5]

這位小呂勒克長大後成為拉比伊斯萊爾．梅厄勞（Rabbi Yisrael Meir Lau），擔任以色列的阿什基納茲大拉比（chief Ashkenazi rabbi）。

觀察這些男孩的人注意到，他們就跟呂勒克一樣，外表看起來是孩子，除了兩樣迥然不同的特點。首先是他們的眼睛。這不是一雙孩子的眼睛，而是看過太多苦難的成年人眼睛。其次，他們不玩孩童的遊戲，反而被廣播和報紙頭條所吸引。他們需要知道世界上發生什麼事。

兒童救援組織需要幾週的時間來尋找收容這些孩童的孤兒院。這段期間，他們就留在布亨瓦爾德，由拉比馬庫斯保護。他的任務是讓他們再次成為孩子。他知道他們前面還有很長一段路要走，但他決心在他們的生命中恢復一些天真和笑容。

這九百零四名無家可歸的孤兒，沒有在家中等他們回家的父母，也沒有人會伸出雙臂等著擁抱他們。拉比馬庫斯把自己變成他們的家，他們的父親、母親、拉比與老師，為他們打開雙臂，敞開擁抱他們的心房。

當然，當他看到這些孤兒的漂亮臉孔時，忍不住想起自己的孩子，想起在家鄉的傑伊和史蒂芬，他非常想念他們。而且他也非常想見費伊在一九四四年八月生下的女兒塔瑪拉，將她抱在懷中。

但是拉比馬庫斯繼續留在布亨瓦爾德，努力讓這些男孩恢復健康，為他們尋找新生活。他為他們進行個人討論，並帶領宗教服事。他想恢復他們的靈魂，教導他們相信新的人生，再次能夠信賴、希望，以及擁有信仰。

拉比馬庫斯在德國協助建立一座農場，教導十幾歲男孩和女孩，將來他們在巴勒斯坦土地上所需要的工作技能。這地方稱為布亨瓦爾德屯墾自治區（Kibbutz Buchenwald）。在那裡，他們學習農場集體生活。拉比馬庫斯於一九四五年六月寫道：「他們有牛、馬、羊、牛和拖拉機。他們學會再次開懷大笑、玩耍、唱歌，並為靈性事物所吸引。」[6]沒錯，拉比馬庫斯正在幫助他們的靈魂復活。

幾週後，拉比馬庫斯成功地安排數百名布亨瓦爾德的男孩進入法國的安全路徑。他堅持親自把他們帶到那裡。

在那次旅行的前夕，拉比馬庫斯自豪地站在一條大橫幅下微笑著，這是為了要幫這些孩子拍照，以紀念這個歡樂的時刻而特別製作。上面用意第緒語和法語寫著：我們正開始新的自由生活。

這天早上，拉比馬庫斯護送載滿孤兒的十三節火車車廂，當中包括布亨瓦爾德的魏瑟爾。在火車上，這些男孩會對德國路人喊道：「納粹的謀殺者，我們的父母在哪裡？」經過四個難以成眠的夜晚，拉比馬庫斯帶領他的布亨瓦爾德男孩在法國重獲新生。他寫道：「我將這些孩子帶到一處更自由的世界，充滿燦爛的陽光。而我為此感到高興。」[7]

當我得知艾利・魏瑟爾是拉比馬庫斯在布亨瓦爾德拯救的其中一位男孩時，決定聯絡他，希望能見他一面。我想知道艾利還記得什麼，想知道他對拉比馬庫斯的想法，以及是否知道拉比馬庫斯和愛因斯坦之間有書信往來。艾利的助理告訴我他當時沒空，但她鼓勵我保持耐心，並繼續與她保持聯絡。我只能抱持希望等待下去，但我明白時間並不站在我這邊。當年大多數獲救的布亨瓦爾德男孩目前都八十幾歲了，其中許多人的健康狀況不佳。有些人已經出現失憶和精神錯亂的情形。但我很幸運能見到幾位布亨瓦爾德男孩，和他們交談，分享他們寶貴的回憶。唉，但沒有一個人聽說過拉比馬庫斯曾寫信給愛因斯坦。

亨利・奧斯特（Henry Oster）是一位身材高大的醒目男士，八十八歲的他仍在洛杉磯擔任驗光師。他這樣形容跟隨拉比馬庫斯從布亨瓦爾德到法國的旅程：「他是我們的摩西，帶領我們從奴隸生活走向自由。」派瑞・許爾曼（Perry Shulman）則告訴我，在坐火車到法國期間，他的腳遭到感染，後來拉比馬庫斯趕緊將他送往醫院，救了他的命。

在搭火車護送孩子前往法國的三個月後，拉比馬庫斯回到德國。他奇蹟般地弄到前往巴勒斯坦瑪塔羅瓦（S.S.Mataroa）的八十張船票。他非常高興能親自護送另一組倖存的孩子前往自由之地，他們原先都是在布亨瓦爾德屯墾自治區的年輕男女。這艘船上的一名年少乘客，當時只是十七歲的女孩，長大後成為著名的性心理治療師茹絲・韋斯特海默（Ruth Westheimer）博士。

茹絲博士跟我說，她還記得那段旅途中充滿希望。她說那是一段充滿期待和理想的時光。她告訴我，她和朋友在船上唱著猶太人的民歌，並且跳著民族舞，他們還在星空下聚集於甲板上，享受夢幻般的新生活時刻。她說：「船上的設備很簡陋，但我們興致高昂，充滿理想。」

他們在猶太新年（Rosh Hashanah）於以色列北部港口城市海法（Haifa）登陸，拉比馬庫斯在船上主持聖潔日禮拜。這場新年禱告與船上的這批乘客產生深層的共鳴，終其一生都難以忘懷。拉比馬庫斯寫下這個值得紀念的日子：「新年在清澈的地中海天空下與激動人心的禮拜中展開……在我這一生中，從來沒有一刻覺得身為猶太人的感覺有這麼好……這場從束縛到自由的漫長且曲折的旅程已經結束。他們終於回家了。」[8]

布亨瓦爾德的這批青少年在奈特澤瑟芮尼（Netzer Sereni）猶太人的土地上找一處屯墾自治區。二〇一四年夏天，我很高興前去參觀這個屯墾區，並與布亨瓦爾德屯墾區的倖存者會面。他們與我分享種種回憶，聊到前來照顧他們的這位充滿慈悲心的男士。我向他們提到拉比馬庫斯和愛因斯坦之間書信往來的事，但他們沒有任何人有這方面的線索。他們允許我讀他們那年代久遠的日記，還讓我看一些珍貴的照片和信件。

莎拉．費格（Sara Feig）是拉比馬庫斯拯救的其中一位少女，她從新家園寫信給他，要求他來主持她的婚禮：「給我在苦難時的救命恩人……我覺得與你之間有一精神連繫，你是我的救援者和嚮導，是我的老師、我的拉比。你以父愛的奉獻和無限的愛來照顧我……我難以用言語來形容，也沒有足夠的墨水或紙張來感謝你為我所行的善事，以及你用你的力量帶領我走向喜悅和美好生活之道。」

拉比馬庫斯曾經目睹難以描述的恐怖，但他很榮幸得知他幫助了這些孩童的靈魂復活，為此他滿懷感恩。

當他最終回到美國，拉比馬庫斯終於與妻子費伊和三個孩子傑伊、史蒂芬和塔瑪拉重聚。他回家的日子非常珍貴。同樣，他在戰爭和集中營中的經歷，就像無法動搖的噩夢，盤踞在他腦中。他的靈魂充滿對社會正義的熱情。不久後，他擔任世界猶太人大會（World Jewish Congress, WJC）的政治主任，在那裡他繼續孜孜不倦地為幫助倖存者重生而努力。他不僅是為全球猶太人爭取權利，也為人類的靈魂而戰。

拉比馬庫斯成為世界猶太人大會的聯合國代表。他日以繼夜地投入為聯合國人權政策的製定工作。種族滅絕和無國籍人民的身分，這兩大問題會讓拉比馬庫斯在夜間醒來，並且把所有精力都投入其中。時至今日，這兩個問題依然存在，而且變得更為急迫。當我讀到蘇丹發生的屠殺事件，便想到當年拉比馬庫斯就是努力防止這種不人道行為。擔心數百萬敘利亞難民的命運時，也想到拉比馬庫斯預見他們的困境，並為他們爭取可能前去尋求避難的所有國家的權利。

一九四九年夏天，費伊和孩子們整個八月都待在紐約州凱茲基爾斯（Catskills）的度假小屋。這似乎是和其他家庭一起過暑假的理想方式。但突然脊髓灰質炎（俗稱小兒痲痺）流行起來，並在兒童間像野火一般蔓延開來。馬庫斯的三個孩子都受到感染。拉比馬庫斯那時正在一艘前往法國的船上，準備前去為留在歐洲的猶太人爭取更佳的保護。他一聽到這個消息，就搭上他可以乘坐的第一班飛機返家。但還是太晚了。傑伊，他心愛的十一歲兒子，他的長子，這個與他自己靈魂交織在一起的孩子，已經死於脊髓灰質炎。

悲傷和內疚向他襲來。

痛苦中，拉比馬庫斯向愛因斯坦求助，愛因斯坦用他對宇宙的美麗描述來回應他。這就是寫信給愛因斯坦，並引發他寫出關於宇宙概念的男人。他不應當只是歷史上的一個注腳，而是一個為人類尊嚴貢獻自己生命的偉人，他曾保護和照顧許許多多的孩子，卻無法拯救自己最寶貝的兒子。

拉比馬庫斯到底對愛因斯坦說了什麼？又想要什麼？為什麼拉比會向一個科學家求助來尋求安慰？當時我無從得知這一切，因為我找不到拉比馬庫斯寫給愛因斯坦的信。

一九五一年一月十八日，拉比馬庫斯因心臟病發作而辭世，就在他接到愛因斯坦關於萬物統一講法的十一個月後。那年他才四十一歲。他的妻子費伊在三十五歲時失去長子和丈夫，得獨自一人扶養兩個小孩。

在我得知拉比馬庫斯不幸逝世後，我以為可以讓他離開我的腦中，但我無法停止，他依舊在我腦海裡徘徊。儘管如此，我覺得我必須從這段書信搜索的工作中抽身，休息一段時間。也許隨著時間的推進，會有一道新的門打開。與此同時，我把注意力轉到他從愛因斯坦那裡收到的這封信，這封信讓我感動莫名，並在我內心深處引起共鳴。我把這封信貼在桌旁的牆上，每天對著上面的字句冥想。

愛因斯坦從頭到尾都不曾使用「靈魂」一詞，但只用四句話，就勾勒出一幅存在於此時此刻的永恆生命的畫面，一種我們視而不見的無限生命。根據愛因斯坦的說法，宗教的最終目標是幫助我們看到和體驗所有人構成的整體。他相信我們有能力從自己是獨立實體的錯覺中解脫出來，認清我們事實上都是交織在複雜精細的無限網絡中。

若是愛因斯坦的「真正的宗教」使命，是在幫助我們看到萬事萬物根本的統一性，那麼身為拉比，我認為我的使命就是要宣揚一個可以團結所有宗教和種族的信仰，一個我們都能同意和歸屬的大宗教（meta-religion）。一種普遍相互連繫的宗教，一種將我們所有人團結在一起的合一概念。

每隔一段時間就可瞥見那種合一，那是一種體悟到自身屬於某種無限和奇妙東西的感覺，它不僅圍繞著你，還會穿過你。我相信，要察覺這種合一性的關鍵在於，與我們自己的靈魂和他人的靈魂相遇的能力。我並不是說愛因斯坦相信人死後會有永恆的靈魂存留下來——事實上，他並不相信這種事。我想要說的是，我相信我們內心存在一種神聖的靈魂，會教導我們「完整」體驗愛因斯坦鞭辟入裡的描述。

在「分離世界」中，我們的看法是有限的。有些粒子太小，超出人類眼睛可以看到的範圍，但它們仍在這裡。這世上也有我們耳朵聽不到的聲音頻率，但我們的寵物卻可以感知到。有些振動我們無法感受到，但它們仍會影響我們。我們受到自己身體的生理侷限，但在我們內心，有一個靈魂可以指導並教導我們體驗愛因斯坦如此精美描述的合一性。在我們內部，有一股力量可以引導我們實現神所賜予的潛能。有一種力量，可以幫助我們看到看似不同和脫節的元素間的連繫，甚至是在生者和死者之間。了解和傾聽靈魂可以改變我們的生活，而它可能確實改造我們的世界。

如果能夠學會遇見存在於我們內部的靈魂，就可以開始打破我們與世間萬物分離的幻覺，或進入合一的世界，在萬物中發現靈魂。我們將迎接靈魂，那個居住在內心以及周圍的那一小塊永恆。我們將會遇見死者的靈魂，以及隱藏在我們放眼所及的事物中的靈魂。然後，我們將學習如何開放自己，面對靈魂亙古綿長的教導。

我會找到拉比馬庫斯寫給愛因斯坦的信嗎？要有耐心，我這樣告訴自己。

靈魂的旅程永遠不會是線性的。它需要耐心和堅持。就在準備放棄的時候，又有一扇門打開了。如果你願意的話，就有機會走進去，邀請你探索從前就封鎖在你身邊的新領域。過去那些轉彎的地方都是錯誤的彎道嗎？那些走進去的死巷子都毫無價值嗎？還是它們也都是愛因斯坦所談論的「整體」的一部分？整體包含所有路徑、選擇，以及所有的人事物。一直以來都有受到引導嗎？回顧過去這段自己走過的時間之旅，你將會明白，這是一個只有靈魂可以回答的問題。

> 願你與你內在的靈魂相遇。願你歡迎它永恆的教導，願你睜開眼睛看到它所見和所知的世界，一個包含我們所有人的合一世界。阿門。

第三章

# 在我的內部尋找我：尋找自己的內在本質

愛因斯坦童年臥病在床時，他的父親送給他一個禮物。那是一個指南針，是個會讓孩子高興的玩具，而這個指南針也標誌著愛因斯坦探究宇宙運作的起點。多年後，當愛因斯坦提到這個指南針時，他自問是什麼力量導致針指向北方呢？然後他說他明白了，「勢必有什麼深深隱藏在事物的表象之後」。[1]

當我們花時間觀察自己的言行舉止時，我相信也可能會發現在我們內心深處隱藏著一些東西，不斷指引我們。我將靈魂視為一種存在於我們內心的指南針，總是將我們指向永恆的事物，諸如愛、美、整體、意義、結合、召喚和神。

靈魂有一種不可思議的方向感，可以指引我們獨特的靈性結構。

靈魂可提供智慧給我們，解答困擾我們的問題。靈魂會知道你所遺忘的事。而當我們敞開生活和心靈接受它的召喚時，就會得到微小的啟示。也許是一場心領神會的體驗，也許是似曾相識的感覺。你會從中學到新知，並將其與你原本所知重新連結。你遇到一個新的人，並了解團聚的真正含義。

隱形的連接線貫穿我們自身和整個宇宙。靈魂的意識將我們與腳下的草葉、雄偉的高山，以及生者和死者的靈魂連繫起來。世代傳承的集體靈魂透過我們產生迴響，並在我們的日常生活節奏中迴盪。靈魂認為，我們所愛和所失去的人永遠不會遠離我們。生命可能會結束，但其存在的光芒將會繼續從永恆之地照耀我們。

與靈魂產生連結，是生命意義和實現目標的關鍵。但是當你連要尋找的是什麼都不確定時，要去哪裡尋找你的靈魂？又要怎麼找到它？

我們之中有許多人希望能夠擁有看見靈魂的視覺結構，這樣或可幫助我們看見存在於我們內部的神的位置。

過去，我從未見過與我產生共鳴的靈魂的表徵。有一次，我去布拉格訪問，進到猶太區古老的平卡斯會堂（Pinkas Synagogue）。當中的一個展示櫃放有兒童的繪畫和素描。這乍看之下是個可愛的展覽，直到我明白那些孩子是在哪裡創作這些藝術品，以及那些無辜靈魂的最後結局，才有所改觀。

這些畫是在大屠殺期間，由一批關在特雷津（Theresienstadt）集中營的孩子所創作。是的，即使在地獄裡，靈魂也可以創造出美。我充滿淚水的眼睛從一幅畫緩慢移動到另一幅，然後我站在一張畫前，幾乎無法動彈。這只是由幾條簡單的線畫出來的穿著條紋褲子的人。他有兩隻眼睛、一個用點代表的鼻子，一小搓鬍子和一頂帽子。沒有嘴，也沒有手臂。這表達的似乎是一種無助——沒辦法說話，也沒有求助的雙手。在這人的軀幹裡又畫了一個東西。我仔細看一下。那是同一個人，只是比較小一點，占據他整個身體線條的內部。畫這幅畫的孩子試圖傳達什麼？這個在人裡面的人又是誰呢？然後我讀了這張圖旁邊的小卡。這件作品名為《靈魂與身體》（*Soul and Body*）。一個在集中營內的十歲小男孩捕捉到靈魂。他十一歲時在奧斯維辛集中營遭到殺害。他的名字是法朗齊歇克·布洛贊（František Brozan）。

法朗齊歇克讓我們用新的眼光看待靈魂。我想他是在說，靈魂就是在我之內的我。這是最真實的版本的我，是神賜予的那個。即使遭到監禁，也沒有人能夠奪走的那個我。即使失去生命，也不會失去的那個我。這是涵蓋神放在我們內部所有力量和潛能的我。我們都祈禱這股隱藏在我們內心的巨大潛力，能夠找到進入世界的出路。法朗齊歇克實現他巨大潛力的機會遭到剝奪，但他對永恆靈魂的敏銳視覺依然存在，提醒我們要以內部的那個我的完整性和力量，來豐富在世人生的每一天。

> 願你內在的我指引你，並帶領你領悟所有神賜給你的驚人天賦。阿門。

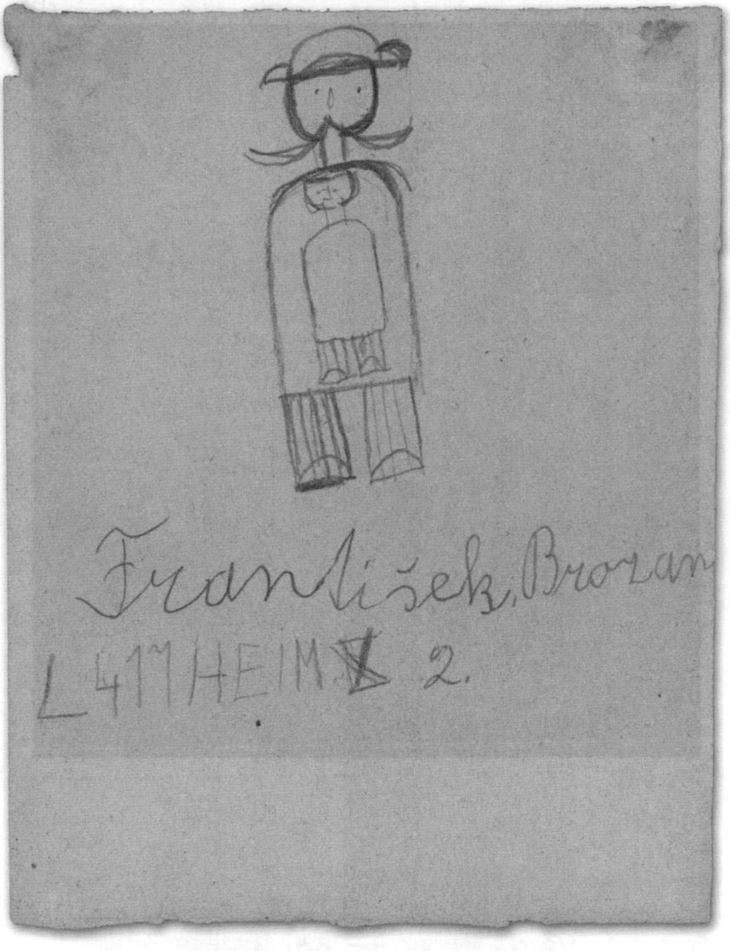


法朗齊歇克・布洛贊的《靈魂與身體》

# 第四章

# 靈魂自拍照

二〇一四年夏天，我和一群來自美國的拉比前往以色列。我們受邀到一位退休拉比家裡吃安息日晚餐。拉比斯圖爾特・蓋勒（Rabbi Stuart Geller）過去在美國擔任會眾拉比長達數十年。他是一個非常瘦小的男子，禿頭，眼睛散發著熱愛惡作劇的眼神。他對我們說的第一句話是：「歡迎大家！順便說一句，要是等一下空襲警報響起，你們請自便。」

拉比蓋勒非常風趣。當我們聚在他的院子裡，誦念葡萄酒的祝福經文時，他說：「我知道你們這些拉比都在擔心你們的聖日布道。哈哈，還好我退休了。祝你們好運！」然後他繼續說道：「其實，你們真的很走運。今晚我要為你們講道。」

當時我確信他會對我們說一些深沉的智慧。我們都全神貫注地等著。然後他看著我們說道：「好的，你們準備好了嗎？這就是我的布道，我們來自拍。」

真的就是這樣！就這一句。

大家都笑了。這讓我想起電影《畢業生》，當達斯汀・霍夫曼從智者那裡獲得「塑料」這個建議的那一刻。然後拉比蓋勒開始帶領我們進行酒的祝福。

我實在難以專注在祝福上。自拍？這就是他想要說的全部？我身邊的人都沒把這當回事，我的這些同事全都一笑置之，但我沒辦法就這樣放下。「自拍」這個詞要教導我們什麼？我實在想不透。

星期天我們去搭導覽的觀光巴士，但我難以專心。導遊拿著麥克風說話，我在她講話時仍心不在焉地琢磨「自拍」這個詞。接下來我只知道巴士停下來，大家都下車了。我們走了一會兒，然後到一處觀景台，得以俯瞰令人驚嘆的風景。

我立刻掏出iPhone拍照。這裡可以看到耶路撒冷古城的美麗全景，但我環顧四周，看到所有同事都在拍街道的對面。他們都在看我後面的東西。我開始擔心，**我錯過什麼嗎？這是一個特殊的聖地嗎？一個著名的廢墟？**在我看來，這就是一堆瓦礫。但我實在不好意思，不敢問我的同事他們到底在拍什麼，所以我想出一個妙計：**我現在也來拍一張這堆瓦礫的照片，然後等到回到巴士，再想辦法偷偷問其他人，這張照片到底拍的是什麼。**

於是我轉身拍了一張瓦礫的照片，突然間我明白，我錯過的是什麼。我的這批拉比朋友全都在拍攝他們背後的美麗景色。

自拍。又是這個詞。它真的是窮追不捨的跟著我！但是自拍有什麼可以布道的？

我們把拍攝自己的照片稱為自拍照，但這根本不能捕捉到自我，與我們的內在世界毫無關聯。它無法捕捉你的思想、你的靈魂、你的渴望、你的感受、你的祈禱。自拍完全是表面的。

自拍照往往會誇大我們所擁有的樂趣。我和這些拉比的旅行很有趣，但是相當沉重。大多數時間，我都坐在那裡開會。但其中有一位拉比將我們這個小組的自拍照，發布在臉書上，還下了這樣一個標題：「拉比在以色列」，看起來好像我們一直在舉辦派對。但這次的旅行根本不是這麼回事。自拍有一種將生活遠離現實的功能。

自拍是對現實的扭曲。事實是，你只是一片廣闊壯麗的天地間的一小塊斑點。但是在自拍照中的我們，看起來總是不成比例地大，而壯闊的遠景則像一小塊斑點。

是的，自拍是以自戀式的誇張手法來呈現現實狀況，但同時這也很有趣，幫我們記住與所愛的人相處的重要時刻，以及去過的地方。這並沒有什麼害處。那麼自拍照有什麼道理？

我正在思考這問題，突然瞄到拉比蓋勒慧詰的眼神，然後想到了答案。

我相信神一直在懇求我們「聆聽」。要我們每天做一些我們所抗拒的事情：深入了解自己的靈魂，並誠實地交代自己目前所處的位置，以及未來的方向。**哪裡需要我？我是否偏離人生道路？我變得自滿嗎？我是否已停止學習、成長和變化？**

這些都是大哉問，需要認真思考的沉重問題，而我們總是不想正視。但如果我們只是一直自拍，可能會錯過等待我們的所有祝福。而且某些祝福只有透過深入挖掘，才能發現。

我意識到我已經從中找到所要布道的：我們生活中的挑戰，是學習如何「自拍靈魂」。

什麼是自拍靈魂？就是每天努力與我們的靈魂相遇。我們都渴望看穿外界種種分散注意力的表象，進而了解自己的真實本質。我認為，自拍靈魂就是愛因斯坦向拉比馬庫斯描述的過程。他說，我們有能力超越自我，還談到我們對更高境界的分離感，在這個境界中，我們可以感知自己所屬的那個更大的整體，那個統合所有造物的整體。

自拍靈魂是去了解你靈魂的輪廓，它的期盼和渴望，它的知識和智慧。

當然，靈魂的照片不是拿起相機對準自己就能拍下來。那麼自拍靈魂到底是什麼意思？

自拍靈魂是去迎接我們靈魂的練習。

靈魂是什麼？

拉比告訴我們，靈魂是在我們內部的一面神的鏡子。就像神充滿世界一樣，靈魂也充滿身體。靈魂比身體更長久，就像神比世界更長久一樣。靈魂在身體中是獨一無二，正如神在世界上也是獨一無二。靈魂能夠看見，但不會為人所見，就像神能夠看到這世界，但世人卻看不見祂。

靈魂是身體的神，神是世界的靈魂。

靈魂正在召喚你，一如神也在召喚你，但聆聽總是不那麼容易。

我的導師，拉比哈羅德．舒爾維斯（Rabbi Harold Schulweis），願他安息，喜歡說一個美麗的寓言：

神在創造世界時，神與天使分享了一個祕密：將會以神的形象來造人。

天使聽到後感到嫉妒和憤怒。為什麼要賜予有缺陷的人類這樣珍貴的禮物呢？要是人類發現他們真正的力量，一定會濫用它。要是人類發現他們是按照神的形象所創造，那麼他們就學會超越我們。

所以天使決定要偷走神的形象。

當這神聖的形象落入天使手中後，他們需要找一個地方來隱藏它，好讓人類永遠找不到。

他們舉行一次會議，進行腦力激盪。天使加百利建議，將神的形象藏在最高山峰的頂端，但其他天使表示反對，說道：「有一天人類將學會攀爬，他們會在那裡找到它。」

天使米加勒說：「讓我們把它藏到海底。」「不，」其他天使又插嘴道：「人類會找到潛入海底的方法，他們會在那裡找到它。」天使一個接一個地提出隱藏的地方，但全都遭其他天使否決。然後，當中最聰明的天使烏利爾走上前來說：「我知道有一個地方，人類永遠不會去那裡尋找它。」

所以天使們將這寶貴的聖像，藏在人的靈魂深處。直到今天，神的形象仍然隱藏在我們最不可能去尋找的地方。就躺在那裡，比你能夠想像的任何地方都還要遠。就躺在那裡，比你所知道的任何地方都還要近。

*

我們有能力證明天使是錯的。我們可以學會揭開並挖掘出神的形象。我們所要做的，就只是找到埋藏在這當中的珍寶。

是時候了，拍張靈魂的自拍照。

這裡我列出四個問題供你冥想，可以幫助你指導自己來拍出靈魂的自拍照。給自己一點時間，在一張紙上回答這些問題，不用一次全部回答，而是在你閱讀本書時，反覆回答：

（一）我的靈魂一直試圖在對我說些什麼，長久以來我所忽視的？
（二）有哪些活動和經歷能夠滋養我的靈魂，但我卻做得不夠？
（三）什麼是我的靈魂想要修復，但我的自我卻太頑固或太害怕而不讓它動手？
（四）我的靈魂希望我達成什麼？

這些問題的答案能夠深化和豐富我們的生活。這些答案有部分就是我們的生活，或者至少是當中最重要的部分。

如果我們能學會自拍靈魂，可能會就此改造我們的生活。

一旦決定要探詢和追隨我們的靈魂，我們就開始一段旅程。

一路上滿是顛簸和坑洞，這是一段讓人停停走走的蜿蜒旅程。有時道路變得平坦，可以走上很長一段距離。有時候，在我們準備好要繼續前進之前，會陷入一個可能看似永恆的地方。

是的，有些時候我們會迷路，當我們不知道該做什麼或轉向哪條路時，會感到恐懼又沮喪，我們希望這可以變得輕鬆一點。有了靈魂，這確實可以變得容易些。

人生的道路不會都是康莊大道。然而，那些蜿蜒曲折的道路，儘管令人沮喪，卻會引領我們走向有意義和受到祝福的生活。

我祈禱你會選擇追隨你靈魂的旅途。願它領導你走向和平之路。阿門。

# 第五章
# 遇見靈魂的三個層次

艾文在他最好的朋友詹姆斯去世後一週前來看我。詹姆斯是因為癌症而過世，才二十八歲。他是艾文大學時的室友。艾文坐在我對面，顫抖著，整個人蜷縮起來。他想問我什麼，但就是說不出口。他滿懷歉意地對我說：「很抱歉，拉比，我並不想在這裡哭。」

我說：「沒必要道歉。你的眼淚表示你在乎。」

艾文深呼吸一下，然後開始說話。他說：「拉比，我相信生命很重要。詹姆斯在這裡很重要，而且他透過某種方式還繼續活著。」艾文說自己是一個膚淺的人，沉迷於運動、女人、車子和發財。但現在，這些事情突然變得不重要。

我在艾文身上看到過去和現在的他。他的穿著打扮活像是百威啤酒廣告裡的人，頭戴棒球帽，穿著T恤、短褲和夾腳拖，有著壯碩的二頭肌和厚實的脖子，但他眼中有一種深深的悲傷，這份悲傷在訴說著：「我的生命必須要有意義。」他問我：「拉比，妳能和我談談靈魂嗎？我想知道，我需要知道。」

我說：「我想和你分享一些讓我獲得引導和撫慰的智慧。」

艾文從口袋裡掏出筆記本，開始做筆記。我說：「傳統猶太人在早上醒來時所做的第一件事，就是背誦一段祈禱文，感謝神讓我們的靈魂甦醒。」我告訴艾文，在猶太人的想法裡，睡眠是一段迷你死亡。

艾文問：「這麼說，早晨就是一種迷你復活嗎？」

「是的，」我回答：「每當你睜開眼睛的時候，你都可以對生命滿懷感恩。」我繼續解釋另一段禱告重新開始。我說：「我們在早上背誦的下一段禱告是關於靈魂是如何的純潔，以及神如何將靈魂吹送到你我之間。」我告訴艾文，希伯來文中的「Neshama」（聶薩瑪，又譯作氣息或靈魂），即一般所謂的「靈魂」，與希伯來文中的呼吸源自於相同的字根。靈魂隨著呼吸進入，並隨著呼吸離開。

艾文說：「詹姆斯嚥下最後一口氣時，我和他在一起。」他開始在筆記本上激動地寫起來。

想像在詹姆斯臨終時待在一旁的艾文的畫面，我說：「靈魂不屬於這個世界，而是屬於神。它來自永恆之處，又回到永恆之處。靈魂違背自己的意願進入這個世界，而拉比認為它離開時也違背自己的意願。」

艾文問道：「這話是什麼意思？何以說違背它的意願？」

我說：「拉比告訴我們靈魂不想進入下面的生活。神必須說服靈魂離開天上的世界，但靈魂拒絕並懇求留在原地。神為了讓它放心，向它保證，它即將進入的世界比天上的世界更美好。」

艾文泣不成聲地顫抖著問：「這個世界怎麼可能比天堂更美麗？」

我說：「我一直把它想成是與潛力和實現之間的差異。在上面的世界，靈魂生活在一種純粹的潛能狀態。它是一個無法完成任務的信差，只有當靈魂下降到人類的世界時，才能真正實現其目標。天上和地上的靈魂之間的區別就像是幻想愛情，和實際上墜入愛河，並且與某個人共同建立生活的區別。」

艾文說：「但我還是看不出，何以這個混亂的世界會比天堂好。」

我說：「拉比稱這場靈魂之旅是『一場為了上升的下降。』」我繼續解釋，靈魂進入我們這個破碎的世界是為了獲得提升，也許這就是讓生活如此美麗，又如此悲慘的原因。

艾文想知道靈魂有什麼渴望。我說：「我相信，靈魂最渴望的是產生連結。」我告訴艾文關於靈魂來自於「合一世界」（World of Unity），以及靈魂發現自己在這裡處於此一「分離世界」的種種。我說：「靈魂想要靠得更近，它渴望神與永恆的事物，如自然和音樂的美。在大多數情況下，它想與其他靈魂相互連繫。」

艾文沉默一會兒。他說：「是的。我也這樣相信。」

艾文告訴我，他聽說靈魂有不同的希伯來名字和不同的層面。我說：「艾文，你指的是猶太人的神祕教導。神祕主義者確實將靈魂想成是具有層次的精神實體。」

艾文說：「層次？」

我說：「神祕主義的理解是，人出生時，不會立即獲得完整的靈魂。靈魂會分階段進入。神祕主義者相信，我們可以學會日益體驗自身靈魂的力量。有人說靈魂就像智慧，是透過年齡和成熟來獲得。其他人則說，靈魂只能透過獎賞而獲得。」

艾文哭了起來。他告訴我，他認為詹姆斯在他短暫的地球旅程中獲得一個強大的靈魂。他告訴我，他認為自己的靈魂非常淺薄和表面。突然間，艾文從我研究室的沙發上站起來，盤腿坐在地板上。他看起來像是幼稚園的男孩。坐在地板上，他要求我再多解釋一些靈魂的層次。

我說：「當我開始研究靈魂的層次時，我不確定那是什麼意思。我無法想像具有三個層次的靈魂，但隨著時間過去，靈魂及其層次的想法，對我來說意義重大。這意味著，你必須一層一層地贏得你的靈魂。」

我和艾文談論到身體會隨著年齡而衰退，但靈魂會不斷成長，如果我們允許它的話。「我在詹姆斯身上可以看到這一點，」艾文說：「他的身體變得很虛弱，但他內心的某些東西卻變得越來越強大、越來越誠實。拉比，他會看著我，直接說穿我所有的屁話。」

這時候，我向他說明何謂三層靈魂。我告訴艾文，在猶太人的神祕傳統裡，會將靈魂的層次與火焰中不同的顏色層相比擬。我與他分享《箴言書》中的一節經文：「神的蠟燭是人的靈魂。」我說：「艾文，我們的內部帶著神的光。它燃燒著，像方向燈一樣，總是可以幫助我們、指導我們。我們有責任尊重並依循那道光，繼續分享並傳播它。」

我從桌上拿起一根蠟燭，然後在艾文對面的地板上坐下來。我點燃我們之間木地板上的這根蠟燭。

我說：「當你盯著這支蠟燭時，你是否看到火焰實際上有不同的顏色？告訴我你看到什麼。」

艾文說：「我看到火焰底部的藍色，然後看到它上方的黃色。但我沒看到第三種顏色。」

我解釋：「最低層的靈魂稱為奈菲西（Nefesh），是生命力。在神祕主義者的教導中，下層靈魂就像火焰底部的藍色。生命之力與身體及其需求緊密結合。這是我們與所有生物共享的靈魂。」

艾文問道：「那麼妳會把這個底層稱為求生意志嗎？」

我說：「是的，但這也包含有行動和成長的意願，就像人行道上的小草推動周邊，穿過裂縫冒出來。」

「我想我明白了，」艾文說。

「長時間下來，生命力成為聖靈（Ruach），即愛之力的寶座，這就像是火焰中的一種顏色，似乎讓位給下一個顏色。神祕主義者說，愛之力就好比火焰中較高一層的黃色光。愛之力是情感的所在，是走向親密關係的大門。」

艾文問我：「這和愛一樣嗎？」「是的，」我說：「但還有更多。愛之力提供我們內心深度和智慧。這是我們受到召喚的關鍵。」

艾文在他的筆記本上畫了一支帶著火焰的蠟燭。他把各層靈魂的名字寫在畫中，然後問道：「最上面那層叫什麼？」

「聶薩瑪」，永恆之力，是人眼看不到的火焰之光，」我解釋：「聶薩瑪是靈魂的最高層，也是我們內在讓我們能夠體驗與世間萬物，甚至超越此世的合一性的地方。」我說：「永恆之力是在此生體驗天堂的窗口。」

艾文說：「我以為妳說這個世界比天堂更美好。」

「是的，但我們只能透過聶薩瑪的眼睛看到這個世界，」我說。

當我們談話時，我腦中閃過愛因斯坦寫給拉比馬庫斯的信。我意識到只有當我們碰觸到永恆之力時，才能開始理解愛因斯坦的視野，才能開始看到合一。

艾文說：「對我而言，火焰中看不見的部分就是熱量。你看不到它，但是當你把手放在火焰上方時，那是最熱的部分。」

我說：「聶薩瑪難以捉摸而且難以接近，大多數人一輩子都未曾接觸過它。但這是可以拯救世界的永恆之力。」我又想到愛因斯坦，想到要如何超越我們的光學錯覺所造成的分離感來觀看世界。

艾文和我開始談論靈魂的三個層次[1]，在世界上運作的方式。我解釋靈魂的層次如何提高我們的狀態，但它們也像池塘裡的漣漪一樣向外輻射開來。生命之力主要關注的是我們的身體及其需求。愛之力使我們能夠建立親密關係，能夠去愛，成為真正的朋友。這會從家人和朋友傳播到社群。不過，只有在永恆之力的層次上，我們才能開始看到並接納整個世界，乃至於超越此世的世界。

艾文懇求地問：「拉比，我想要建立更深層次的連結。我要從哪裡開始？」

我說：「讓你的靈魂成為你的嚮導。將自己釋放出來，仔細聆聽、研讀、祈禱求助。」

艾文問道：「我要怎麼知道自己有所進展？」

我說：「你會漸漸明白時間的力量和時機的重要。」艾文看起來很困惑，他在筆記本上寫下一些東西。我說：「還有一件事。善意對待你的錯誤，把它們視為學習和成長的步驟。」

艾文說：「然後呢？」

「然後……你將學會看到兩道分開的光線如何聚在一起，創造出一些比它們單獨存在時更明亮、更美好的東西。」

艾文說：「然後呢？」

我說：「然後你可能會覺得你所分享的愛，或你所做的工作似乎不再是來自你，而是透過你。這就是永恆之力的全部意義——與神的無限流動合為一體。」

艾文不想離開。他還想繼續問更多問題。我說該停下來了。我邀請他和我一起研究猶太文本和冥想。

當我們從地板上站起來時，我對他說：「艾文，你與靈魂接觸越多，就學得越多。你學得越多，成長就越多。成長越多，你就愛得越多。愛得越多，你就給的越多。給的越多，你的生命就充滿越多的意義和美好……」「拉比，」艾文說：「妳剛剛描述的，就是我的朋友詹姆斯。」

願你成為肥沃的土壤，讓你靈魂的三個層次得以紮根在你的內心。願你學會成長、愛和給予，並過著有意義的美好人生。阿門。

第二篇

# 接觸生命之力：視野和行動的關鍵

奈菲西（Nefesh），生命之力，火焰的藍色部位，是靈魂的基礎層。滋養靈魂，它將開始餵養我們、引導我們。當靈魂日益茁壯，它開始以更廣闊的視野祝福我們。生命之力最大的恩賜就是賦予我們採取行動的能力，超越自身的麻木，將意念轉化為成就。

## 調高靈魂之聲的音量：滋養與喚醒靈魂

「不要滋養這份錯覺，而是要克服它……」

——摘自愛因斯坦給拉比馬庫斯的信

我們會產生一種錯覺，覺得自己在這世界上是獨立存在的分離個體，這份錯覺日益壯大，靈魂則被棄置在一旁，沒有受到滋養，也沒有被聽見，只能等待我們去注意、聆聽。關愛靈魂並滋養它，它便會來滋養你，在你耳邊低語著合一的祕密。它會教導你、指引你，並且為你歌唱、提醒你，你所尋找的那份祝福比你想像的還要近。

# 第六章
# 滿足靈魂的需求

靈魂想要什麼？

《傳道書》警示我們：「人的一切勞動都是為了他的口腹，但卻沒有餵養他的靈魂。」我喜歡這節經文。它恰如其分地捕捉到我們內心的空虛。從古至今都是如此。我們賺取生活，餵養自我，在身邊擺滿各式各樣的東西，但我們仍然感到飢餓，因為我們不明白我們的靈魂需要什麼。

拉比將身體與靈魂的關係比喻成娶了公主的農民。這位貧窮的農民試圖以美麗的東西來打動他的公主，但是沒有一樣他送她的東西讓她看在眼裡，因為她自小在充滿財富的宮殿裡長大。她並不是因為農人會送給她很多禮物而嫁給他，她想要的只是他的愛。對靈魂來說也是如此。拉比告訴我們：「就算將世上所有美好的事物都帶給它，它也不當一回事，因為它屬於上面的世界。」[1]

靈魂來自永恆之地，它也渴望這樣的東西。它渴望神、美、自然、學習、愛、結合與和平。但更重要的是，有一些你的靈魂想要的東西，只有你能做到。每個靈魂都是獨一無二，有其特有的偏好與傾向。你的內部埋藏一項只有你才能實現的任務。

三十好幾的喬爾，臉上留著一副邋遢的落腮鬍，眼神和善。他來見我是因為他感到莫名的焦慮。他常不知為何地焦躁難耐、失去控制，情況糟糕到他甚至會在工作時無緣無故地落淚。

我要喬爾閉上眼睛，看看他是否能想起自己開始感到不安的那一刻。我請他問問自己的靈魂，是否有答案。喬爾想了一會兒，淚水又開始從他邋遢的臉頰流下。他告訴我，他之所以想當高中老師，是因為他喜歡激發青少年的思考模式。他喜歡青少年在每次討論時帶來的驚人挑戰。他歡迎每一個「為什麼」和「如何」。

喬爾在一所小型私立高中工作，在那裡他成為一位非常受歡迎且受人尊敬的老師。由於他十分受人愛戴，董事會於是請他擔任校長。喬爾興奮地接受了這個職位。但是在秋天，喬爾正式擔任這個新角色後，他開始花時間做行政工作、管理教師，並且與憤怒的父母打交道，他的大部分時間都用於籌集資金。在每天必須參加的無止無休的會議中，他變得越來越焦慮。

表面上，喬爾似乎擁有一切。他說：「拉比，我不明白。生活很美好的。」但是當他繼續談論他的工作時，喬爾想到他的靈魂所遺忘的東西：他不再做自己所熱愛的事情。

喬爾和我談到他改善這種情況的可能方式。他不想辭掉工作，但他知道自己需要騰出時間，再次與學生一起上課。於是他決定開一門給長者的書報討論課。他喜歡為這門課程開發課綱。沒過多久，他的不適感就消退了。他再次做了他天生就要做的事。

我們可以養活自我，滋養我們的欲望，但我們的靈魂會持續乾渴。要是沒有適當的寄託，靈魂就不可避免地失去活力。在欲求不滿的飢餓中，靈魂變得病態、虛弱。

靈魂虛弱時會對我們產生嚴重的影響。我們都能認出一些靈魂生病的症狀：唯利是圖、空虛感、過度野心、嫉妒、成癮、恐懼、焦慮和憂鬱。

忽視靈魂會導致生活陷入混亂，做出不明智的決定。少了靈魂的聲音來引導，我們有可能開始做出糟糕的選擇。我們尋求虛假的舒適，毫無建設性的習慣。我們可以欺騙自己，相信一切都很好。在沒有地圖的情況下迷失於黑暗中，我們漫無目的蹣跚而行，緊緊抓住碰觸到的東西，即使這並不適合我們。在沒有經歷全面爆發的危機前，我們可能看不清楚問題的真實程度。當靈魂痛苦的聲音穿透我們的確定性時，就是危機出現的時刻。我們拖著心智動搖的自我，前去治療師的診間。在那裡，我們開始明白過去做的選擇並沒有拯救我們，沒有讓我們滿意，也沒有滋養我們最深層的存在。

有一則關於邊緣化靈魂的神祕教義，讀來讓我深感不安，不過這確實相當生動地描述，當我們無法滋養精神生活時會發生什麼事。要是我們對自己的靈魂造成一定的傷害，那麼在某個時間點，永恆之力聶薩瑪（Neshama），也就是我們靈魂的最高層，會決定離開我們的生命。它只是從我們身上脫離出來，回到上方世界中它所起源的超級領域。

靈魂棄我們而去的這個比喻，讓我們得以用語言來解釋我們的空洞和空虛感。我們的精神自我就像《綠野仙踪》中的「錫人」，沒有心，就會變得虛空。靈魂的離開也有助於解釋，在遇到似乎缺乏靈魂之人的時候，有時我們會感受到。也許他們真的沒有靈魂。

是否有可能讓枯萎的靈魂重獲生命的氣息？是否有可能說服逃跑的靈魂回家？《詩篇》中最著名的一篇，是第二十三篇的〈耶和華是我的牧者〉，當中提醒世人，神恢復我們的靈魂。我們要如何讓神幫助我們？如何學會重新賦予自己的靈魂生命？又要如何幫助他人恢復其靈魂？

治療靈魂的力量，其實比我們想像的要近得多。治療靈魂與聽從靈魂有關。我們可以學習再次聽見靈魂，可以學會與之合作，成為其夥伴。我們必須開始餵養並照料它。給予靈魂所想要的，就是在治療靈魂。

有人說，為了治療靈魂，必須要消滅掌控一切的自我。但自我之所以存在是有原因的。自我賦予我們動力和性格。粉碎它實非明智之舉。然而，我們確實需要馴服自我，教導它去傾聽，讓它更容易對他人、靈魂，和神有所回應。

靈魂永遠不會停止對我們說話。即使最高一層的靈魂離開，生命之力和愛之力仍會留在這裡。我們的挑戰是要學會如何傾聽。

當我們開始餵養靈魂，它的聲量便開始提高。若是我們好好訓練耳朵，就能聽到靈魂的呼喊，它試圖喚醒我們，在自身內部主張「我」，這是我們自己最真實的版本。

我想以六個小章節，來分享滋養和治療靈魂的方法。有些是靈性的練習：冥想、禱告、學習與安息日。其他則是可以喚醒和恢復靈魂的世俗體驗，諸如音樂、自然和食物。這些或許不見得會與你產生共鳴，但不妨一試，你會看到是什麼喚醒你的靈魂。當然，你的靈魂可能對藝術、運動、戲劇、舞蹈或園藝有所偏好。這個世界充滿恢復靈魂的道路。最重要的一項要素經常為人所忽略，那就是簡單地空出一些時間，為你的靈魂提供它所需要的東西。一旦你開始餵養和培養你的靈魂，它就會開始向你展示更多它的渴望，以及它想要提供和教導你的東西。

餵養靈魂，就像一隻小雞突破外殼一樣，可能要從突破限制和困住你的障礙開始。願你朝向正在呼喚你的名字的使命前進。阿門。

# 第七章
# 冥想是靈魂的良藥

冥想是身體的良藥。它可以降低血壓、減輕疼痛、平息我們的焦慮。它對心靈也有益，能夠提升專注力，讓思慮清晰，並且增加注意力。

不過冥想也能夠將我們帶離到身心之外。冥想是靈魂的良藥。它可以將我們與自己的靈魂、他人的靈魂和靈魂之魂深深相連。透過冥想，我們可以學會提高靈魂聲音的音量，這樣便能真正開始聽到它試圖向我們傳達的訊息。

我教導猶太冥想已經有二十多年。在初級班上課的第一個晚上，我會跟學生解釋，他們即將遇到自己的靈魂。這一切是怎麼發生的呢？

先試著靜坐，很快就會發現腦中竟如此嘈雜。我們受到許多想法的轟炸：要記得買更多牙膏。這段冥想快要結束了嗎？我有個地方好癢，可以抓一下嗎？我應該感受到什麼？我有這麼多想法是不是很糟？我不太會冥想，已經過多久了？

若是仔細留意自己的內心獨白，就會發現那裡有一種意識在觀察心思流轉。有一個存在，默默地觀察所有浮現在腦中的想法；相較於過度活躍的心智，它非常穩定。這是你深具耐心的靈魂，它在那裡等待心靈平靜下來。

當我們允許心靈平靜下來，就能為靈魂騰出空間，讓它得以與我們交流，向我們展示它所看到的世界，那是一個充滿美好事物和祝福的世界。很快地，我們就可以開始體驗到合一，體驗到與神和萬物的連繫。

當然，靈魂不會一次就把我們帶到靈性的最高層。冥想需要時間和練習。

我發現頌歌冥想（mantra meditation）是開始讓心智平靜下來的好方法。頌歌冥想是一遍又一遍地默默為自己朗誦某個音。透過重複的聲音，我們讓心智有件事情做，而不是不斷在思考。在一些猶太冥想的傳統裡，頌歌吟唱並不是無意義的聲音，而是重複一個充滿意義的字母、單詞或短語，一段充滿迴音、色調和智慧的話語，能夠教導並改變我們。

任何一個字詞都可以成為頌歌。在日常生活中，我們常常在無意間練習負面的頌歌冥想。我們內心住著一位嚴格的法官，他會在我們的思緒中植入籠罩在腦海中的言語，在出錯時，有時甚至是在出錯之前，我們會不斷重複這樣的話語。

我們的生活中充滿這樣的自我厭惡。身為拉比，多年來我聽到太多這種自我貶抑的殘忍言語：我很難看、我很胖、我不夠強壯、我不夠聰明、我工作不夠努力、我一無所成、我是個失敗者、我很懶、我不健康、我沒有紀律、我很虛弱、我毫無競爭力、我是個差勁的伴侶、我是個壞父母、我是個壞孩子、我是個壞朋友、我是個壞人、我沒人愛、我很膽怯、我很失望、我太老了、我太年輕、我討厭我的頭髮、我討厭我的鼻子、我討厭我的臉、我討厭我的身體、我討厭自己、我痛恨我的生命。

如果每次我們要做什麼初步嘗試時，都有一個聲音在我們面前咆哮，對我們大喊大叫，怎麼能期望有所進展？

我想這些對自己的重複指責至少有一項好處，就是讓我們具有頌歌冥想的豐富經驗。若是我們能夠學會改變每天重複的話語，也許可以找到一條通往良善，並且更投入生活的道路。為你的內心獨白學習一門新語言，就是一個簡單的轉變，這可能會連帶改變你的外在現實。

這裡我想介紹在猶太人祈禱中反覆出現的一個希伯來文：「husa」（胡薩）。大聲說出來。這個字的聲音就像海浪撞擊岸邊一樣，是一個呼嘯而過的字，有種一掃而過的清潔感。但什麼是「胡薩」？這是什麼意思？這不是憐憫，不是慈悲，更不是同情。胡薩是藝術家為自己的創作所產生的一種特殊的愛，即使創作不盡完美。這是胡薩的關鍵，這是對有缺陷的東西的同情。胡薩是讓判斷缺席。這就是為何猶太人轉向神，並在禱告中尋求胡薩：「靈魂是祢的，身體是祢的創造，胡薩，憐憫祢的作品。」

當我在教授猶太冥想，嘗試向學生描述胡薩時，我要他們想像在幼稚園時都曾用過彩色織物環所做的鍋架。它有點傾斜，一端太緊，另一端又太鬆，也許環的有些部分還會晃動。但儘管如此，你的媽媽還是很驕傲地把它掛在冰箱上，因為這是你做的。即使歪七扭八也很漂亮。它的不完美讓它更受歡迎，因為這正好說明你的靈魂對於表達自己所做的嘗試。

胡薩是神愛我們的方式，即使我們不完美，即使我們到處把事情搞砸，即使我們是傾斜的。我們在我們的不完美中被愛，我們的獨特使我們更美。

我們常常把神當成一位來懲罰我們的審判者。是揚棄這些想法的時候了。神是世界的靈魂，祂相信我們，為我們歡呼、祈禱，帶給我們力量，並教導我們。

然而，我們當中有許多人對神抱著怨恨之心：當我需要你時，你在哪裡？為什麼會發生這種事？

胡薩冥想是一種軟化。透過胡薩練習，可能會讓你開始明白神並沒有這樣對你。神正在為你而生根，神試圖告訴你：「你對我來說是寶貴的。」

胡薩不僅重新調整我們與神的關係，其主要力量還在於改變我們對待自己與他人的方式。胡薩讓我們不再批評，調高靈魂中的憐憫和希望之聲。

這種關鍵聲音經常主導我們內心的對話。即便一般將這種內觀的過程看作是對靈魂的搜尋，但在這場向內探尋的旅程中，大多數的時候我們都沒遇到靈魂。靈魂沒找著，卻撞見審判者。

你怎麼知道你遇到的是靈魂還是審判者？評估自己時，若是你聽到一個聲音說，我早就爛了，毫無希望，那遇到的就是審判者。這種聲音不會導致變化或成長，只會讓人陷入無法動彈的黑暗深淵。

內觀不是要去討厭自己，而是自我治療。這就是胡薩登場的地方。當你靜下來的時候，讓這個字進入你的心靈，你或許可以開始聽到一個聲音告訴你，要和善一點。那是你的靈魂在說話。

有時我們誤以為要是對自己太和善，就會變得懶惰，而且不會有什麼成就。不過，要是我們弄錯了呢？要是這是我們腦中的審判者發出的，那段妨礙我們茁壯和成長的可惡聲音呢？

靈魂的聲音是一種慈悲的聲音，會對我們說：再試一次，沒關係，好好振作起來。因此，與其讓審判者的怨念主導，倒不如讓胡薩成為你的頌歌。

胡薩並不意味著盲目或否認。這意味著要以更和善的眼睛來看待自身，不畏縮，也不憎恨，這樣我們才能真正看見那裡有什麼，需要修復什麼。這樣才能正視你所要抵抗的。

靈魂的聲音會說，不僅需要評估自己的失敗，還需要看出自己的優勢。我需要知道自己受到祝福的特質，這樣才能理解我必須要做的事情。

審判者的怨恨之聲導致我們否認自身的問題，並且將責任全都怪罪給這世界。是他逼我這樣做；她竟然這樣對我。如果你討厭自己，這也會反應在你對待他人的方式。憤怒會以各種破壞性的方式湧現出來。

胡薩教會我們軟化對他人，不管是至親愛人、同事，還是毫不相關的陌生人的判斷。我們不斷指責過去傷害我們的人，而胡薩可以幫助我們變得更寬容。我們會根據外表或一次不愉快的相遇，就迅速地對我們毫不認識的人做出判斷。我們會把工作環境中的人、社群裡的人，甚至家人貼上標籤。我們將這些標籤好好地放在盒子裡：不成熟、懶惰、討人厭、愚蠢、醜陋。我們很少花時間重新評估我們對他們的描述。事實上，這樣判斷別人，我們等於將自己關在那盒子裡，將自己與夥伴關係、友誼和愛情隔離開來。

要如何練習胡薩冥想？這看起來很簡單。

首先靜靜地坐下至少五分鐘，然後讓胡薩浮現在你的內心。不要大聲說出這個詞。讓它在你的心靈和四肢中滾動。你可以想像自己吞下胡薩這個字眼，就像是吞止痛藥一樣，它很快就會在你受傷的地方緩和痛楚。

讓這個字做它得做的。要是你有段時間忘了這個字，請不要擔心。要是你發現自己失去它，那就回過頭來重複整套流程。輕鬆做，不要試圖推動或強調胡薩。讓它像閃爍的火焰一樣在你的心中跳舞，從內部照亮你，燒掉暗黑的塵土。

試著將胡薩納入生活，當成是日常活動。從五分鐘延長到十分鐘，然後再試試十八分鐘。這是我建議誦念胡薩的理想時間。在猶太傳統中，十八這個數字代表生命。日復一日，胡薩這個詞會開始軟化我們的批判，融化障礙。它允許我們以更寬容的眼光看待別人。我們可能很快就會發現壓力和焦慮都減輕了。甚至還會注意到，我們變得越來越寬容，並且在與人相處上也變得比較風趣。

約翰是一名律師，離婚後獨力撫養名叫妮可的十幾歲女兒；這孩子肯定繼承她父親的辯論天賦。她小時候，每個人都會說妮可是爸爸的女孩——她和約翰非常親密。不過自從她上高中後，就養成了一種不好的態度。她發展出一種無人能及的方式來激怒約翰，而且每次妮可翻白眼或說些什麼冷嘲熱諷的話時，他都會過度反應。家裡的氣氛變得很緊繃，妮可甚至語帶威脅地表示要搬去和媽媽一起生活，不再回來住。此即約翰來找我諮詢的時候。約翰告訴我，他在尋找避免與妮可衝突的方法。我說：「我想教你冥想。」約翰看上去很困惑。他告訴我，他不是那種會冥想的人。我說：「先試一個月，看看是否有幫助。」於是我教約翰所有關於胡薩及其力量，希望對他有所幫助。他看起來躍躍欲試，同意嘗試一陣子。

幾個星期後，約翰神采奕奕地出現在我的研究室。他說：「我要感謝妳給我的這份禮物。」他告訴我，他現在明白妮可是一個健康的青少年，會做所有青少年做的事：讓父母抓狂。現在她和他說話時，不會再故意去踩他的地雷。約翰承認，有時候他仍然會對妮可的諷刺話語產生反應，但他說現在比較能掌控自己，並且能夠在情緒爆發前，更清楚地看出整件事的來龍去脈。約翰對於他的生活竟然能如此迅速地轉變感到不可思議。他說：「我不再感到生氣了。最棒的是，我們又能開心地在一起。」

這就是胡薩的力量。

你可能會注意到情緒不再那麼沉重。周遭的顏色看來更為明亮、生動。你開始感到自己更為敏銳、有活力。你的感官提升了，你的心智成了一片沃土。在你的內心深處開始有洞察力駐足，準備好成長茁壯。

長時間練習胡薩冥想，允許它棲居在我們內部，我們便能進入內心深處，超越恐懼、痲木，超越那片將心靈與心智隔開來的那堵牆，那片拒人於外的牆壁。

胡薩讓我們有勇氣看到自身和超越自己的良知。

長時間下來，胡薩可能不僅是在靜坐練習時會進入你的生活，而是進入你的一整天。胡薩可能在你進行網路購物時，在那裡等待你；在你一頭忙亂時，幫你平靜下來。當你對孩子產生厭倦感時，胡薩可能會進入你心裡，也可以幫助你應付工作壓力。讓胡薩陪你開會和面試。當你說話時，讓它從你身上散發出來。

當然，會有些日子什麼事情都沒發生，但你卻感到不安難耐。當懷抱著極大的期望來進行胡薩冥想時，卻出現前所未有的失落感。這也是胡薩過程的一部分。這是一門藝術，學會即使在道路崎嶇難行，絲毫沒有進展的情況下，仍然保持在路徑上。

又或者是，胡薩可能會把你帶到非常興奮的狀態，讓你以為自己獲得天啟。關於這點也要小心！

胡薩並不意味著你可以停止工作或爭取更多。想要透過練習來獲得啟示，甚至讓心靈平靜，是錯誤的想法。我們這個時代最偉大的塔木德（Talmud，猶太教的重要宗教文獻）學者亞丁．史坦薩茲（Adin Steinsaltz）曾經說過：一個感覺自己完整的人，感覺自己已經找到最終目標的人，都是迷失方向的人。[1]

若你內心的聲音說，我完全平靜下來了，這並不是靈魂在說話。這是一個冒名的頂替者。靈魂教導我們看到一切的美好，但它知道還有更多可做。靈魂永遠在刺激我們前進。

願胡薩幫助你傾聽你靈魂充滿希望的聲音。願你對你這樣複雜、矛盾、難能可貴的人懷有慈悲心。願你永遠不會到達終點。願你不斷成長、學習和茁壯，永遠開展。阿門。

# 第八章
# 讓音樂提升你的靈魂

兩年前我在以色列時，極具殊榮地能與布亨瓦爾德屯墾自治區的創始人之一亞伯拉罕・亞惠米亞（Avraham Ahuvia）會面；這個自治區是由當年拉比馬庫斯帶到以色列的青少年團體所經營。亞伯拉罕年事已高，身體十分虛弱，其他自治區的成員並不鼓勵我與他說話，並解釋說，亞伯拉罕經常語無倫次，而且聽力不好。但我跟他們表示我願意接受失望，還是很想親自見見他。

所以我走進亞伯拉罕的公寓。他的護理師遞給我一個特殊的麥克風，直接連接到亞伯拉罕佩戴的助聽器。

我想問亞伯拉罕，是否知道拉比馬庫斯曾經和愛因斯坦通信。

我們的溝通看來毫無希望。我大聲詢問，亞伯拉罕似乎失落且迷茫，自顧自地哼著。我不停地向亞伯拉罕詢問拉比馬庫斯，但他卻一直談著一個名叫桑妮亞的人。我不明白。我試圖讓亞伯拉罕離開桑妮亞，回到拉比馬庫斯身上。

最後，亞伯拉罕打斷我。他用一種輕盈卻高亢的聲音說道：「要談拉比馬庫斯，就一定得談桑妮亞。他們是連在一起的。」突然之間，我明白亞伯拉罕其實意識相當清楚，而且他一直試圖告訴我一個故事，但是因為我太著急，聽不出來。

下面是亞伯拉罕告訴我的故事。

他說：「有一天，拉比馬庫斯把一個小女孩帶到布亨瓦爾德屯墾區，加入我們。女孩名叫桑妮亞，大約十四歲，是個流浪兒，沒有家人或朋友。」

亞伯拉罕告訴我，拉比馬庫斯答應過桑妮亞，要是她找不到倖存的親人，他會收養她，並將她帶回美國，當作自己的孩子。

亞伯拉罕繼續說道：「桑妮亞的房間在我房間隔壁。我覺得與桑妮亞之間有著非常特殊的連結。」他說：「桑妮亞會獨自在床上哭泣。她要我答應她，每天晚上去她房間說晚安。」

這故事會帶我去到哪裡？我開始問自己。我大老遠飛來以色列，是想聽拉比馬庫斯的故事，但亞伯拉罕只想談桑妮亞。

亞伯拉罕告訴我：「當我去她的房間時，她要求我哄她睡覺，『就像媽媽以前那樣。』她懇求我坐在她的床上說晚安，我照做了，但她說，『不，不是那樣，媽媽總是會唱搖籃曲。像媽媽一樣哄我睡覺。』」

亞伯拉罕的情緒激動起來，聲音變得有些顫抖。他說：「我花了幾天時間學習桑妮亞母親的睡前儀式。我學會了把她安放在被窩裡，坐在床上唱搖籃曲，然後說晚安，並吻她的額頭，就像她媽媽那樣，然後她不再哭泣，讓我離開。」

當亞伯拉罕跟我說這些時，我想到他那時還不是一個會安撫孩子的成年人；他也是個孩子，只比桑妮亞大幾歲而已。他的父母也以最難以想像的方式遭到屠殺。每晚對著桑妮亞唱搖籃曲不僅讓她感到安慰，也舒緩亞伯拉罕的孤獨，用甜蜜的愛滿足他痛苦的靈魂。

亞伯拉罕轉頭面向我，說道：「後來桑妮亞消失了。我以為她和拉比馬庫斯一起搬到美國，但後來我才知道拉比馬庫斯並沒有收養桑妮亞。我失去了她，感到非常難過。我喜歡哄她上床睡覺。」

亞伯拉罕開始打盹，是我該離開的時候了。在離開之前，我們相互擁抱，我向亞伯拉罕承諾，會盡力找到桑妮亞，打探她的下落。

當我走出亞伯拉罕的公寓時，多年前學過的哈西德（Hasidic）猶太教義突然浮現在我腦海中：「禱告有十個層級，最上面那層是歌曲。」

音樂是神聖的。它會繞過我們的心智，直奔心靈。它允許我們哭泣。唱一首悲傷的歌，沉重的心開始軟化，釋放它的負擔。有時旋律會振奮精神，有時則會傷透你的心。我相信我們的悲傷也會讓神心碎。當言語不足以形容時，會有一種直入天堂的旋律。

你有想起生命中曾經被一首歌撫慰的時刻嗎？曾有一段旋律讓你感受到你的感受，而不是背離自己的心意？你聽到一首歌，它給你一個空間來承受心碎或失落的全面衝擊，突然之間，你知道你並不孤單。

音樂可以做到這一點。它提升我們，將我們團聚在一起。它允許說不同語言的人彼此連繫，表達言語無法捕捉的共同感受。

我協助創立納舒瓦（Nashuva）團體，這是我領導的一個靈性社群，因為那時我試圖尋找新的方法來恢復猶太人的精神，並在禱告中讓喜樂、意義和狂喜的感覺復活。在希伯來語中，「nashuva」的意思是「我們將回歸」。我們都需要回歸到熱情、夢想、愛、自己的靈魂，以及我們的神。我希望納舒瓦能夠成為一個讓人得以接收他們正在尋找的靈性注入的地方，並且在這裡蛻變。納舒瓦也是一段時間，一段祈禱、歌唱、靜默，和傾聽內心靈魂之聲的時間。

當我在夢想納舒瓦的模樣時，甚至早在成立它之前，我就在腦海中聽到音樂。早在我知道這個社群會是什麼樣子之前，我就已經知道該用怎樣的音樂。我開始尋找懂得如何觸動靈魂的音樂家。一位音樂家會帶來另一位。

我們有多重信仰，包含猶太人和基督徒，是多種族，包含黑人、白人、亞洲人和拉丁美洲人；我們致力於傳播合一的力量。我們的服事將融合世界各地的音樂傳統。我開始感覺自己像是《綠野仙踪》中的桃樂絲：受到一群了不起的人包圍，我對他們感到異常熟悉，彷彿在某個前世就認識他們。

納舒瓦樂團和我開始將古希伯來文的祈禱詞搭配民歌、非洲節奏、雷鬼、福音和鄉村旋律。我們演奏的第一首禱告詞是：「來吧，讓我們向神歌唱，讓我們為每天拯救我們的唯一存在創造美好和音。」我深深為我們彼此的拉抬而感動，逐漸朝向某種神聖性邁進。

然後我們舉辦第一次納舒瓦服事之夜。我們不知道這活動是否會觸及每個人，或者人們是否只會來一次，就不再回來。我們開始祈禱，越來越多人跨進大門，站在走廊。房間裡的每個人似乎都起身。當我們唱歌時，我看到有人一邊祈禱一邊哭泣，一邊笑一邊哽咽。那麼多眼淚，那麼多光亮。

時至今日，這個團體成立十三年了，能夠看到我們的音樂賦予禱告生命，進入人們的靈魂，照亮他們的面孔，讓他們快樂，這是一種榮幸。現在有成千上萬的人回到這裡，有的是親臨現場，有的是透過網路廣播，尋求回歸自己的靈魂和靈魂之魂的方式。即使他們不理解希伯來語，也會發現自己跟著鳴唱。即使他們走進一場感到失落和孤獨的服事，他們很快就會和別人一起搖擺。

和他人一起肩並肩地唱著禱告詞，突然間你的靈魂飛了起來，憂慮就此煙消雲散。在一個充滿陌生人的房間裡，所有不同的聲音與所有他們獨特的渴望融合在一起，合而為一，成為一個靈魂。

如果你感覺與自己靈魂的連繫斷了，如果你難以找到它，如果你似乎無法擺脫困境，我的建議是：唱歌。無論你是否會走音，不管是在洗澡、開車，還是禮拜服事都沒關係。無論你身在何處，放出一段旋律，或聽一首你喜歡的歌曲，一起唱和著，或許你會發現你的靈魂就藏在那裡。音樂喚醒了靈魂，很快它就感到安全，願意出來玩了。

音樂就是祈禱，是為了自由所展開的每一次革新和每一份努力的心跳。想想那首六〇年代歌頌自由的民歌〈我們終將克服難關〉（We Shall Overcome）對當時民權運動的影響。這首歌鼓舞並激勵抗議人士，穩定了恍恍不安的恐懼之心，振奮精神，強化靜坐和遊行團體的決心。

音樂是一場時光旅行。我們都曾聽到能帶我們回到生活中某個特殊時刻的曲調，不論是童年、初戀、叛逆的青少年時期，還是婚禮當天。

我的父親是個寡言的人，但他喜歡唱歌給全家人聽，即對他的四個孩子和兩對父母歌唱；他總是很和諧愉快地唱著。音樂是我們在安息日和逾越節晚餐時所用的語言，這時我們會一起唱歌，直到深夜。

我的父母如今都已離開人世，但孩提時代的歌曲就像忠實的伴侶，一直陪伴我的人生。當我感到孤獨，它們就會來看我。一段旋律會湧入我的腦海，將我帶回從前充滿歡樂和笑聲的珍貴時光。我因此得到撫慰。

音樂是靈魂表達愛意的方式，從浪漫的民謠到母親哄你入睡時唱的催眠曲。桑妮亞的搖籃曲。

我沒有忘記我對亞伯拉罕的承諾。

我努力調查桑妮亞的去向，以及她日後的發展。最後我發現她搬到曼哈頓，與她住在上西區的姨媽露西同住，並在一家服飾店找到工作，擔任櫥窗設計師。我試圖聯絡亞伯拉罕，想告訴他桑妮亞的情況，但遺憾的是，我還來不及告知他桑妮亞找到家人，以及她日後的發展，他就去世了。

當我聽到亞伯拉罕往生的消息時，我想像他在我面前哼著搖籃曲，出神地發想著。七十年過去了，桑妮亞仍糾纏在他的靈魂中。我想像亞伯拉罕坐在桑妮亞旁邊，讓她能在入睡時，覺得安穩；這個年輕人扮演母親的角色，唱著一種可以在生活中不斷傳送的旋律。

每當我教猶太學生臨終關懷時，他們總是想知道在處理完別人的人生中的悲劇後，要如何轉換心情，才能回家和孩子玩，或是陪伴配偶。他們問我：「妳會怎麼做？妳會祈禱還是冥想？」

常常，我早上會去一個垂死之人的床邊祝禱，然後下午前去為婚禮或嬰兒命名的儀式慶賀。就在這個星期，我主持一場二十七年來我景仰的一位傑出男性的葬禮，然後回到家，為慶祝喧鬧的猶太節日普珥節（Purim）換上古怪服裝。我是如何完成這樣的過渡？是音樂。音樂一直在拯救我。

音樂讓我振作起來，讓我重新開始。我在葬禮後離開墓地，默默地開車一段時間，然後開始聽披頭四或艾瑞莎．富蘭克林（Aretha Franklin）或鮑伯．馬利（Bob Marley），他們的音樂將我的靈魂傳送到一個新的存在狀態。音樂讓我從悲傷的深處，回歸到生活中。

禱告有十個階層……最上面一層就是歌曲。

## 第九章

# 為滿足你的靈魂而吃

我的侄子賈瑞德在準備他的成年禮時，我那記憶絕佳的母親問他想要什麼禮物。這個十三歲的男孩可以向他的祖母要求世界上的任何東西，但他卻說：「奶奶，我希望妳能給我一本食譜，把妳所有的菜色都寫進去。」我母親真的感動到不行。

她花了整整一年時間，手寫出所有的家庭食譜，還在食譜中搭配她的個人故事，是關於一些特定場合和對她很特別的人，以及傳承這份她母親和她祖母的傳統對她的意義。在《奶奶的食譜》第一頁，我母親寫道：

親愛的賈瑞德，

你要我把自己所有的食譜寫成一本書給你，這讓我感到非常榮幸。我不知道是否有其他的孫子曾向祖母提出過這樣的要求。我真的衷心感謝你。

這為我帶來許多準備各種節日、假期晚餐的美好回憶……當然，我在這本書中記錄下來的許多餐點和食譜，都是來自於大夥聚集在我家，坐在我的餐桌上的回憶，這些畫面永遠刻印在我心頭，永誌難忘……尤其是星期五的晚上，那些點燃的蠟燭、漂亮的編織麵包……以及圍繞在旁的美麗面容……我覺得深受鼓舞……這一切都是我對你們所有人的愛的一種創意表達……

……我對食物所抱持的態度是這能將人們聚集在一起……感受彼此的溫暖，並且慶賀生活。還有什麼比料理更能展現大自然的無限豐饒和美麗？為此，我充滿珍惜和感激之情。

賈瑞德，我在設計這些食譜時，有考量實際操作的難易度……我希望你會發現它們很有用，享受烹飪和烘焙的創意層面，但最重要的是，你有機會分享給其他人，就像我自認我所做的那樣。

——深愛你的奶奶

我的母親已不在人世，我非常感謝賈瑞德要求將她這份珍貴的遺產傳承給我們所有人，留下她靈魂的一部分。

食物在愛之中將靈魂連繫起來，創造出一個群體。食譜世代傳承。在成長過程中接觸到的味道和香氣塑造出今日的你，提醒你的來處與歸屬。食物可以告訴你自己歸屬於某一集體靈魂的一部分，是某一文化和民族的成員，承繼著一段共同的歷史和命運。

食物可以粉碎那種分離的錯覺。分一塊麵包給陌生人，就能創造出某種親密感。與你的對手共享一頓飯，可能就會找到彼此的共同點。最近我和一位拉比同事討論激勵和吸引猶太人的方法，我們都同意讓猶太人回歸猶太教的最佳方式不會是教授古籍——這個階段應當要晚點再進行。喝一碗馬鈴薯豆子燉肉（cholent，這是一道美味的安息日料理）會比討論摩西．邁蒙尼德（Moses Maimonides）的教誨，能讓人更深入認識猶太教。

《聖經》中提到的詛咒總是在我腦中出現。這是最令人不安的詛咒：「你會吃，但你永遠吃不飽。」這個詛咒總是在我們身上盤旋。這是一種永遠無法滿足內心飢餓的感覺。我們為了遠離焦慮、為了尋求慰藉而吃，興許是出於一種強迫心理，排遣無聊、打發寂寞，或是因為食物就在我們面前。我們經常吃得太快或太多，弄到有點病態的程度，但我們仍感到不滿足。

那麼，到底要如何學會體驗所謂的靈性「充滿」狀態呢？用你的靈魂吃，你將學會放慢速度，品嚐眼前食物。你將學到什麼是風味和顏色、質地和香氣。讓食物喚醒你的感官。喚醒自己，體驗深層的快樂。

意第緒語中有一廣為人知的成語，專門用來形容美食：**這具有伊甸園的味道**。食物可以讓我們瞥見天堂。

食物教導我們心存感激。拉比堅持認為，沒有先感謝而享用這世界的人，就是從神那裡偷竊。這就是為什麼在猶太法律中，即使吃一小塊食物或喝一小口水之前，都要先行祝福。

在猶太傳統中，用餐後會說出各式各樣的祝福詞。我最喜歡背誦的一個祝詞，是感謝神創造「有需求的靈魂」。這是一種奇怪的祝福。生來不完整有什麼好感謝的？以下是我對這些話的理解：若是生來就對自我感到滿足，若是絲毫沒有欲望，若是世上的歡愉沒有引起你的注意，你能想像生活會有多無聊嗎？別忘了，取食後的祝福是感謝神創造有需求的「靈魂」，而不是身體。這意味著，飲食是一種靈性活動，我們可以隨時進行，滿足靈魂。

吃是喚醒靈魂的途徑，這就是宗教將飲食轉化為儀式的原因。食物變成了聖禮，團結了天地。對猶太人來說，在逾越節吃的薄餅（matzah），教導我們認識苦味。我們不僅是簡單地閱讀苦的味道，我們還會吃下苦味草藥，進入那種靈魂狀態。在猶太新年，猶太人會吃蘸蜂蜜的蘋果，祈求甜蜜的一年。我經常在思考蜂蜜，以及我們對甜味的渴望。生活在充斥著許多蜂蜜的廉價替代品的文化中，要如何學會尋求真正的甜蜜？我們想要的是甜蜜的日子，而不是糖精。

讓飲食成為一種冥想，一種關注的時刻，呈現給我們的感官，給我們周遭的人。像看待聖餐一樣看待每一餐飯。請記住，像食物這樣稀鬆平常的東西也可以將我們連接到超越世俗的領域，補給我們自己的靈魂。

是的，食物就是愛。有人為你做飯等於是提供一份心意和靈魂。你的餐桌可以成為你家的靈魂，成為吸引大家團聚的引力，創造永生難忘的回憶。

在取用食物前問問自己，我渴望的是什麼？花一點時間仔細聆聽答案。滿足你的靈魂，就會知道豐盈的意涵，就會學到感謝。

*

教會我品嚐餐點靈魂的是我的丈夫羅伯。羅伯用食物向我示愛。那時我在一間猶太會所擔任拉比，在短暫的午餐時間教授一堂名為「愛與妥拉」（Love and Torah）的午課。我的學生都是媽媽，他們的孩子都在我們的學前班上課。我們在我的辦公室中研讀《雅歌》（*Song of Songs*），沒多久就有個男人帶餐點到課堂上來款待拉比。起初是來自農夫市集的新鮮成熟草莓，入口即融，鮮嫩多汁。然後他開始帶那些我們在課堂上大聲朗讀的神聖情愛《詩篇》中提到的香料。這週是乳香，隔週又帶沒藥。每週他進入我班上時，我開始感到有點恍惚。我不知道其他學生是否有這種感覺？愛情《詩篇》中的字句與他帶來的香料混合交融，我們的靈魂正在上升，交織在一起，我知道自己正落入情網。

我第一次邀請羅伯來我住的公寓時，和他聊了好幾個小時的茶。當我起身去另一間房間找東西時，羅伯利用這個空擋，窺視了我的櫥櫃。顯然他很餓。他發現一罐鮪魚和一袋薯片。沒有蛋黃醬，沒有麵包。當我回來時，我發現他站在我的廚房裡。拿著鮪魚罐頭，問道：「妳是不是像貓一樣直接就著罐子吃？」「是的！」我坦白回答。他笑了笑。下次我見他的時候，他帶了一個禮物給我，是上面印有「喵」字的小貓碗，好讓我吃鮪魚罐頭。

羅伯和我已經結婚二十五年了，他仍然會用食物來感動我。我遇見他時，他是一位廚師，擁有一家餐飲公司，曾在多家餐廳的廚房工作，也曾擔任糕點師傅。他為我做的第一頓飯是手工義大利麵搭配自製的番茄醬和麵包，淋上橄欖油，再附上一瓶紅酒。我喜歡看著他用手玩麵團。他煮飯時，完全沒有焦慮，只有喜悅和愛。在我們還沒就坐前，羅伯就用叉子給我一口一直讓我垂涎欲滴的義大利麵。我嚐到伊甸園的滋味。

到今天我仍然喜歡在廚房裡看羅伯。他可以不慌不忙地為三十個人準備晚餐。當他雙手碰觸食物時，總像個在沙盆中玩耍的孩子那樣看著我。他現在是一名記者，但每晚在家時，他就是我的廚師。我們家是聚會的好地方，大家會來吃飯，享受彼此的陪伴，愉快的聊天，並且享用美食。我們的孩子就是在父母每晚的陪伴中一起吃著美味的食物長大。

愛、性感、靈魂、友誼、社群、家庭、食物、伊甸園。

感謝神。我飽了。

願你取用能夠喚醒和滋養你靈魂的餐點，讓你飽足，還能將你與所愛之人，以及滋養萬物的造物主連繫在一起。阿門。

# 第十章

# 禱告和學習是理解的關鍵

正如身體需要食物才能存活，靈魂則需要禱告才能茁壯。

今天早上醒來時，你第一件想到的是什麼？

這是幾年前我教授一門禱告的課堂上問學生的問題。我要他們喊出答案：「我在想我那哭鬧的寶寶。」「我在排練等一下的口頭報告。」「我在想要幫孩子做什麼早餐，還有帶去學校的午餐。」「我在想要按掉鬧鐘。」「我在想我的電子郵件。」「我想喝杯咖啡。」

我說：「你覺得醒來時嘴中念著禱告詞會是怎樣的感覺？為了感謝能夠醒來，獲得嶄新的一天而禱告。」我的學生大多是世俗之人，除非是在會堂中要求他們，不然他們不會禱告。

我說：「我開始相信簡單的事情，好比說一句禱告詞，就可以改變你處理哭泣嬰兒的方式，可以改變你將要發表的演說，可以影響你為孩子準備的早餐，可以讓你在面對一長串待辦事項時抱持全新的態度。」

他們的表情充滿懷疑。我說：「為什麼不試試看？就當作是一個實驗。嘗試一下在每天醒來時，背誦一段早禱文，兩星期後，我們再來討論。」

下次上課時，學生的反應非常熱烈：「我早上對孩子更有耐心了。」「家裡的氣氛變得更輕鬆詼諧，少有抱怨。」「我睡得更好了。」「我不再賴床，我在禱告後從床上跳起來，期待進入這一天。」

在課程結束後兩年，一名學生寫信給我：「親愛的拉比萊維，我不確定妳是否還記得我，我之前曾上過妳的禱告課。事實上，自從妳要求我們嘗試晨禱以來，我每天早上都會禱告，還一直鼓勵其他人也試試看。我發現自己比以前更懂得欣賞生活中的日常奇蹟。這種做法幫助我更能活在當下，珍惜生活，我真的對此非常感激。再次感謝妳的禮物。」

晨禱這樣簡單的舉動，就足以改變你面對一天的方式。

「我的靈魂渴望著你，」《詩篇》的詩人這樣吶喊著。當我們感到空虛時，當感到好像沒有什麼可以給予他人時，禱告會讓我們滿盈，讓我們的靈魂復甦、平靜。禱告能安撫人心，重新燃起希望。在團體裡一起禱告，能將不同的靈魂連繫起來，合而為一。單獨禱告時則會想起自己並非孤獨一人，無限的合一就在身旁。禱告可以幫助你記起夢想、渴望，以及你一直忽視或逃避的所有希望。禱告可以幫助你想起來，在內心中有一吶喊的靈魂。禱告是為我們內在靈魂創造的發聲空間，是我們內在生活的流瀉。

有一句意第緒名言是這樣說的：「從你的嘴到神的耳。」這句話充滿希望，但也充滿膽量。禱告是無懼無畏的「虎刺怕」（chutzpah）！它拒絕獨白。透過我們的話語，能夠吸引神，將祂編織到我們日常生活。這是一位傾聽的神，一個與我們歷經生命中歡慶和悲傷的神，也與我們共同度過慘淡的灰暗時光。

「為我禱告，拉比」，這可能是我多年擔任拉比最常遇到的請求。能夠為他人禱告，我總覺得很榮幸。當然，有人要求我為他們禱告時，我也會擔心。他們之所以做出這樣的要求，是否因為他們認為神不會聆聽他們的話語？是否認為禱告需要依循正確的步驟，若是他們不知某個神奇咒語，他們的吶喊就無法上達天聽？

大約二十年前，我曾去醫院探望一名男子。他說：「為我禱告，拉比。我不知道該怎麼禱告。」我說：「我當然會為你禱告。但首先你得告訴我，你想要我對神說什麼呢？」他想了一會兒，然後開始語帶顫抖地說著：「神，我是祢的，我知道。但我也屬於這世界，和我的家人在一起。現在我的心好痛。我以前從未讓自己像這樣愛過。給我一點時間。我向祢禱告，神，給我時間。」

這些話語來自一個覺得自己不知道如何禱告的靈魂。當他說完後，深深地嘆了一口氣，我可以看到他臉上的憂慮和緊張正在消散。平靜降臨在他身上，輕盈而優雅。我親眼目睹禱告是如何治療他。

從那天起，每當有人要我為他們禱告，我總會問同樣的問題：「你想要我對神說什麼？」這問題永遠奏效。人會為他們內心深處自己未曾察覺的言詞所震驚。靈魂會對自己說話。

小時候，父親教我禱告。我喜歡吟唱，但不明白這些歌詞是什麼意思：「主啊！在這個嚮往的時刻，我就是向祢的禱告。主啊！在祢無限的愛中，回答我，用祢真正的救贖來回答我。」

小時候學到的話語，可能需要幾十年時間才能找到他們在靈魂中的合適位置。我可以看到自己，一個沉浸在禱告中的孩子。我看到她坐在客廳的沙發上，腳還太短，碰不到地板。我看到我的父親傳給我一塊他自己的靈魂，希望他的小女孩能夠接受，並且歡迎它進入自己的靈魂。我看到他厚厚的眼鏡後面熱淚盈眶的雙眼，而我卻不知道為什麼那裡會有眼淚。我看著這個禱告如何繼續活在我身上，這首歌，這些我過去無法理解的詞語，在等待它的時間到來。

我現在理解這些話。我已經度過禱告時盡是絕望的階段，那時的我只是陷入「回答我，回答我」的無力痛苦，而且覺得所謂的神只是自己的歷史傳統所開的一個惡劣玩笑。我也經歷過渴望時期，渴望接近，渴望站在我所愛的神面前。

我已經明白「我是我的禱告」這句歌詞的意味——當沒有語言時，當言語能夠掌握到靈魂所想要表達的時候。「我是我的禱告」，所有的我。神，接受我的存在、身體和靈魂，如同我對你的禱告一樣。我唱著這段禱告詞，熱淚盈眶，我聽到父親的和音，我們的靈魂超越了時間的界限。

「Shema Yisrael」是最著名的猶太禱告詞，意思是「聽吧！以色列」。它的開頭是：「聽吧！以色列，我們的神主耶穌，主是一體。」心思敏銳的猶太人在早晚、在床上入睡前，在贖罪日結束時，乃至於臨終前都會念這段禱告詞。為什麼是這段禱告詞？為什麼會特別將這段話從《申命記》中挑出來？

對我來說，這表達某種超越一神論的想法。提醒我們除了神之外，別無他物。你內在的靈魂知道這一點，並努力教導你：我們所有的一切，所看到的一切，都是這份合一的反映。這份「Shema」（聽，亦譯為「示瑪」），就是愛因斯坦所指的「整體」。猶太人的神祕智慧書《光明篇》（*Zohar*）是這樣描寫合一：「沒有一個地方是沒有神的。」所有的創造都充滿這份神聖。你所看到和觸摸到的一切，當中都有神的存在。

「示瑪」不是我們的要求，它不會向神做出任何要求。「示瑪」是神的要求，是神的禱告。是神向我們呼喊，隨著時間迴響：「聽吧！愛吧！全心全意，投注你全部的靈魂，全力以赴。聽吧！」

禱告不是為了要得到某種結果，也不見得一定讓我們感覺更好。禱告是你的靈魂與其源頭，即靈魂之魂的連繫。禱告讓我們透過靈魂的眼睛看世界。它將我們的心胸打開，面對我們的日常祝福，幫助我們將靈魂的最高意圖與身體的最高行動結合起來。禱告引發我們創造我們所渴望的世界。

在你靈魂深處的禱告是什麼？除非你給你的靈魂提供表達自己所需的時間和空間，否則恐怕難以找到它。讓你的靈魂給你驚喜。給它一個出口發聲。花點時間問自己，一直以來想對神說些什麼？讓這些話語自行流瀉出來。向神提出你的問題、你的希望、你的抗議、你的渴望、你的感激。為別人禱告，為自己禱告，為這個世界禱告。說出你需要訴說的一切，並仔細聆聽回覆。

若是你每天騰出時間做這樣的練習，可能會發現你的內心和外在都開始發生轉變。很快你就會發現自己不僅渴望禱告，還想學習。

有一種做法和禱告有異曲同工之妙。禱告的另一面是學習。正如同偉大的學者拉比路易·芬克爾斯坦（Rabbi Louis Finkelstein）十分貼切的描述：「禱告時，我向神說話；研讀時，神對我說話。」

*

智慧永遠不會奇蹟似地降臨。你的自我可能會幻想著答案從天而降，但你的靈魂渴望學習，它渴望延伸，廣博而深入的發展。開始學習，就從某一《聖經》文本的某一節開始。渴望對現在有更豐富的認識，以及在這個當下你能得到什麼。

在猶太傳統中，每個希伯來人的名字都與一句《聖經》經文有關，名字會以經文中的第一個和最後一個字母當作開頭和結尾。當靈魂從這個世界傳到下一個世界時，可能會為前方的世界所震撼，而完全忘記它過去的生命。但靈魂永遠不會忘記它的經文，這節經文將幫助靈魂記起前一個世界中它的名字，很快地一切記憶都將回來。

與我的希伯來名字相連的這節經文是：「看管你的舌頭不要說惡，注意你的嘴唇不要傳播誹謗。」這節經文成了我的老師，它每天都在我頭上盤旋，提醒我注意自己的言語，總是以最光明的角度來看待他人。

如果你渴望與神聖產生連結，那就開始學習，你將獲得永恆的智慧。言語將在你的靈魂中活躍起來，經文將開始呼喚你的名字。研讀《聖經》，研究其他信仰傳統的神聖文本。閱讀解經釋義、神祕文本、詩歌與文學。尋找能引導你的優秀教師、學者和導師。對新知以及體驗這個神奇世界的新方式，抱持開放態度。懂得社交，與同伴一起學習，讓他人拓展你的視野、挑戰你的思維。

說實話，要是少了我的研讀夥伴拉比托巴·奧古斯特（Rabbi Toba August），我真的不知道我會怎麼過。托巴和我每週一起學習超過十四年。在開始學習前，我們會背誦一段禱告文，希望這次的研讀能夠以意想不到的方式讓我們進步。我們每週的會面也讓我們得以交換彼此生活，分享渴望、祕密、受到的傷害和希望。有些日子，我走進我們的研究室，感到心神不寧、厭倦或悲傷。但我們的學習從未讓我們失望。我們打開文本，很快就沉浸在充滿意義和舒適的海洋中。

> 禱告和學習。與神說話，並且讓神對你說話。願你能明白你自己就是一個祝福。並願你的現在和未來都有祝福環繞著。阿門。

# 第十一章
# 在自然中恢復靈魂

我最喜歡的一則哈西德（Hasidim）猶太故事，是關於一個每天都去森林的小男孩。這個男孩的父親注意到他的兒子總是躲到樹林裡，於是問他：「你為什麼每天都要去樹林？」兒子回答說：「我去那裡尋找神。」

父親試圖溫柔地糾正他的兒子說：「我的孩子，難道你不知道神在哪裡都是一樣的嗎？」男孩回答：「我知道，爸爸，但我在每個地方都不一樣。」

我們在每個地方都不一樣。在自然界中，我們開始看到我們是創造的一部分，是這廣闊、神聖和永恆的一部分。

不久前，丈夫和我下決心要去紅杉國家公園（Sequoia National Park）露營。我們一路爬上內華達山脈（Sierras），一路上橡樹和桉樹漸漸消失，取而代之的是松樹和紅杉。不久後，我們遇到暴風雨，一時閃電和雷聲大作，天色轉黑，風雨聲隆隆作響，我們在泥濘的道路上迷失方向。要不了多久，我就開始後悔出來露營。事實是，我是出生布魯克林的紐約客。我會聽到哪裡長了一棵樹，但說實話，大自然和我並沒有什麼熱絡的關係。

最終我們在海拔兩千六百五十公尺的高度停下來，等待暴風雨過去。然後我們下車，徒步走一兩公里，再爬升約一百公尺的高度，才能到達我們的營地。當我背著背包徒步行走時，我開始氣喘，覺得自己喘不過氣，聽起來像是《星際大戰》裡的天行者達斯維達。**也許這不是個好主意**，我開始這樣告訴自己，**我一定會討厭這場旅行**。

當我們到達營地時，剛好看見由粉紅色、紫色和紅色組成的夕陽。我站在看台上，俯瞰遼闊的天空和那些拔然而力的大樹。後來天色轉暗，站在為月亮和星星照亮的天空前，敬畏之情在我心中油然升起。我布魯克林人的心胸開始融化。

第二天羅伯和我徒步走了十二三公里路，去到一個湖邊，到達時我們倆都跳進去。然後我看到一棵大紅杉。這棵樹已經有兩千多年歷史。我感覺到它強大的靈魂，並開始在它面前哭泣。我緊緊抱住這棵樹，低聲做了一個充滿感恩的禱告，剎那間「我」這台思緒不斷旋轉的機器消失了。剩下的只是一股毫不費勁的流動，和敞開著雙手。沒有想法，沒有重量，沒有立足的地面，無體無心也無我。愛因斯坦的一句話出現在我腦中：「我們能體驗到最美好的事，就是神祕。」[1]

置身在大自然，你的身體、視界、脈動與呼吸都會改變。你的靈魂會感覺生機盎然、充滿活力，見到神對我們的牧養。《詩篇》第二十三篇的話語變得像是在對我個人訴說：「祢把我放在綠色的牧場上，祢帶我到靜水邊，祢恢復我的靈魂。」

家園能保護我們，免受酷暑和寒冷的侵襲，但這也將我們隔離在令人敬畏的自然奇觀外。我們生活在一個令人驚嘆的世界，卻常常錯過它。

我們的靈魂需要我們抽出時間，走出我們封閉的空間，進入由月亮和星星照亮的神的住所。我們的靈魂在懇求我們遠離人造的東西——我們的家園和智慧型手機，去到草叢樹木中，認識那裡的神。

十八世紀末偉大的哈西德大師布拉茨拉夫（Bratzlav）的拉比納赫曼（Nachman），建議他的追隨者每天到戶外和神交談。他相信大自然是靈魂復活的地方。他說：「當一個人從這樣的冥想中返回，經常可以用全新的眼光看世界。看到一個嶄新的世界，與他之前所認識的世界截然不同。」[2]

在此，我呈現給你拉比納赫曼這篇動人的禱告：

宇宙之主，請賜予我獨處的能力；也許是讓我養成每天到戶外的習慣，置身在樹木和草叢中，在所有成長的事物中，我或可在那裡獨自一人禱告，也許是與我所屬的那個合一交談。也許是我能夠在那裡表達心中的一切，而田野間的樹葉草木，以及所有植物，都將在我到達時甦醒，將其生命力傳遞到我禱告的話語中，讓我的禱告言詞，透過成長中的萬物的生命和精神而完整，這全都是來自那超越一切的最初源頭所造。

第十二章

# 迎接安息日：在休息的日子恢復你的靈魂

從很小的時候，我就明白父親不喜歡他的工作。早上我會看著他拖著沉重的腳步去上班。可以在他的表情、眼神，和肢體語言中看到他的不情願。

父親年輕時的夢想是當個老師，但二次世界大戰緊緊抓住他的心，並在十八歲時入伍。戰爭期間，父親瘋狂愛上我的母親。當他返回家園，便娶了她，然後在他父親的鼓勵下接管祖父的裁縫工作。若是已經可以謀生，為什麼還要回去念大學呢？在他還沒察覺前，他已經身陷在一份不能餵養自己靈魂的工作中。不是每個人都能追隨熱情，做自己喜愛的事。有時你最終得做你必須做的。

但是在每個星期五晚上，日落之後，媽媽會在家裡點上安息日蠟燭，這時我們就像走進另一個世界。烤雞的香氣，擺得漂亮的餐桌，全家人聚在一起聊天，沉浸在祝福與關愛之中。第二天起床時，在安息日的早晨，父親彷彿一覺醒來就成為一個不同的男人：他渴望到猶太教堂做準備，他的聲音悠揚高昂。「我們走吧！」他叫我的方式好像是在吟唱他的這份邀約。

看著父親在猶太會堂被他那些穿著禱告披肩的朋友所包圍，等於是在見證一種高貴的情懷。當這些人閉上眼睛歌唱時，他們就此被帶往另一個世界。白天，他們是從事一般工作的普通人，在安息日，他們是神的兒女，每個人都是神唯一的孩子。當喊父親到講台上吟唱先知的《詩篇》時，我可以看出他已在神面前找到他應有的位置。

**一瞥即將到來的世界**，這是塔木德的拉比對安息日的描述。在這裡可以感應到一絲天堂。

安息日是猶太人給世界的禮物。我們必須退後一步才能看到，都需要休息才能繼續攀登。著名的猶太散文家阿哈德（Ahad Ha-am）曾經這樣解釋：「與其說猶太人依循安息日的時間作息，倒不如說是安息日維護著猶太人的延續傳承。」無論他們身在何處，無論他們處於何種境地，安息日都是等待他們的綠洲，讓他們可以在那裡安撫疲憊的靈魂。

有些人認為安息日是充滿禁令的一天——不能做這，不能做那。但安息日實際上是一個允許的日子，是我們允許靈魂再次做夢的日子。任憑自己不斷被消耗，承受壓力和憂心的扭曲，我們能持續撐多久？我們所能掌握的不斷減少。

人早就獲得前往天堂的免費旅程，而且不需要前往任何地方，就可以直接去到那裡。你所要做的就是休息。

何以單憑一天的休息，這樣簡單的事情，就能帶人進入超凡的境界呢？我知道回答這問題最好的方法其實很簡單，就是去重複那句每位母親在面對孩子不願意吃沒吃過的食物時所說的話：「先試試看再說。」

「試什麼呢？」亨利這樣問我。亨利成立一家蓬勃發展的網路新創公司。他賺的錢遠超過他所夢想的。三十六歲的他，婚姻幸福，還有一個精力充沛的可愛兒子。「但我總覺得少了一些什麼，」亨利告訴我：「拉比，我知道沒有權利抱怨。我覺得我贏得人生的大獎，我有健康、愛情、家庭、成功……但我內心感到空虛。」

我問亨利：「你能描述一下這種空洞的感覺嗎？」

亨利說：「這有點像心裡老是犯嘀咕，就像我忘了什麼，但我不知道我到底忘了什麼。」

當我們進一步深談時，亨利向我承認他在家裡的大多時候都心不在焉。和兒子一起玩的時候，不管兒子在做什麼，他都在用手機發訊息，和妻子在一起的時間幾乎也是一樣。他說他們都養成帶著iPad上床的習慣，這可沒什麼催情的效果。亨利臉紅的告訴我：「我覺得我們有六個月沒做愛了。」

我對亨利說：「也許你忘記的是你的靈魂，還有你的靈魂與你所愛的人的連繫。」

亨利說：「但是拉比，我實現了我的夢想。」

「亨利，」我說：「你的靈魂可能還有其他的夢想。」這時我和亨利談到嘗試體驗一下安息日。我可以看到他臉上的猶豫神情。

我說：「你來我這裡是為了找我幫忙，我的建議就是去體驗一次安息日。」亨利和我談到要怎樣關閉他滿是工作的腦袋，我們也談到要如何幫他全家人擺脫高科技產品和電視。我們談到可以點上安息日蠟燭，當作是在家迎接神聖時刻和節慶餐點的方式。我們還談到不要在這一天去逛街購物或處理工作上的事情，而是騰出來給生命、朋友、家庭和大自然。我說：「從禮拜五晚上開始，就拿一個禮拜五晚上來試試看。先不用過整天的安息日。」

亨利起身離開。我看得出來，他正在想來找我是不是錯誤。他沒想到還會有功課，他已經有好多事情要做。後來，有段時間我都沒有亨利的消息。我想知道他是否有試著過過看安息日。

幾週後亨利回來看我。他看起來很輕鬆，也比較平和。他笑了。「我們試著做了。」

「是怎麼進行的？」我問道。

「第一個禮拜五晚上，我一直想要去拿手機，所以最後我把它關機了。但是，拉比，我得說這感覺就好像遭到截肢。我還是一直在聽它，在找它。」

「然後呢？」

他說：「我不知道該怎麼感謝妳。我第一次覺得自己像個真正的父親。我想我以前只是在假裝。我喜歡和傑克一起玩，念書給他聽，看著他的眼睛。」亨利有點哽咽。「他是個特別的孩子，過去我卻沒有讓他進入我的生活。」他接著說：「而我的妻子和我，我們終於打破六個月的乾涸。現在床上不再放著高科技產品，這對我們來說可是全新的體驗。我上床時會抱著她睡。」

「哇！」我說：「你的手腳很快嘛。」

「奇妙的是，將禮拜五晚上當作安息日確實影響我們一整個禮拜的日子。」亨利說：「那種心中不斷嘀咕的感覺消失了。我感到很富足。」

「你**確實**很富有。」我說。

你可能會認為選擇把待辦事項列表放在一旁，好來一窺天堂是個很容易的決定。但對於我們大多數人來說，與智慧型手機分開一小時的想法，聽起來像是一種折磨。科技對我們有如此巨大的吸引力，它正慢慢地吸走我們靈魂的活力——吸走我們的快樂、我們的親密感、我們的奇蹟，和我們的創造力。當我們的靈魂消耗殆盡時，怎能期望感受到充滿活力的生命？在我們所處的時代，靈魂比人類歷史上過往的任何一個時代都更需要有安息日的生活。

我不是在說你的靈魂需要你遵守安息日的一切，我是說你的靈魂需要你生活在安息日中。如果安息日是對天堂的一瞥，那麼它不僅僅是一段時光，也是一個靈魂所渴望的去到的地方。安息日到來時，我們受邀進入它的氛圍之中。

安息日是個怎樣的「地方」呢？你要怎麼形容它？我會把安息日描繪成童年時下雪的日子。醒來時，發現屋外籠罩在純白之中，成了一個新世界。所有熟悉的東西看起來都很新，沐浴在陽光下。生活的所有節奏因此改變，每個人都可以自由嬉戲。把安息日描繪成你曾經去過的任何地方，在那裡能讓你平靜下來，並幫助你深深呼吸，這是一個讓你的心充滿敬畏的地方。

無論你的信仰傳統是什麼，想像每週保留一天，不管是為愛人、家庭、社區、學習還是禱告，想像一下這樣的生活會是如何。是性感、身體愉悅、享受美食、重返大自然或高歌的一天。是歡迎神進入我們世界的一天。安息日教導我們要如何拿回生活的主導權，如何在工作和家庭、散文和詩歌、自我和靈魂之間取得平衡。在安息日，現在會讓位於永恆。時間釋放了對我們的束縛，生活不再被時鐘所宰治，可以停止匆忙步調和解除壓力。

正如亨利所學到的，安息日的奇妙之處就在於它會一直延續到我們所有的日子，不管是之前的，還是之後的：「我的杯子滿出來了。」安息日是一週的靈魂。在它之前的日子是期待的日子，並且渴望期待，在安息日之後的日子則充滿餘輝，就像太陽下山後的紅紫色天空。

猶太神祕主義者將安息日的想法更進一步發展。對他們來說，安息日不僅是一天，也不僅是一個地方。在神祕思想中，安息日是活生生的。神祕主義者教導說，在安息日，一位名叫「安息日新娘」的神聖女王的靈會從上層世界降臨到我們身邊，每週一天。新娘降臨人間，來治癒心靈並滋養疲憊的靈魂。

你是否心中老是犯嘀咕，覺得忘記什麼，但又記不起來？

那試試安息日吧，她已準備好揭示她的祕密智慧，低聲呼喊你的名字。你的任務是要學習如何迎接她，訓練你的眼睛來看她的光芒。她穿著一身雪白，就像是你一覺醒來發現整個世界覆蓋著新雪，所有熟悉的事物看起來都不一樣，沉浸在光線中。

願你所有的日子都在光明中閃耀。

冥想、音樂、食物、禱告、學習、自然、休息。找到你的靈魂最喜歡的路徑，並定期練習，直到你開始看到事物在你和你周圍出現變化。花點時間，讓一條路引領你進入更深一層的平靜體驗，領悟一種奇妙的感覺和體會。很快你就可以開始以更廣闊的視野看待，對阻擋在前方的障礙也不再那麼恐懼。這是你靈魂的願景。歡迎它。

願你歡迎這場即將展開的旅程。

# 進入靈魂的廣泛視野

「這是人的意識的光學錯覺。」

——摘自愛因斯坦致拉比馬庫斯的信

滋養並讓你的靈魂獲得重生，這樣它也會轉過來讓你重生。當你開始懂得使用生之力，你可能注意到的第一項微小變化是在視覺領域。你能用肉眼看到的，只是一部分的真理。我們的眼睛每天都在欺瞞我們，引我們踏上歧途。但靈魂想要提供我們它廣泛的視野，讓我們意識到我們難以看到的全面。不久後，我們可能開始看到一個更大的圖像，看出隨機的線頭實際上正在編織一幅壯觀的掛毯。

第十三章

# 退一步海闊天空

幾年前，即二〇一二年夏天，我被開一張罰單。那時我正趕著要去開會，身後有台警車朝我閃燈。我停下來，員警神情愉悅地走到我的車窗前，說道：「女士，妳剛剛做了一個完美的『加州卷』。」還繼續說：「我都有在看奧運喔！要是讓我來當裁判，我會給妳的『加州卷』最高分十分。但我沒有獎章可以頒發，只能給妳一張罰單。」

我說：「警官，我以為我在停車號誌處確實有把車子停下。你能解釋一下什麼是加州卷嗎？」

「妳在停車號誌處有減速，但並沒有完全停下來，還繼續前進，這就是加州卷。」

「但我來自布魯克林。」我笑著說。

他說：「那我們就叫它布魯克林貝果吧！」

我問他：「警官，那之後我要怎麼知道自己停得夠久了呢？」

他說：「剎車，然後數三下。對妳自己說，一、二、三，而且妳應該會覺得有股力量將自己向後拉。要是沒有這種倒退的感覺，就表示妳還沒有真正停下來。」

向這位提供駕駛小撇步的警察道謝後，我拿了罰單繼續開車，並且在每個有停車號誌的地方都數一、二、三。幾週後，我在一間線上交通學校註冊。做了所有的測驗，通過考試，然後把罰單事件拋在腦後。

之後，同樣是在那個星期，一位名叫瑪雅的年輕女孩來看我。二十三歲的她看起來很有魅力，但也很困惑。她說：「拉比，我不知道自己在做什麼。幫幫我！」

我還沒來得及張嘴問問題，她緊接著說：「幫幫我。只要告訴我該做什麼。」

瑪雅向我解釋，她一直想要搬到紐約，想到百老匯闖一闖。她說，她難以將精力投入在洛杉磯的生活。當我問瑪雅是否有在地方上的劇院演出時，她告訴我沒有。她說，因為執著於大計畫，而無法好好投入目前的生活。

「現在我在一家服裝店工作，」她說：「但我無法想像一輩子都做這樣的工作，因為我想搬到紐約。並且……我目前和一個不錯的人約會，但是我無法想像和他共度餘生，因為他告訴我，他並不想和我一起搬到紐約。而且……我喜歡洛杉磯，但無法想像住在這裡一輩子，因為有一天我要搬去紐約。」

突然間，交通測驗的一個問題浮現在我腦海中。我脫口而出：「瑪雅，當妳在街上行駛時，妳知道妳應該要看到多遠的地方嗎？半個街區、兩個街區、四個街區，還是一直到路的盡頭？」

她看著我，好像我講的話一點邏輯都沒有。「拉比，為什麼妳要問我駕駛測驗的問題？」

「答案是兩個街區，」我告訴她：「只需兩個街區！瑪雅，妳現在不需要擔心妳的餘生，妳要想的是接下來的兩個街區。」

「在未來的兩個月裡，妳會對妳的工作感到滿意嗎？和妳的男朋友在一起會開心嗎？在接下來的兩個月裡，妳在洛杉磯會開心嗎？而且，若是妳真的想要開展演藝生涯，為什麼不先在洛杉磯的劇團試演呢？」

瑪雅開始哭了起來，並且長時間的深呼吸。她的身體似乎放鬆了。「兩個街區，」她說：「可以，我可以處理兩個街區。我可以走過兩個街區。」

*

瑪雅離開後，我意識到我們經常因為無法看到擋風玻璃外的景色而受苦。我們陷入困惑、懷疑，並擔心我們看不到該往哪個地方轉彎，或是去哪裡。我們甚至無法看到眼前的道路，我們需要做的是邁出第一步，從某個地方開始。

有時，我們一直在後照鏡中找路，卻沒有望向前方的道路。我們不斷回頭看，反覆思考無法改變的事情。難道沒想過，這樣做只會讓我們不斷陷入困境嗎？

有時候，就像瑪雅一樣，我們太過執著於路的盡頭，執著於自我所做的一些規畫，甚至沒有花時間問自己，我們是否還想去目前朝向的地方。我們老早就在GPS中設好目的地，現在我們僅擁有隧道般的視野，腳踩油門，沒時間欣賞路上風景，也沒想過要改變方向。

但靈魂自有一套不可思議的導航系統，能夠同時看到過去、現在和未來。正如古代拉比所教導的，靈魂從世界的一端看向另一端。它生活在神的時代。在我們的內部，有一對當下敏感且開放的意識，同時存活在過去和未來。然而，我們的自我可能非常專注在其擬定的計畫，因而忽視身邊事物的美妙。我們變得對那些可以改變我們生命的種種契機視而不見，其實只要讓它們進到生命中，改變可能就會發生。

我們每個人都有過執著在某個目標的經驗。當你堅持進行某項計畫時，變得難以抽身，即便這傷害了你，傷害了你所愛的人。

最近有一位四十多歲的男子來找我諮詢。他對我說：「拉比，我不僅對過去感到後悔，也對未來充滿遺憾。」我試著理解他企圖傳達給我的這段訊息。你怎麼能對還沒發生的事感到後悔呢？然後突然想到：你可以看到事情的發展方向，看到制定好的計畫，看到已經開始運作的那股動力。確實是已經可以看到的。你可以看到未來的年歲，看到自己陷入其中，無法自拔。你做的決定，你所犯的錯誤，似乎延伸到前方遙遠而不可動搖的道路上。

失去希望，就是我們對自己的未來所犯下的最大罪行。我們不需要對未來感到後悔，因為未來還沒有確定下來。我們並沒有注定要在任何地方，我們不需要成為自我計畫中的奴隸，我們可以扭轉局勢。你可以自由改寫你的生命故事，你可以修復你所弄破的東西。你不是無助或無望。你可以重新開始，重頭來過。

神每天不斷對我們呼喊：「你的未來充滿希望！」就算已陷入一種破壞模式，但你也沒有注定要留在那裡。你有能力改變你的生活方式。

有什麼方法，可以讓人從自我限制的那條隧道視覺解放出來？

答案其實簡單得可笑，但要實行起來卻很困難。要是我們繼續做「加州卷」，就永遠不會停下來，觀看並回應我們周圍的環境，遲早會崩潰。我遇到的警察建議我停下來，數一、二、三，還要感覺自己被向後拉，這正是猶太人在進行阿米達（Amida）禱告時所做的，即沉默的站立冥想。傳統上，在禱告開始時，要停下來並向後退三步。為什麼要這樣做？這時我們想像靈魂離開這裡，進入一個神聖的空間。突然間，我們就站在神的面前。

當你減速時，會以輕盈的姿態看待你的計畫，然後有夠長的時間停下來，好讓自己有一些其他視野，看看會出現什麼？啟示。

正如大家所知，我們常講的運氣其實與規畫和開放性有很大的關聯。規畫之後，退個三步來放輕鬆，並加以重新組合，注意動靜變化。有許多的發現和拯救生命的處理方法是在計畫改變，或是事物遭到燒毀，但人始終保持開放心態和意識時出現的。

當我們給自己時間退後一步，會在內部騰出空間，讓那些我們從未想像過的答案有出場的機會。每個人都有自己的方式來軟化心中執念，給靈魂提供表達和展現自己所需的空間，可以是在樹林裡散步，也可以是在博物館或溫暖的泡泡浴中度過一個下午。

去年十二月，我去洛杉磯市中心的格萊美博物館（The Grammy Museum）參觀。在觀看搖滾樂的紀念展品時，我看到牆上掛著一張框裱起來的破舊皺紙。上面的塗鴉文字都劃掉了。手寫的便條上寫著，「小達令感覺冰雪正在慢慢融化。小達令感覺放晴了好幾年」（L.D. feels like ice is slowly melting. L.D. feels like years since it's been clear）

在頁面的下方又寫著：「H.C.T.S.-H.C.T.S。（而我說）一切都沒事了。」（H.C.T.S. — H.C.T.S. (and I say) it's alright）還有以簡單線條畫出的太陽，上面帶著一張笑臉。你還沒想到嗎？這是披頭四的〈太陽出來了〉（Here Comes the Sun）的歌詞手寫稿。

那天我學到這首披頭四的招牌歌是如何問世的。喬治・哈里森（George Harrison）說，身為披頭四的一份子，生活樂趣完全消失，一切都是為了生意，然後要「簽這個」、「簽那個」。[1] 所以有一天，在度過英格蘭的漫長冬天後的早春，喬治決定在蘋果工作室胡搞一番。他說，遠離那些「愚蠢的會計師」就是一大放鬆。他前往歌手艾立克・克萊普頓（Eric Clapton）的家，開始拿著吉他獨自一人走在花園裡，然後拿出張紙寫下「HCTS」。

不管是靈感，還是啟示，在我們整頓視覺隧道，為驚喜騰出空間後，一切都是可能的。

有時候生活會破壞你的計畫，迫使你重新思考一切。

維克多・弗蘭克（Victor Frankl）在他那本撼動人心的回憶錄《活出意義》（*Man's Search for Meaning*）中寫道：到達奧斯威辛（Auschwitz）集中營時，他把他寫的科學研究的草稿藏在外套口袋。待在奧斯威辛集中營的早期，他看到大家都以為他們仍然可以保留住珍貴的戒指，這個充滿愛的紀念品。當然，這一切都徒勞無功。他走向一個看來待在奧斯威辛有一陣子的男人身邊，對他說道：「你看，這是一本科學書的手稿。我知道你會說什麼；我應該對自己大難不死心懷感激……但我就是忍不住。我要不惜一切代價保留這份稿件，它包含我一生的工作。」[2]

那個男人只是不屑的訕笑，說了一句話：「狗屎！」

這話好像是在說：你認為那堆紙很重要嗎？在這裡一切都沒有意義。當然，最後這份手稿還是被毀了，弗蘭克為此感到難過不已。他崩潰了，因為無法留下任何東西，因為身後沒有任何遺跡。他的生命有任何意義嗎？

但不久後，他就得到關於生命意義這問題的答案。就在他到奧斯威辛集中營的幾個月後，有一天弗蘭克接到命令，要他丟掉他的衣服。他收到一位之前被送到毒氣室的男子的破爛衣服。弗蘭克穿上那男人的大衣，當他把手放到口袋時，他發現在自己過去藏科學手稿的地方，死去的大衣主人也藏一張紙在裡頭。

他拿出那張紙。這是猶太禱告書上的一頁，來自《申命記》：「以色列啊，你要聽！耶和華，我們神是獨一的主。」弗蘭克寫道：「應該要如何解釋這種『巧合』，而不把它當成是一種挑戰？我要將我的想法活出來，而不僅是把它寫在紙上。」[3]弗蘭克意識到他生命的工作，不是寫下一份手稿，而是學會一天一天有意義的活下去，即便是在最不人道的條件下。

重獲自由後，弗蘭克設法從記憶中重建他失去的科學研究。但事實證明，這不算是他的傑作，他真正震驚世人流傳下來的大作，是他描寫的那份人類能力：即使身處地獄，也能找到生命意義和目的的能力。

一旦我們學會退後三步，可能會對所做出的突破感到驚訝不已。我們有能力，為真實、誠摯而直接的東西騰出空間。我們有能力，為迎接意外的祝福騰出空間。

好好掌握靈魂突破你心防，在你耳邊低語的那些時刻，「為新視野和新靈感騰出空間，因為它們即將到來！」

是的，我相信偉大的事物即將到來，甜蜜的祝福。新契機的大門每天都在我們面前敞開。我們的挑戰就是要看到這些開口，並好好把握。

練習退後三步後，我們可能會發現自己處於一個新的位置，可以看到靈魂站在我們面前，充滿力量和智慧，準備指引我們通往生命意義，和實現我們神聖目的的道路。

問題是，你準備好繼續忠於你靈魂的旅程嗎？

> 要是放鬆你那狹隘的計畫會讓你感到恐懼；要是你害怕向後退遠一點來環顧四周，並且擴大你那隧道般的視野；要是牽起你靈魂的手，讓它成為你的嚮導讓你感到擔心，那就想像神在說話，說哈里森的那句話：「一切都沒事了。」

# 第十四章
# 超越我們的狹隘視界

貝絲和艾瑞克在婚禮前一週，來到我的研究室，坐在面對我的那張沙發上。他們幾乎不看彼此一眼。「怎麼了？」我問道。一片靜默。

我等著，最後貝絲開始哭著說：「他想穿著他的紅色高筒帆布鞋搭配燕尾服。他要讓我們的婚禮變成笑話。」

然後換艾瑞克發飆：「那桌巾呢？桌巾！桌巾！我真是受夠了。貝絲想要粉紅色，我母親想要藍色，我被夾在兩隻喋喋不休的母雞間。」

坐在貝絲和艾瑞克對面，我笑了。這不是我第一次看到情侶因為爭論瑣事而陷入僵局，卻沒放眼整個人生規畫。

看著這兩個人互相譴責咒罵，有人可能覺得應該在為時未晚前取消婚禮。但我一點都不擔心。我看著他們僵硬且憤怒地坐在那裡，我知道要如何拆解這枚炸彈。我必須溫柔地引導他們，從對小事的斤斤計較，轉變到一種感恩和慷慨的狀態。

《詩篇》中我最喜歡的一句經文是：「視野狹窄的我呼求神時，祂以廣闊的境界開我心眼。」我喜歡這節經文，一直吟唱給自己聽。當我冥想時，我將它當作頌歌。對我而言，這意味著我們帶著所有心靈、身體和自我的負擔，以及生活施加在我們身上的種種壓力來到神面前。神賜給我們的禮物就是能夠去體驗我們自己靈魂、呼吸，和開放心態的寬廣。

我們都有能力，從自我設限轉變為開放心態。

發生在你身上的可能是悲劇，或是失敗，或是某人對你很壞。而且我們常常忘記，在這個痛苦事件和你對它的反應間，實際上存在寬廣的空間。你可以衝動回應，變得沮喪、嫉妒、憤怒、受傷或無望，你可以說出和做出讓你後悔的事。或者，你可以進入一個廣闊之地，採取正面且謹慎的態度來回應這種痛苦。

靈魂是居住在那片廣闊之地的力量，正如冥想時觀察我們心思流轉的那份存在一樣。它對我們所經歷的事件的理解程度，遠高於自我的下意識反應，更為開放和周到。

若是多花點時間待在靈魂的廣闊之地，會發現在生活中的回應方式遠比我們所想像的要來得多。

等你懂得如何進入廣闊無垠的靈魂之地，就會對周圍的人更加仁慈。在說出令你後悔的話之前，會先停下來喘口氣。會選擇另一種方式來對待他們，即使他們惹你心煩或是與你爭論不休。

那麼，貝絲和艾瑞克這對在婚禮前一星期來找我諮詢的怨偶，變得怎麼樣了？當他們看起來忘記要如何相愛時，我對他們說了什麼？我說：「聽著！我們可以花點時間談論帆布鞋，但首先我需要你們提供一些資訊。能告訴我，你們最初是怎麼相遇的嗎？」

從這個問題出發，他們就可以擺脫眼前瑣碎的小問題，思考他們之間連結的廣度和深度。

起初我們仍處於一片沉默。然後艾瑞克說話了。「我坐在猶他咖啡館，我的眼睛落在這個美人兒身上，她只是坐在那裡喝咖啡，看書。我心想，若是我能夠鼓起勇氣跟她說話，而她願意對我微笑，我將成為世界上最幸運的人。」

貝絲笑著對我說：「所以他向我走來，對我微笑，他的兩顆門牙之間還卡著一大塊食物殘渣。」

現在他們都笑了起來。突然間貝絲意識到，那雙紅色高筒帆布鞋正好搭配艾瑞克的這份古怪，就算他穿上這雙鞋也不會破壞這場婚禮。實際上，可能還會帶來一股暖意和獨特味道。

接下來換艾瑞克，他說他很遺憾，沒有在桌巾事件上挺貝絲，他承認他母親的品味很差。他說：「我知道妳希望一切都很美好。我很佩服妳，想要打造一場特別婚禮的心思。」

不久後，他們的笑聲中充滿淚水，他們的心軟化了。

想知道貝絲和艾瑞克的故事是如何結束的嗎？它沒有結束！十五年過去了，他們的婚姻幸福，有兩個男孩和一個女孩。

「視野狹窄的我呼求神時，祂以廣闊的境界開我心眼。」

事實是，我們大多數的爭議都是微不足道的小事，而我們只是任由它們增長，在心中紮根，且一不小心，就會受到它們的控制。嘗試向心胸開闊的靈魂靠過去，很可能會開始看到人們豐富的一面，看到他們對你的意義，他們的優點。

狹隘的心胸只能看到眼前。靈魂廣闊的視野則會看到一直以來困擾我們的問題，看到答案。廣闊的靈魂是啟示，是預言，是心領神會的「啊哈！」時刻，一切頓時變得清晰起來，前方的道路突然在我們面前打開。

這正是《聖經》記載著發生在夏甲（Hagar）身上的故事。她和她的兒子以實瑪利（Ishmael）遭到遺棄，獨自在沙漠中徘徊，身上沒有水了。她確信兒子將會死去，所以把他放在灌木叢中，因為她無法忍受眼睜睜看著她的寶寶死亡。《聖經》上寫道：「神打開她的眼睛，她看到了一口井。」

那是一個奇蹟！但不在於那口井，而是看到一直都在她面前的東西。

視野狹窄時，我們認定自己沒有選擇。在靈魂的眼中，我們會意識到其實還有很多可能性。

在我們的禱告生活中也是如此。有時狹隘的心靈，促使我們為微不足道的事禱告：「神啊！我能再多一點這些嗎？」但想像一下，要是我們能夠捕捉到充滿可能性的廣大視野。正如以賽亞（Isaiah）的教導，「睜大眼睛，環顧四周。」看看這個需要你的世界，看看你的祝福，看看你發揮真正影響力的潛力。「然後你會看到，你會發光。」當你用靈魂的眼睛觀看，你將開始影響你周圍的世界。

擴展視野是否意味著可以修復每一段關係，或解決每一個問題？並不是。實際上，正是靈魂的廣闊視野喚醒你，讓你知道問題的存在，甚至是放手的時候了。你已經花太長時間在這上面，但這早已結束。不管是一份工作，還是一段關係。你已經花太多時間在掙扎，一直在否認和假裝，現在是時候了，睜開眼睛以開放的心胸來面對真相，準備接受新的希望和新的祝福。

從狹窄視野轉變到開闊心眼的旅程並不容易，但我們都希望從夢遊中醒來，清除邁向完整生活的障礙。

你可以採取一些步驟來擴大你的視野，用靈魂的眼睛來觀看。朝著廣闊的靈魂邁出一步，這可能會引起一連串的連鎖反應。

先從呼吸開始。花時間靜下來。專注在穩定、緩慢而均勻的呼吸。記住靈魂與呼吸有關。閉上你的眼睛，開始默默地重複這節經文：「視野狹窄的我呼求神時，祂以廣闊的境界開我心眼。」

當你讓更多的空氣進入身體，當你為靈魂的觀點騰出空間，靈魂可能會進入你的情緒，這樣你的反應就不再是全然自動。也許你天生的反射就是生氣或防禦，但你可能會注意到：**嗯，我並不是在生氣。我真的受傷了**。

在你的情緒開始打開之後，隨之而來的便是你的感官，你會開始從靈魂的角度看世界。

它可能會移動到你的眼睛，很快地，你就會看到從前未曾注意的。然後它可能會影響你的耳朵，你會開始聽到從前未曾聽聞的聲音。不久之後，它又會進入你的思想中，你將開始重新的角度出發，用新的創意和洞見來思考問題。

然後，它可能會移動到你的四肢，你的手臂和腿。你會開始敞開自己，會想要照料他人，而不是與之競爭。而且你將開始以新的方式來影響別人，以新的方式來理解他們。

我祈禱你會看到靈魂的廣闊之處，那是通往真正持久變化的路徑。偉大的猶太哲學家邁蒙尼德在他的《懺悔法則》（*Laws of Repentance*）中教導我們，當你道歉或是請求你傷害的人原諒時，真正的改變並不會發生。即使你和某人和好，也不會發生。你不會因為道歉而獲得信任，但是你會因為改變而獲得。只有當你去面對導致你惡劣表現的相同情況，選擇以不同的方式應對，改變才算真正完成。面對同樣的情況，這次你要思考和反思，採取不同的行動。你和你的靈魂並行，選擇一條新的道路。

然後你知道你改變了。然後你知道你是一個不同的人。

我們都有能力要求那份屬靈而寬廣的自己。這不是一個奇蹟，不是一道神祕難解的謎。只要我們有意願以寬廣的視野來看待，並採取行動。

「視野狹窄的我呼求神時，祂以廣闊的境界開我心眼。」是的。

願你擺脫狹隘的視野、狹隘的爭論和怨恨。願你進入靈魂的居所，並以寬廣的方式回應一切出現在你人生道路上所發生的事情。願你原諒、修復、軟化和觀看。願你敞開自己，擁抱這份寬廣的大禮。它早已存在於你的內心。願神與你同在。願神在你身上做工，從現在到永遠。阿門。

# 第十五章
# 信以為真

二〇一五年六月四日星期四的晚上，我和我的公婆（我們叫他們奶奶和老爹）一起去聽我的丈夫羅伯在丹尼爾伯爾高中（Daniel Pearl High School）畢業典禮的演講。羅伯談到擔任記者所具備的好奇心，要從一則新聞故事的所有角度觀看，不能只談論事物的表象。我們都以他為傲。

之後我們四個人出去吃飯，然後羅伯和我開車回家。

快到家時，我提醒羅伯：「親愛的，請不要把車停在我的車後面，因為明天我一早就得去做妥拉研習，不要把我的車擋住。」

「沒問題。」他說。然後我們把車停在街上，就回家睡覺了。

第二天早上七點十五分我出門準備我的妥拉研究。我看了又看……我的車不在車道上。我開始在附近這一區徘徊，問自己，我的車呢？它到哪裡去了？車子不會憑空消失。

我打電話給羅伯，問：「你有移我的車嗎？」

「沒有啊！」他說：「我沒碰妳的車。」

然後我們同時意識到：「天哪！車被偷了。」

羅伯對我說：「妳最好報警。」

那時我正在為晚上的納舒瓦服事做準備，一心只想花一整天時間研習、平靜與反思，但我想神為我準備了其他計畫。所以我打電話報警，說我的車被偷了。警察問我：「車身號碼（VIN）是多少？」

我說：「我不知道，那在車子裡面。」

就在那時，我明白這一天將會過得很漫長。

那天下午稍晚的時候，我認真冥想了一陣子，終於找回平靜。我安慰自己，這些都是身外之物。我的家人都平安無事，對此我還是很感激。而且讓我慶幸的是，我有保險，還能借到一輛暫用車，直到一切落幕。

那天晚上，當我領導納舒瓦服事時，我在講道中提到關於車子被偷，並感覺受到侵犯的事，我引用一句大家熟知的意第緒諺語：「人一計畫，神就發笑。」

第二天，羅伯通知所有鄰居要提高警覺。我開始覺得家裡不安全。羅伯打電話給一家保全公司，想要盡快安裝警報系統。他去家得寶（Home Depot）家飾用品店買了感應燈。我開始考慮在房子周圍建造超過一百八十公分的圍欄。

我腦子裡開始浮現種種畫面——我的車上裝滿了施打海洛因的針頭和破裂的小瓶子，我的車子整個遭到解體。

接下來的一週，我開始思考車子裡的東西。**我到底丟了什麼？**

我想到放在車子裡的那些手寫的布道稿再也找不回來了，因為我還沒把它們備分在電腦裡。我把冥想課學生寫的所有信件都留在車裡。我向來要求學生在課程結束時寫一封信給自己，寫下他們在冥想中學到什麼。我正準備把這些信件寄出去。

唯一沒有留在車裡的冥想信，就是我寫給自己的那封信，在當中我寫到：「我真的學到如何與自己的靈魂緊密連繫，能夠看到和聽到，並且更加地活在當下。」

三個星期過去了。我仍有一種遭到侵犯的感覺，覺得待在家裡不安全。想到那些我再也看不到的東西就悲從中來，還會想像車子裡滿是破掉的瓶子和海洛因針頭。每到一個地方，都不經意地在尋找自己的車。每次經過一台藍色普銳斯（Prius），就會停下來看看車牌，看看是不是我的車。

六月二十五日星期四那天，保險員打電話來說一切都處理完畢，我可以得到全額理賠。

那天晚些時候，我接到姪女莎麗的電話，說她剛剛搬到洛杉磯市中心東邊一個新興的社區公寓。

她問我：「諾米阿姨（「諾米」是作者奈歐米的暱稱），妳那台普銳斯的車牌號是多少？是8CXC874嗎？」

「是的，那是我的號碼。莎麗，妳看到我的車嗎？」

她大叫起來：「我找到了。」

「在哪裡？在東洛杉磯？」

莎麗說：「它就停在奶奶和老爹的客人停車格。」我完全糊塗了。小偷把我的車送回來了嗎？突然之間，我想到了，我一定是把我的車留在奶奶和老爹的停車格中，然後就忘了。我開始大笑，在笑聲中一邊哭，一邊尖叫。

兒子艾迪聽到我的笑聲，進來問我發生什麼趣事，我告訴他車找到了。他說：「媽媽，從現在開始，我可以做一輩子的蠢事。我也許會偶爾做些不負責任的事，但妳丟了一台兩萬美元的車？」

然後艾迪和我開車去找我的車。走進他們的公寓時，我們都笑了。我還是不記得我是什麼時候把車停在那裡，但我可以確定：是我做的，不是小偷。我把車留在那裡，然後就忘得一乾二淨。我們開始回憶我這個月的行程，然後我想到了。在羅伯去畢業典禮演講的那天晚上，我開車送奶奶和老爹回家。那時他正談到好奇心以及探索故事的各個角度。我們三人同時把車停在那裡。

我看了看車子裡面。它看起來很棒，沒有破裂的小瓶，沒有海洛因針頭，也沒有刮痕。整整三個星期沒人動過它。然後我找到所有學生的冥想信。我想，我寫給自己的那封冥想信並不完全正確。其實我還不太善於觀看和聆聽，也沒有那麼地活在當下。

然後羅伯回家了。他在我的普銳斯後面停了下來，走進房子，然後說：「發生什麼事了？」他也陷入一團迷惑。

我說：「其實車子一直都停在你父母家的客人停車格。」家裡現在又多了一波新的笑聲和淚水。

所以，很明顯這不是「人一計畫，神就發笑」的例子，而是「人一忘記，神就發笑，而且每個人都笑」的狀況。

奇怪的是，我們都記得在六月四日星期四晚上看到我的車停在車道上。我們兩個都是。過去，有好幾次我把房子整個都翻遍，只是因為掉了一只耳環。但找車時，我沒有花一秒鐘的時間來回想當天的行程，因為我心中篤定相信，羅伯和我在週四晚上都有看到我的車停在車道上。

於是羅伯又打電話報警，因為我不能在城裡開著一輛報失的車。他撥通後說：「我打電話來是因為我們找到車子了，嗯，它沒有被偷，只是我們停錯了地方。」

接到電話的警察不相信羅伯的說詞，他們需要過來看看到底是怎麼回事。

所以在晚上十一點左右，兩名警察出現在我家前門。

我實在不好意思跟他們說話，就讓羅伯去應門，而我則躲在起居室裡聽他們談話。對話大概是這樣：

警察問：「到底發生什麼事？你們是怎麼找回車子的？」

羅伯開始講述整個故事。

警察說：「那是誰把車子開到你父母家？」

羅伯說：「我的妻子。」

警察說：「她怎麼可能會忘了？」

突然間我聽到羅伯叫我：「哦！諾米。」

「有事嗎？」我怯懦地回應。

羅伯對警察說：「她很不好意思。」

於是我出來見這兩位警察。警察之一對我說：「請幫我了解事情真相。我必須把它寫下來，這有點令人難以相信。」

羅伯問他：「有人曾經忘記他們停的車嗎？」

警察說：「沒有，之前從來沒聽過這樣的事。」

我說：「但是，警察先生，那天晚上，我們確信真的有在車道上看到我的車。」

警查問：「那天晚上妳喝醉了嗎？」

我說：「沒有。非常清醒。」

這位警察仍然難以置信。他說：「所以妳的車一直停在父母家裡？整整三個禮拜？從六月四號開始？」

我試著解釋：「您看不出來嗎？這全是因為我們告訴自己的故事。」

突然間，警察的表情變了。他的笑容消失，然後說：「好吧！有時候，我是說，也有警察發誓看到有人持槍，於是他開槍了，但實際上根本沒有。」

就在那時，我開始思考人類思想的力量，能夠創造出虛假的事實，甚至看到不存在的事物。

忘記自己的車是一個無傷大雅的錯誤，只是惹來大家發笑。但是，有些我們信以為真的「真相」，會帶來莫大的痛苦。

*

幾年前，當我剛成為拉比時，有一個名叫伊茲的八旬老翁，會在每個安息日到猶太會所。伊茲是個鰥夫，獨自一人住在聖莫尼卡（Santa Monica）的小公寓。他是個安靜的人，不隨意透露心聲，講起話來帶著濃厚的意第緒口音，談著一個不復存在的世界。

很難讓伊茲開口聊天，或是閒聊，不過有個話題會讓他有開口的興致，就是他的兒子豪伊。我只要提到豪伊，伊茲的整個臉龐都會散發出引以為傲的光芒。

豪伊住在費城，是一名工程師。我覺得他承擔著那種移民後代的獨特負擔。

有一天，伊茲過世了，豪伊前來參加葬禮。我和他坐在伊茲的小公寓裡，安慰他並且規畫服事項目。豪伊拿著一支伊茲的金色鋼筆。他告訴我，這支鋼筆對他來說很珍貴，而且他會隨身攜帶。

他很安靜，就像他父親一樣。

豪伊對我說：「拉比，我父親從未愛過我。」

「你怎麼會這樣說？」我說道：「伊茲唯一會談的話題就是你。」

豪伊顫抖地說：「拉比，我覺得我永遠無法取悅他，根本沒有辦法達到他的期望。」

我想了一會兒。要是豪伊是一個前來找我的會眾，並對我說：「拉比，我的父親從來沒有愛過我。」要是我從未見過他的父親，也許我會相信豪伊對現實的解讀。也許我會安慰他說：「我很遺憾，你從來沒有得到父親的愛。」

但是我認識豪伊的父親，而且我知道我肩負著神聖的使命，要讓這個故事完整的神聖任務。我並不是要否認豪伊的感受，但我需要向豪伊表明我所知道的一切。

我告訴他：「你父親可能有所缺陷，他可能是個嚴格的父親，但我知道一個事實，而這對你來說很重要。你必須聽到並接受這樣一個事實：那個男人是全心全意愛著你。」

眼淚開始沿著豪伊的臉頰流下來。他在抽蓄。我對他說：「接受它，接受伊茲的愛。你的父親已經離開了，但他對你的愛是不朽的。隨身攜帶那支鋼筆，珍惜它並信任它。」

豪伊抱著我說：「謝謝妳，謝謝妳，我真的很需要聽到這個。」

有些我們告訴自己的事實，並不是真的。你認為你知道某件事，認為有人傷害你，但我們的想法也會欺騙我們。以靈魂的廣闊視野觀看，就可以看到更大、更整體的畫面。我們得自問，要怎樣才能理解這個人？要怎樣來解讀這種情況？

我們深陷自身的想法，甚至沒有機會看到真正在這裡的東西。

有些我們確定已經失去的，其實並沒有真的消失，它們只是在等我們去找回來。

*

亞倫是拉比馬庫斯的布亨瓦爾德男孩之一。[1]他經歷了人間地獄般的生活，失去所有親人。重獲自由後，他被安置在法國的一間孤兒院。起初他希望收到一封信、一封電報，希望能找到倖存下來的親人，一位阿姨或是叔叔，希望會有人來帶他回家。但是日復一日，誰都沒有盼到，沒有人來敲門。亞倫不再抱持希望，停止了期待和盼望。

有一天，在失去所有希望之後，亞倫發現他的弟弟烏里還活著，就在德國黑森林附近的一家孤兒院。他立刻收拾行囊，前去尋找烏里。

經過一星期的跋涉，亞倫找到烏里的孤兒院。他期待著一場淚流滿面的團聚，兩兄弟陷入彼此的懷抱。但是當亞倫跑向烏里的時候，烏里卻大聲喊道：「你不是我哥哥，走開！你死了！每個人都死了！你不是我哥哥。」

你能理解這個小男孩心裡的想法嗎？在十二歲的時候，烏里已經接受他獨自一人活在世上的事實。現在有人要求他重新打開心房？要求他再次承擔失去親人的風險？再次承擔被遺棄的風險？他不打算這樣做。

這樣的行徑在你看來很瘋狂嗎？我看到很多成年人，因為同樣的問題而無法建立親密關係：要如何讓自己再進入相同的狀況？如何讓他人有權再次傷害我？打開自己的痛苦是真實的。

不過亞倫並不打算離開烏里。當孩子們上床睡覺，亞倫就在烏里的孤兒院外面，在星空下的田野中睡去。第二天，亞倫就像隻小鴨一樣，默默地跟著他的小弟，但烏里完全當他不存在。晚上，亞倫再次睡在野外的星空下。他沒有離開，沒有去任何地方。

就這樣持續一個月。烏里照舊他的生活，亞倫默默地跟著他走來走去。

然後有一天，當亞倫跟著走的時候，烏里停下來轉身對他說：「好吧，你是我哥哥。我很快就要離開這裡去以色列了，跟我一起走吧！」

一個月後，這兩名孤兒一起登上一艘船，前往以色列的土地。

*

有些我們確信失去的，其實並沒有消失。它們只是在等著我們找到它們，並將它們認領回來。

你有什麼確定你已經失去，但可能還在等你的東西嗎？

也許是一段你放棄的關係，也許是一個你放下的夢想，也許是你的信仰，也許是你迷失的真正自我。

這時你內心的靈魂會幫你記起來，幫你找到你所缺少的。

有時你可能會覺得自己遭到神的遺棄，覺得失落和孤獨，但神並沒有忘記你。神一直默默地跟著你，早晚看著你。

《塔木德》有一句經文總是讓我百思不得其解。那句話是這樣的：「我正在找回我沒有失去的東西。」**找回沒有失去的東西**。

你已經放棄一些你並沒有失去的東西，也許是你自己。當我們失去希望時，我們相信我們的思緒編造出最糟糕的故事，但它們並不一定都是真的。

你的靈魂來到這裡點亮你的路，向你展示你在黑暗中錯置的東西。

我一直想到我祖父，他總是問我：「諾米，我的眼鏡在哪裡？幫我找眼鏡！」我會說：「爺爺，就在你的頭上！」我們都笑了。

找回沒有失去的東西。

你得到很多。很多的良善，很多的力量。很多的才能和願景、希望和信念，以及不懈的堅持。有時我們會忘記我們獲得的東西。

在這裡領回你的東西。

而且你不需要跟警方報告就能取回，因為沒有人可以從你那裡把它偷走。你的祝福在這裡，渴望受到你的注意。你的禮物在這裡，希望你能使用。愛在等著你，豐富、治癒和喜樂也是。神與你同在，就在你身邊。

願甜蜜的時刻向你展開，迎接你，並且說，歡迎回家。

## 第十六章

# 瞥見大掛毯：探測隱藏的連結

二〇一五年十月一個星期二的晚上，我正在教授初階胡薩（husa）冥想。我給他們打了個比方，講到孩子自己在勞作課做出那種凹凸不平的鍋架，但做母親的還是會很自豪地將它掛在冰箱上。我們談到不帶判斷的愛究竟意味著什麼，要珍惜所有不完美的東西。在瑕疵中看到美麗，對那些和我們一樣脆弱、破碎的人抱持敬畏之心。那堂課是充滿慈悲心和開放的夜晚。

但事實是，好幾週來我感到沮喪不已。拉比馬庫斯一直在我的腦海裡徘徊，出現在我的夢中。我一直在想像拉比馬庫斯的痛苦，他的心碎，他的信仰危機，他的深度迷失。他究竟寫了什麼，才讓愛因斯坦寫下那些在我看來如此深刻的話語？

那天晚上回到家時，我對自己說：「胡薩，耐心點，到最後一切都會拼湊起來。」然後我翻開購物目錄，下了訂單。

幾天後，我的丈夫羅伯說：「諾米，信箱裡有個奇怪的包裹，一定是弄錯才會寄給我們。這看來像是某種幼稚園的創作材料包。」

我笑了。「沒弄錯，這是寄給我的。」他看起來滿臉疑惑。

我打開包裹，開始在金屬織架上上下下編織彩色環。我以為長大的我會比小時候做得更好，但我錯了。我還是做出我特有的不對稱造型，具有一切的缺陷美。

我把我那只不完美的漂亮彩色鍋架掛在書房的牆上，就在愛因斯坦那封信的旁邊。想到拉比馬庫斯的信和胡薩冥想，我兀自低語：「我想，最後會將所有這些鬆散的線頭編織成一張掛毯。」

一週後，我在《紐約時報》讀到一篇報導，文中提到一位在二次世界大戰期間的美國大兵艾倫．戈盧布（Alan Golub），他在德國的埃施韋格（Eschwege）這座城市發現一批解放後的匈牙利籍猶太少女，她們衣不蔽體，只披著破布。過去她們在德國勞改營中遭到奴役，而且長期挨餓。艾倫去幫這些女孩買布料，但卻遭到店家拒絕，他只好舉起手槍，說服店主合作。

這些女孩用這塊布料縫製出可愛的洋裝。這是她們長久以來第一次有件像樣的衣服穿。她們一共有二十三人，全都穿著用自己的雙手做的一模一樣的衣服；有人拍下她們的照片，她們擺著姿勢微笑。

七十年後，《紐約時報》報導這則故事，並附上一張照片，是當初被救出來的三名女孩，與幫她們爭取布料並恢復尊嚴的男子重聚後拍的。[1]

我看著這張在《紐約時報》刊登的照片，穿著相同衣服的女孩包圍著站在中央的男性，他是誰呢？沒錯，正是拉比馬庫斯。

我簡直不敢相信自己的眼睛。我的心跳得飛快，急忙打電話給《紐約時報》的記者伊芙・卡恩（Eve Kahn），詢問這些女士中是否有人記得與她們合影的這位站在中間的男子。伊芙給我一些線索。

第二天早上，伊博利亞・馬柯維茲（Ibolya Markowitz）以她厚重的口音和祖母般的溫暖接聽電話。我問：「伊博利亞，妳還記得拉比馬庫斯嗎？那個和妳還有所有女孩一起拍照，站在中央的男人？」

伊博利亞笑了。「那是很久以前的事。但我記得一切，親愛的孩子。我覺得和他很親近。」

我問道：「伊博利亞，妳還記得什麼？」

她說：「那一天我記得清清楚楚，我親愛的孩子，但實在是很難形容。那時我跟他好親近，但有很長一段時間我沒有看到他的臉。」

我說：「拉比馬庫斯在一九五一年去世，但妳還記得他做的善事嗎？」

「這樣的事，我一輩子都忘不了，」她說：「他非常特別。他會來查看狀況，看看我們是否擁有所需要的一切。他會來看我們，會跟我們說話，我們都好愛他。」

「伊博利亞，妳知道拉比馬庫斯曾經寫信給愛因斯坦嗎？」

「我不知道，我親愛的孩子。」

伊博利亞累了，她的看護前來照料她。她說：「多保重，我親愛的孩子，神與妳同在。」我們掛了電話。

我試著跟照片中的其他女子連繫。她們大多數都已過世，還在世的不是精神錯亂，就是身體虛弱到無法言語。不過，《紐約時報》的記者伊芙要我和一位名叫蘿瑞‧勾德史密斯海納（Laurie Goldsmith-Heitner）的女士連繫。蘿瑞的父親卡爾是美國大兵，在重獲自由的埃施韋格擔任軍事管理官。也許他會認識拉比馬庫斯。

我打電話詢問蘿瑞。蘿瑞說她的父親已經去世，但她會去查看他所留下來的文件，看看當中是否有提到拉比馬庫斯。

蘿瑞問我：「告訴我，妳是怎麼對這位拉比馬庫斯產生興趣的？」

我說：「這是一個奇怪的故事。實際上，是一次意外。我讀到愛因斯坦關於宇宙的一段話，深受啟發，是這段話引領我找到拉比馬庫斯。」

蘿瑞突然精神一振。她說：「現在我整個背都在發抖，眼裡冒出淚水。」

「為什麼？」我問道。

蘿瑞說：「拉比，我知道妳打電話來是為了問我父親問題，但既然妳提到愛因斯坦，我必須告訴妳，我母親小時候住在愛因斯坦的家裡。」

「什麼？」我對所有這些片段之間的連結感到不可思議。

蘿瑞解釋：「一九二九年，愛因斯坦在德國的卡普斯（Caputh）建造他的夢想家園，就在湖畔。」

我聽說過卡普斯這間夏季小屋。愛因斯坦喜歡到那裡，遠離人群，沉澱在他的思想中，這是一個他可以做白日夢並思考宇宙運行的地方。[2] 他在那裡還有一艘船，是他的朋友合送給他的五十歲生日禮物。愛因斯坦會獨自航行，任船隨意帶他漂流。他描述了他在卡普斯經歷的完美生活：「帆船，一望無際的視野，一人獨自散步，相對的安靜——這裡是天堂。」[3] 在卡普斯，愛因斯坦反覆琢磨他著名的統一場理論，他始終未能解決這理論的問題。

也許是湖邊小屋的美景，激發愛因斯坦在卡普斯寫下〈我的世界觀〉（What I Believe）一文。在這篇文章，他闡述了他信仰的基礎：

> 我們所能體驗到最美好的情感就是神祕。這是激發所有真正藝術和科學的基本情懷。不認識這種情感的人，不再對這世界好奇和抱持敬畏之心的人，就好比行屍走肉，宛如一根熄滅的蠟燭。覺察到在人所能經驗的一切事物背後，還存在有超越我們心智所能理解的，而這當中的美麗和崇高只能以間接的方式傳達出來：這就是虔誠的信仰。在這層意義上，也只有在這層意義上，我具有虔誠的宗教信仰。[4]

及至一九三二年，德國的氣氛不變，對所有猶太人都不利。愛因斯坦察覺到前方的危險。在他出發前往加州理工學院講學，準備三個月的美國之旅的前夕，他仔細觀看了他所珍愛的家園，並對妻子艾爾莎說：「好好看看，妳恐怕再也見不到它了。」[5]事後證明他這番話確實是先見之明。一九三三年初，希特勒成為德國總理，愛因斯坦在給朋友的信中表示：「因為希特勒的緣故，我不敢再踏上德國的土地。」[6]

我問蘿瑞：「妳媽媽怎麼會與這一切扯在一起？」

蘿瑞告訴我，愛因斯坦在卡普斯的家就位於一所猶太兒童寄宿學校旁邊。在一九三〇年代早期希特勒上台時，猶太父母開始尋找讓他們孩子安全的地方。她說，將孩子安全地送往英格蘭或瑞士前，寄宿學校成為孩子們的避難所。

蘿瑞告訴我，在離開卡普斯前，愛因斯坦告訴寄宿學校的校長格特魯德．費爾塔格（Gertrud Feiertag）：「我不在的時候，妳可以把房子給學生用。」蘿瑞說：「我的母親瑪麗安在十歲的時候被她的父母送到卡普斯，以保安全。有六個月的時間，她都住在愛因斯坦的房子裡。」

愛因斯坦離開卡普斯後不久，納粹襲擊他的家，也拿走他珍貴的帆船。許多孩子安全不保。一九三八年，在納粹大舉迫害猶太人的「水晶之夜」（Kristallnacht）事件後，這些孩子遭到圍捕，最後全都遭到屠殺。他們的女校長費爾塔格也在奧斯威辛集中營遇害。愛因斯坦鍾愛的家園，就此成為希特勒青年軍的宿舍。

又一次，愛因斯坦和拉比馬庫斯神祕地交會，並在我的靈魂中交織在一起。我看著掛在牆上的編織鍋架，網架一上一下，一下一上。

我再次意識到我找到一條跨越許多世界的線索，縱橫生者與亡者、科學與宗教、有限與無限、心智與靈魂。

這麼多的連線，我要怎麼把它們編織在一起？

我需要耐心等待。就像愛因斯坦在他的帆船上一樣，我要讓正在開展的故事帶領我前行。

*

就在這時，我翻開書桌上的一本書，目光落在愛因斯坦說的一段話：「生命是一張大掛毯。在這幅巨大而神奇的圖案中，個人只是一條微不足道的線。」[7]

確實如此。

願你開始瞥見這些神奇的連線。願那些寶貴的洞見，照亮你的道路和你所有的日子。阿門。

## 發現行動的力量

「努力擺脫這種錯覺，是一個真正的宗教問題。」

——摘自愛因斯坦給拉比馬庫斯的信

自由並不是一種心智狀態，而是一種行為的改變。我們的想法會讓人麻痺，但即便我們修正想法，在還沒展開行動前，我們也沒有真正的自由。生命之力，靈魂中的藍色火焰能夠點燃我們，讓我們啟動。記住，正如同身體需要靈魂，靈魂也需要身體。

偉大的神學家和運動家拉比亞伯拉罕・約書亞・赫舍爾（Rabbi Abraham Joshua Heschel）解釋過這份相互依賴的神聖關係的力量：「沒有靈的身體只是一具屍體，沒有身體的靈只是鬼魂。」[1] 這就是為何，赫舍爾在阿拉巴馬州的塞爾瑪（Selma）和馬丁・路德・金恩博士一起遊行後，回家寫道：「我們的腿會歌唱。即使沒有文字，我們的遊行是場敬拜。我覺得我的腿在禱告。」[2]

你的夢想和禱告是從靈魂而來，但是靈魂需要身體來行動，才能滿足這些渴望。唯有當你將意圖和行動結合起來，才會發生轉變。

# 第十七章

# 打破陳舊的熟悉模式

兩年前，我參加一場好萊塢派對，在那裡大家交融在一起，交談時，眼神會飄過你的頭，看看能不能找到更重要的人。我發現自己站在一位心理學家旁邊，於是我和他聊起他的研究。也許是喝得太多，他脫口而出地說著：「人不會真正改變。他們可能會做一些局部的小調整，但相信我，人是不會改變的。」我不認為這位心理學家會想要在充滿香檳和音樂流動的時尚場所，與我展開一場嚴肅對談。

我說：「但是我親眼看過。」我告訴他我是一位拉比，並接著說：「我看過酗酒者不再喝酒，看過中年危機的人重返校園、改變職業生涯，我還見過那些克服困擾他們生活惡習的人。我看到人們走出悲傷、創傷、虐待和強暴事件，找到回歸生活的方式。我看過有人用他從來不知道的力量來對抗疾病。」

我開始為這位變得如此憤世嫉俗的治療師感到難過。當然，我更為他的病患感到遺憾。這位心理治療師打破沉默，然後說：「拉比，我可以找妳諮商嗎？」

我給了他我的電子郵件，並告訴他我很樂意見到他。我希望我可以告訴你，後來我們見了面，還進行一系列深入的對話。但我們就只有在那場浮華的雞尾酒會上偶遇，之後就再也沒有他的消息。

雖然當時我大膽反駁這位憤世嫉俗的心裡治療師，但有一部分的我也被他的說詞所動搖。我們真的有能力改變嗎？我們當中有不少人多年來一直為同樣的問題所困，都在努力掙扎。或者，我們企圖向新的道路邁進，最後卻又落入熟悉的舊模式中。

在改變的領域裡，我相信我們介於兩個救命時刻（SOS）的極端。第一個SOS很危及，可以看成是「來救我們的船」（Save Our Ship）的英文縮寫。我們正在下沉。一個真正的SOS是一片改變的沃土。你會到達一處終於聽得到自己靈魂吶喊的地方，「你必須改變，否則會死。」在我們睜大眼睛看到真相前，可能需要歷經一段混亂期。

更難改變的是第二種SOS：「舊日模式」（Same Old Stuff）。

我們當中從未觸底的人又該如何呢？我們這些習慣以自我否定的方式勉強度日的人呢？這些困擾我們的模式並不會殺死我們。我們的脾氣、混亂、拖延和嫉妒，我們想要減的體重，我們的不耐煩、懶惰和欲望……

我們可以一輩子裝聾作啞，假裝沒聽見靈魂傳達給我們的聲音。少了這個面對真相的時刻，就沒有什麼改變的動力。

我們要如何從舊習陳規中，轉變到一個能導致真正而持久變化的真理之地呢？時間和時機對我們的進展至關重要。

前行的關鍵取決於，我們是否能夠以靈魂之眼來看待時間。靈魂對時間的理解與自我是相當不同的。永恆的靈魂知道，它在這物質世界中的停留有多麼短暫。從靈魂的角度來看，我們花在重複舊有的破壞性模式的每一刻，都是一個危急的ＳＯＳ。靈魂看到沙粒從生命沙漏中滑落，靈魂每天都在對我們說：「難道你不知道還剩多少時間嗎？要是你能看到你的陳規舊習正在消磨你的生命就好了。」

靈魂希望我們感受到一切的短暫特性，感受這份美。它希望我們將每一天、每一分鐘，都視為不應浪費的珍貴禮物。

在靈魂的協助下，我們可以學習將沉重的陳規舊習提升到與真正ＳＯＳ等級。

＊

扭轉陳規舊習的一種方法是提高急迫感。不過，還有另一種方法可以打破我們的既定模式，這取決於辨識和抓住出現在眼前的機會的能力。

每天都有可以幫助我們認清真相的開口出現，可以幫助我們擺脫行屍走肉的夢遊生活。打斷「我想要這，我想要那」的渴望循環。如果你能學會看到它們，並歡迎它們，這些時機就是你的ＳＯＳ。

有時，某些事情會突破你的心防。也許只是一種不期而來的輕鬆感，甚至只是與心愛的人享受的片刻而產生一種靈光充滿的神聖感。或者來自於你所讀到的文字、聽到的旋律，它們都有一股力量；與自然融為一體的力量、在社群中祈禱的力量、教學的力量，還有很久以前某人給你的建議。突然間，你所需要聽到的教導不僅讓你耳目一新，還會深深打動你。

這並不是一個駭人或可怕的時刻。這是一種充滿希望的感覺，是一種可以感受到新的可能性的時刻。只要你安靜下來，真的就能聽見你靈魂指引你往前方道路行進。

拉比將這些時間描述為恩典時刻。在希伯來語中，將這樣的契機稱為「Et Ratzon」，這是一個缺乏獲得填補的時刻，是你的渴望為神聖的渴望所滿足的時刻，是那些一般鎖起來的門敞開之際，是一個充滿靈性的時刻。讓人得以用更廣泛的視野來看待生活，以理性而明智的角度看待事物，看到一直以來所迴避的真相。這是相反的兩極彼此相對的時候，是人類向上伸展的願望，遇到向外伸出援手的神聖願望，是靈魂修復世界的願望與身體行動的渴望相遇的時刻，是陳習舊規的嘮叨在我們眼前釋放出來的時刻。

在靈魂的幫助下，我們可以學會保持這些通往契機開口的暢通。

一時的恩典可能會像霧一樣散去，但也可以導致持久的變化。這取決於我們留下它與榮耀它的意願。我們可以學會保護它，並讓它生活在我們內心，而不是讓這寶貴的時刻只成為一段記憶。

在哈西德猶太教的教義中，有一節來自《雅歌》的經文，當中其實就提到一關鍵方法，以保留在歷經這種短暫契機後所獲得的智慧。《雅歌》中的情人說：「我緊緊抱住他，不讓他走。」[1]這就是我們面對恩典時刻的方式。在珍愛的生活中堅持下去，不讓它溜走。注意它，歡迎它，讓它在你的生命留下一個持久的印記，用《雅歌》中的話來說，就是讓它「成為你心中的印記」。

是的，我真心真意地相信我們是可以改變的！你可能無法改變你的過去或你身體的特性，但你可以改變自己的命運。

最近，我有幸獲得一個採訪機會，能夠去加州理工學院會見十分傑出的當代物理學家基普．索爾納（Kip Thorne）博士。我請他為我解釋愛因斯坦所謂的我們所屬的「整體」的意思。基普對我說：「拉比，妳可能會把自己視為一個靜態、獨立的實體，但妳身體裡沒有一個細胞和妳出生時一樣。」

一切都在不斷重生、更新和代換。

當然，改變不會在一夜之間發生，但允許你的渴望覺察這神聖的開口。讓它們和你一起睡去，一起醒來。讓渴望透過靈魂之眼觀看，深入你的生活和你的夢想。

願你不僅注意到周遭更多的開口，心中還有更多的空間。讓神奇力量作用的空間。願你的陳規舊習，讓位給真正持久的轉變。阿門。

第十八章

# 永孕：找到讓你完成人生任務的勇氣

猶太新年期間，猶太人會一遍又一遍地用希伯來語朗誦一句話：「Hayom harat olam」。一般都是將其翻譯成「今天，世界誕生了」。這聽起來是十分喜樂的話語。

但實際上並沒有那麼簡單，背後還有更多故事。我其實從來沒有仔細思考這些字詞的含義，直到最近才從我的老師塔瑪．法蘭基爾（Tamar Frankiel）博士那裡學到「今天，世界誕生了」這一短語的真實背景和含義。

這實際上是先知耶利米（Jeremiah）在絕望時所說的一句話。耶利米一輩子都在教導猶太人神的話語。耶利米與他們一起懇求能夠改變自己的方式，停止腐敗、罪惡、唯物主義、空洞的儀式和淺薄的祈禱。眾人有聽他的話嗎？沒有。

相反地，他們嘲笑他、輕視他。耶利米變得沮喪。他厭倦當一位沒人願意聽他說話的先知，他希望自己從未出生過。「從出生那天我就受到詛咒，」他這樣說，然後補充道：「要是我的母親沒有生下我，要是她的子宮永遠都處在懷孕中，那就好了。」

要是我的母親永遠處在懷孕中。

這才是猶太人在禱告時愉快背誦的那段文字。希伯來語的確切翻譯不是「今天，世界誕生了」，而是「今日永孕」。這可不是一句能讓人快樂起來的話，感覺比較接近一種詛咒。但「今日永孕」究竟是什麼意思？

在得知耶利米這話的實際含義是**今天一直懷孕下去**時，我突然想起自己在懷孕第九個月時的狀況，以及將我的好友海倫娜的新生兒抱在膝蓋上時的情景。請容我解釋。

海倫娜來自布魯克林，我也是。海倫娜念弗萊特布西耶許瓦（Yeshiva of Flatbush）高中，我也是。小時候，她和我的哥哥大衛非常要好，但後來我們就失聯了。

多年後，海倫娜和她的丈夫里奇前往以色列，她決定去拜訪住在以色列的老朋友大衛。他們連繫上了。大衛說：「嘿！妳後來去讀康乃爾？妳猜怎麼著？我的小妹妹諾米也是。」後來，當大衛得知海倫娜搬到洛杉磯時，他笑著說：「猜猜怎麼著？我妹妹諾米也搬到洛杉磯，她在那裡當拉比。」

海倫娜對我們生活的平行程度感到不可思議。好吧！除了一些小細節：她念的是醫學院，我則去拉比學校。但我們都從事「治療」這項專業。

海倫娜有一次來參加我帶領的禱告服事，我們就此重新連繫上。能夠在洛杉磯認識一個與我共享這麼多過去的人，真的讓人很舒心。

有一天，我打電話給海倫娜，她問我：「諾米，妳好嗎？」

我說：「說實話，我感到很噁心，但這是一件好事：我懷孕了！」

她笑了起來。「妳猜怎麼著？我也懷孕了！」我們都笑了。

就這樣，一個月又一個月，我們交換彼此的生活故事，我們一起成長，分享夢想、祈禱和期待。

海倫在七月生產，比我早兩週。七月二日這天，她生下一個漂亮的男嬰，他們為他取名為麥克。產後幾天，我去看她。她看起來很開心、自然，就像她天生就會當母親。我看起來則像是奶油球（Butterball）公司推出的冷凍火雞。我整個人變得很大隻，隨時準備好要生產。海倫娜突然把剛出生的兒子放在我大腹便便的肚子上，我整個人嚇壞了！我知道我還在微笑，但找不到任何方式掩蓋我的恐慌。

我內心瞬間陷入一番天人交戰：「天啊！我在想什麼？我不想要這個，我不想要孩子，我還沒準備好要當媽媽。我甚至不喜歡嬰兒！我的生活很美好，請停在這裡。就在這個時刻，要是可以的話……我想永遠處於懷孕的狀態。」

請相信我，永孕並不是一種健康的心態。這是一種永久的無生命狀態，推遲生命的出現。我認為猶太新年會講這句禱告詞，是因為它其實是一則警語。

我們每個人，在生活的某處，永遠處於懷孕的狀態。有一些我們已經孕育好的正在懇求我們：「讓我出來吧！」也許這是一種創作：一本書、一幅畫、一首詩、一首歌、一個劇本、一則故事、一個商業創意。也許這是職場的轉換跑道。你一直在私下夢想著並探索，但卻什麼都不做。也許這是一句話：「我很抱歉」或「我愛你」或「我原諒你」。它們在嘴裡早已成形，只是你還沒有勇氣將它說出口。

永孕可不是一項祝福，我們許多人都因為處於這種令人沮喪的狀態而痛苦。

也許這是一段你不想放手的關係。你知道是時候走了，你知道是該停止假裝一切都沒事的時候了。

也許你已創造出一些東西，但你害怕讓他人看到。

多年來史考特・坦西（Scott Tansey）一直來參加我所創立的靈性社群納舒瓦。與我碰面後不久，史考特表示願意當我們活動的攝影志工，在每次納舒瓦活動中，他都會過來幫忙，拍照留念。

史考特從小就喜歡攝影，並且特別喜歡拍攝全景照片。他告訴我：「拉比，我喜歡廣泛的角度。」史考特二十幾歲時開始認真看待他的攝影。雖然他的右臂有出現非帕金森氏的震顫症狀，但他總能在恰當的時刻，找到一種讓手穩定的方法。他永遠不會讓他的震顫妨礙他所熱愛的攝影。

四十年來，史考特拍攝上萬張照片，拍下冰川、山峰、海景、城市景觀、日出、雲彩、日落，與彩虹等世界各地令人嘆為觀止的全景照片，但他從來沒有將它沖印出來。是什麼讓他裹足不前？他告訴我，他只是沒有信心。他充滿焦慮，擔心別人的批判。不過史考特之所以對此滿心焦慮，還有更深層的原因。

史考特六歲時，他的父親在一次飛機失事中喪生。這種創傷讓他產生一種普遍的恐懼感，一生都跟著他。他說，他感到隨時都會發生一些可怕的事情，這種感覺已深深紮根在他的靈魂中。他認為若是連最喜歡的東西都會突然被帶走，或許最好不要把照片公諸於世。所以史考特不斷地拍照，但卻不把它們沖印出來。

「我就是做不到，」他說：「我無法把自己推向外界，或是展示自己的才華。」

二〇一二年，史考特鼓起勇氣參加一場沖印工作坊。在那裡，他學到所有關於沖印的技巧和能力。後來又因為讀到攝影名家安塞爾．亞當斯（Ansel Adams）的一句話，讓他大為震撼：「負片相當於作曲家的音符，沖印則是他的表演。」他意識到自己只關注音符，卻從不表演。

二〇一二那一年，史考特來聽一場服事，當時我講道的主題碰巧是關於克服恐懼和發揮潛力。在那場講道中，似乎有某些東西突破史考特的心防，引發他靈魂深處的共鳴。那天史考特告訴自己：「不要再找藉口了。」我想，這可以說是一個恩典時刻。

幾天後，史考特告訴自己，「好吧！我必須洗張照片給拉比萊維。我想給她一樣東西來表示我對她的重視。」於是史考特沖印一張他幾個月前，幫我丈夫羅伯和我的兩個孩子艾迪、諾亞拍的照片，然後拿給我看。

這是一張令人感動的照片。在沙灘上拍攝的，照片上的人活靈活現。史考特捕捉到一個純粹幸福的時刻。

這是史考特沖印出來的第一張照片。突然間，咒語被打破了。他明白公開展示自己的照片並不是難事。不久後，開始有人注意到他的作品。史考特的作品曾在洛杉磯的兩家畫廊展出。最近在萊卡畫廊也有一場展覽。我相信亞當斯會感到自豪。史考特的風景橫跨一面面的牆——這確實是一種精湛的表演。那時我有動念要買一張他的作品，但我看到他的全景照片每張開價一萬美元。

我問史考特，將他的個人藝術與他人分享時學到什麼，他說：「拉比，我明白我有一份天賦，而我所需要做的，就是做我自己而已。」然後他補充說道：「神給你禮物，就要使用它們，不要感到羞恥。我六十一歲了，如果其他人不喜歡我的作品，也沒有關係。我的作品沒關係，我也沒關係。」

四十年來，史考特捕捉種種美麗，現在他正賦予它一種生命，這是一種照亮世界的方式。

什麼會讓你處於永孕的狀態？什麼會讓你裹足不前？對我們當中的一些人來說，是對外人批評的恐懼。對另一些人來說，是一種對內部審判者的恐懼，那熟悉的聲音會說：「這不好。我根本沒天份。」還有一些人，是對責任的恐懼：「我還沒準備好接受這個。我還沒準備好做出這樣的轉變。」對於另一些人來說，處於永久懷孕的狀態是由於自負：「我有全世界的時間來做，明天再說吧！」對於我們當中的一些人來說，則是身體的惰性，一種意志力的缺乏。

我們當中有些人之所以處於永孕的階段，是因為這讓我們覺得很舒適。我們喜歡當前的例行程序，保持現狀總比改變來得容易。這就是耶利米說出這句讓人難忘的話語的時刻：今日永孕。它回應著靈魂召喚我們前進奮起的聲音。

有非常多的聲音阻止我們前行，但靈魂的聲音則鼓勵我們。這是為什麼呢？因為靈魂無法獨自完成任務。它需要我們採取行動。靈魂對潛力的世界非常熟悉，它下降到人世間，就是為了認識「完成」這個詞的含義。

今日永孕！而你是那個能夠選擇是要保持在永恆潛力狀態，還是做出突破，往前進的人。

上天賜給你改善這個世界的潛力，但除非你先學會把潛力轉化為行動，否則這份天賦不會產生任何成果。

所以現在花一點時間，聽聽你的靈魂的問題：「我現在孕育著什麼是我需要賦予其生命的？」你能看出來嗎？你能看出你一直在腹中孕育的東西嗎？

我們並沒有注定永遠會陷在困境中，我們有辦法加強付諸行動的決心。

在此，我想提供五種工具，幫助你將潛力轉化成行動：

（一）禱告：只需與神談談你的渴望。要求突破的力量，並聆聽答案。

（二）與他人交談：向親朋好友或可信賴的導師吐露心聲，可能會釋放你靈魂的負擔，甚至會成為轉變成行動的極佳動力。告訴你愛的人，你一直在醞釀卻沒有具體實現的計畫，請求他們幫助。尋求一段鼓舞人心的談話。

（三）誠實：這是另一項關鍵因素。檢視你的生活，看看你的未竟之業。花點時間面對自己尚未發揮出來的潛力。

（四）聽與看：這兩樣感官是你在前進時的關鍵因素。要感知那些恩典時刻，像是那些可能會驅動你的話語，不管是報紙上的一篇文章、一本書、一部電影。聆聽靈魂的聲音，讓你向前邁出一步。

（五）最後一項建議，可能是這當中最難的：感受痛苦。我們必須做一些大多數人努力抵抗的事，必須設法讓自己感到不適。正如之前所談的，我們有能力提升我們的急迫感，將陳規舊習變成真正的SOS。沒錯，動力和勇氣有時會讓你前進。但更常見的是，因為事態變得讓人痛苦，所以不想再繼續處於永孕的狀態。就是做不到！我們漸漸意識到靈魂深處的痛苦，明白活在尚未發展自己全部潛力的安逸生活中。一旦我們願意讓自己體驗這種痛苦，那麼繼續這樣混日子，就變得太過沉重。

*

我的朋友海倫娜生產後兩週，我變得非常不舒服，覺得自己好巨大，好臃腫。我出現胃灼熱狀況，坐立難安，睡不好也吃不好。突然之間，我迫不及待想把孩子生出來，帶到這個世界。諷刺的是，寶寶似乎改變心意，覺得自己還沒準備好要出來。我的預產期已經過了十天。所以我開始做些跳躍和慢跑，但什麼也沒發生。我甚至去一家《洛杉磯時報》介紹過的餐館，該報導指出，他們的香醋沙拉能讓孕婦直接分娩。所以在看完那篇文章後，我的丈夫羅伯和我衝到餐館。等我們到那裡一看，放眼整間餐廳都是可憐的逾期孕婦。我們就坐後，服務生走到我們的餐桌前說道：「讓我猜猜，你們想要來份香醋沙拉嗎？」我吃了沙拉，寶寶還是不出來。

最後不得不做引產。就這樣，一個美麗的小男嬰來到這世界。我們的兒子艾迪現在二十三歲了。多年來，沒有一天我想要處於永孕的狀態。

願你看到你醞釀已久等待出生的內在。今日永孕，但是你有能力賦予它生命。突破、解脫。今天是你決定哪些天賦會繼續活在你的夢中，以及哪些會誕生，照亮這世界。願你選擇生命。阿門。

第三篇

# 傾聽愛之力：親密關係和聽見召喚的關鍵

當我們在生命力中成長，獲得廣闊的視野、更大的自由和行動力的時候，就準備好歡迎愛之力，這是稱為「聖靈」的第二層靈魂，是火焰中的黃光。聖靈掌管的領域是內心的智慧、情感的領域，特別是愛。傾聽愛之力。正是愛之力幫助我們放下心防，讓我們體驗到親密感。這也是靈魂將我們打開，接受召喚的一個層面。無限的合一不僅是從永恆之地來向我們敲門，也在我們內心敲著。聖靈可以幫助你發現你的靈魂來到人世間的使命。

## 學習深愛

「他在經驗自身、他的思想與感受時，將其當作是某種和其他一切分開來的……」

——摘自愛因斯坦給拉比馬庫斯的信

愛之力在情感領域中扮演關鍵角色，教導我們如何將一顆受盡傷害而轉變成鐵石心腸的人軟化，並且找到方法來原諒那些導致我們痛苦的人。同樣，這股愛之力也給予我們滋養靈魂的力量，給予一份純淨而無條件的愛。

# 第十九章
# 軟化：把石心變肉心

有些事永遠躲不掉，每年猶太至聖日（High Holy Days）快到時，我就會做一個充滿焦慮的夢，今年也不例外。下面就是我的夢境：

我發現自己和一大群人在一個美麗的營地度假。那裡滿是樹林，到處洋溢著平靜的感覺。我必定是在一場工作假期中。晚上我們坐在木屋裡圍成一圈，我立刻明白身邊的每個人都在看著我，期待我說話。但我並沒有這樣的預期。然後有人問我：「那麼，拉比，贖罪日的真正含義到底是什麼？這一天的真正本質是什麼？」

我看著這群人，想要回答，但我的腦中一片空白。完全空白！我腦袋裡什麼都沒有，好像我從來沒想過這個問題，好像我根本不認識贖罪日。我很慌張，完全不知道該說些什麼。然後我張開嘴，話語開始自己冒出來。這些話並不真的是我的意思。

我聽到自己對聚集在我身邊的這群人說：贖罪日可總結成為兩個主題，第一個是：「我將從你們的肉體中除掉石心，賜給你們肉心。」第二點……我可以看到所有人都往前傾，等待第二項主題。我自己也很好奇想知道接下來會從嘴巴裡說出什麼。結果我說，第二項是

「我將從你們的肉體中除掉石心，賜給你們肉心。」

然後我醒了。

這麼一個奇怪的夢境，我無法不去想它。在清醒的時候，我絕對不會以這種方式來回答這個問題。我會談到如何內觀，並做出改變。我不會引用剛才那句《以西結書》（*The Book of Ezekiel*）中的句子，那段來自第三十六章的經文。我也不了解為什麼我會說有兩個主題，但只是引用相同的經文兩次。

我對自己的夢是這樣解析的：我意識到我們所希望的，以及在生活中所祈禱的一切，實際上都可歸結為一句話，就是將石心轉變為肉心。要是你的心是一塊石頭，就不可能建構出親密關係，就沒有改變的希望，沒有寬恕的機會。

但我仍然弄不清楚為什麼我明明只有一個要點，卻說可將贖罪日歸結為兩個主題。然後我意識到，在我說的話當中確實隱含兩個主題。首先，你必須移除你的石頭心，這是一項非常困難而微妙的工程。然後你要獲得一顆肉心，這是獨特的藝術形式。

什麼是肉心？什麼又是石心？肉心是怎麼變成石頭？一天的禁食又與這一切有什麼關聯？

根據猶太神祕主義的說法，愛的源頭不是心。愛的源頭是我們的第二層靈魂，就是愛之力（Ruach），或稱聖靈。正是這種更高一層的靈魂，喚醒了內心，才有辦法去愛與被愛。當心和靈魂和諧共處時，愛就會發生。若是心被凍結，那麼充滿愛的靈魂就無法表達自己，或是無法與其他靈魂或神產生連結。少了接受吸收和分享愛的能力，靈魂就會變得虛弱和焦躁。

但是心靈與靈魂的連結，又和贖罪日有什麼關係？

在贖罪日前夕，猶太人會背誦一段稱之為「Kol Nidrei」（科爾尼德萊），或稱為《晚禱》的祈禱文，這是一段誓言祈禱。其文如下：「願我們的誓言不是誓言，願我們的宣誓不是宣誓。」為什麼猶太教會讓人如此輕易地擺脫？這段祈禱文真的是在說：「這沒什麼大不了的，你不必遵守諾言，你的話真的不重要」？我不這麼認為。

我們都以開放、好奇、充滿愛心的方式開始生活，然後我們不可避免地受到傷害。生命可以是殘酷的。有人讓你失望，有人羞辱你、背叛你，有人傷透你的心，有人拋棄你，神不回應你的祈禱。所以我們開始發誓。我們都聽過下面這樣的誓言：**我再也不會像這樣被愚弄了。我再也不要和他說話了。我永遠不會原諒她對我所做的一切。我永遠不會再這樣了**。也有一些關於神的誓言，像是**我永遠不會再祈禱**。

我們立下這些誓言，將它們銘記於心，將它們帶入心中，年復一年，我們那顆開放而好奇的心逐漸變成石頭。這很有道理，不是嗎？誰想再次受傷呢？

當然，我們這樣的安排只有一個問題：石頭心雖然好比是保護我們不再受到攻擊的裝甲，但也讓我們不太容易接受到來臨的愛情、驚喜和祝福。石頭心阻止我們內心的所有善良，所有的愛、寬恕、快樂、自發和浪漫，都無法出去。

我們變得謹慎，想要控制一切，不斷評判他人、憤世嫉俗和僵化。我們發現自己生活在一個嚴謹定義的情緒範圍內：快樂／悲傷、有趣／無聊。但你的靈魂是有能力的，你的靈魂渴望體驗完整的情感。這就是為什麼，我認為猶太人每年都會背誦《晚禱》禱告詞的原因。他們齊聚在一起，打破我們的誓言，打破這些限制心靈的誓言。「願我們的誓言不是誓言，願我們的宣誓不是宣誓。」

想到夢中這段場景和我所說的這段話的時候，我不禁思忖：為什麼會讓我做這個夢？我的靈魂試圖要對我說什麼？我需要從中學些什麼？我認為我在那個夢中之所以夢到《以西結》經文，是因為我知道什麼是石頭心。我曾經也有過一顆石頭心。

父親遭到殺害，對我來說是一場顛覆我生命的地震。前一天，我還是個十幾歲的快樂小女孩，一個好奇、熱愛有趣事物的孩子，有一群很棒的家人。然後我的世界突然之間就破滅了，我很快學會擁有一顆石頭心的感覺。我滿心憤怒。

我討厭軟弱無力的自己；我憎恨母親不願為了我而堅強下去；我恨父親就這樣拋下我；我討厭那些滿腦子想的都是髮型和派對這類芝麻小事的朋友；我厭惡安息日和所有提醒我過去美好時光已不復存在的節日；我討厭所有關於神偉大事蹟的虛假承諾的禱告。真的是這樣嗎？神在哪裡？我討厭神的無所作為。

我十五歲時立下的誓言是：「我現在獨自一人。我不需要任何人。」

我內心發生一場風暴。但除此之外，我只想要當一般人。這是每個高中生的夢想：**我**

**很好，我沒事，我很完美；我是成績優異的學生；別同情我；別靠得太近；別讓我有任何感覺。**

然後一天下午，我在讀高中時，課上到一半，廣播聲響起。「奈歐米・萊維！請注意，奈歐米・萊維，請向學校心理輔導室報到。」我當時覺得倍受羞辱。難道是學校裡有人不顧我的意願，擅自為我決定我需要去看學校的心理醫師嗎？還要搞得全校人盡皆知？我可以看到班上同學的眼睛都落在我身上——那個父親被殺的女孩。

我試著不看任何人，起身前往學校的心理輔導室。門上的牌子寫著：施瓦茨夫人（Mrs. Schwartz）。當我走進去時，我看到她是位哈西德教徒，一身長袖、長裙，還戴著假髮。**太棒了！**我想。

我坐下來，不由自主地把手放在嘴邊。我很生氣，又感到不安，我決定不和這個女人說話。我確信她會說，「和我談談妳的父親」，或是「在家和母親相處得怎麼樣？」再不然就是「妳感覺怎麼樣？」

那時我知道我不會對這個女人說一句話，但我的眼淚在湧動。它們背叛了我。我正使出每一分力量來忍住，我看得出來她看到我正努力不讓自己爆發出來，我內心的風暴正在消耗我的每一點滴的能量。

最後她說：「沒關係。妳不必對我說什麼，之後也不必來見我。」然後她又說：「嘿！妳想要我教妳一些不讓眼淚流下來的方法嗎？我可以教妳如何不哭。」

她的反應完全出乎我的意料。她並沒有嘗試要刺穿我的牆。她說：「我可以幫妳撐起那道牆。」她還說她是站在我這一邊的。她那時是在告訴我，還是有人看到並理解我？即使我發誓，**我現在只靠自己**，她還是在告訴我，我不是獨自一人。

當我站起來離開時，她對我說：「有一天，當妳準備好了，眼淚將會留下來。相信我，妳會歡迎它們。」

一年後，在我父親被殺一整年之後，我十六歲了，要和我的所有營地朋友展開第一次的以色列之旅。我們去了耶路撒冷的西牆，即一般所稱的哭牆（Kotel）。我走到城牆，起初只是摸那些古老的石頭。然後我更靠近它，並且聞了聞。

我聞到了哭牆，哭牆聞起來像我父親。它聞起來不是只像我爸爸的一點點，它聞起來像我父親的腋下。

就在那裡，我站著，閉上眼睛，展開雙臂靠在牆上。那道牆好堅硬，我甚至無法確定自己究竟是站著還是躺著。只是待在那裡，用鼻子聞著我父親的腋下。我開始哭泣。牆融化了。

而且我心裡知道，我有一個永遠不會離開我的父親。我還知道我有一位母親，她心中的智慧和愛遠超過我所知道的。我有喜愛我而我也喜愛的兄弟姊妹。我有永遠支持我的朋友。

我有神，可能有點跛腳。主啊，你聽到了嗎？我說你有點跛，但我又再次愛你了，甚至比之前更多。你的力量沒有我之前想像的強大，但比我們任何人所能想像的都還要完美。

而且我還有我。畢竟我並不是那麼軟弱，要做我自己是沒問題的，容易受傷也不是什麼大問題。我立刻收回我的誓言。我不必要單獨一人，我不是只能依靠我自己。

從來就不是這樣。

是什麼融化石頭般的心？有時這是一種感覺記憶，可以穿透你所有的防備，為你帶來一些珍貴的東西。這就是在哭牆時發生在我身上的情況。就像動畫電影《料理鼠王》中的那一刻，當那位尖酸苛薄的美食評論家嚐到法式燉菜的味道時，立刻讓他回到自己母親的餐桌，喊出「媽媽！」

現在我明白為什麼，那首關於哭牆的知名希伯來歌曲中有這樣的歌詞：「有些人是鐵石心腸，但也有些石頭中有一顆肉心。」

穿過石心，到達肉心不是一蹴可幾的工作。石心並不會完全消失。每一次的挫敗，每一次的失望，每一次遭遇新挑戰，它都準備好要回來，回到你內心中它所熟悉的地方。況且，要保持活力、柔軟和脆弱，是需要很大的勇氣。

對今天的我來說，感到失落和受傷是件好事，我明白這些感受是生命中不可或缺的，因為這意味著生命帶有一顆肉心，也能夠感到狂喜、祝福、愚蠢和放棄。所以，放下那句**我永遠不會原諒他**；放下頑固的立場；放下**我絕對不要先道歉**的堅持；放下一直以來對神的怨言。原諒。原諒生命；原諒她；原諒他；原諒你自己。**願我們的誓言不是誓言**。突破你的心防，走向你的肉心。

攜帶這顆大石頭是要花很多力氣的。放下它！也許你一直對自己受到的傷害耿耿於懷，這是一種怨恨、一種嫉妒、一種內疚、一種憤怒。放下它。打開它箝制你的心的爪子。我們的靈魂正在呼喚我們自己，我們渴望回歸到我們的柔軟。

你有能力移除那些覆蓋在你發光發亮的靈魂上的淤泥。神一直對我們低語：**為我打開眼睛，即使如針縫一般細小，我也能為你打造一個開口，足以讓戰車穿過。**

所以也許這是傾聽你靈魂對你叩問的好時機：「你在逃避什麼？又在害怕什麼？」也許這是我們每個人自我詢問的適當時刻，**誰對我擺出強硬的心？誰又是我狠下心來強硬以對的對象？**

只要透過努力和意願，真的把你的靈魂、身體和石心放入其中，有可能會開始經歷令人驚訝的軟化過程。不過，即使確實經歷一段時間的軟化，你的工作並不會就此結束。它才剛剛開始。

還記得我夢中的那段經文嗎？一共有兩個步驟。首先要去除石心，然後是獲得肉心。當你一時衝動，想要再次架起心防，回到舊日模式時，要努力維持心胸敞開，才能獲得一顆肉心。

不過，一旦開始將其當作日常練習，每天進行軟化的工作，可能會得到許多意想不到的禮物。這些就是愛之力帶來給我們的，這就是我們獲得一顆肉心的方式。

第一個你可能注意到的變化是呼吸。它們不再短促淺薄，而是變得更為放鬆。胸部的緊繃感，將會由一種開放的感覺取代。

你與人的爭論可能也會改變。你需要的是聽取和傾聽，而不再是獲勝。

你養育孩子方式可能也會改變。不再那麼僵硬、教條，會騰出更多空間給樂趣。

你的工作態度可能也會改變。不再需要緊迫或強迫事情一次到位，這感覺總是很緊繃；你會發現自己為了抱負、新想法和合作而創造空間，不再競爭。

也許你連開車的方式都會改變。在上高速公路閘道遇到有人想要超車時，你不會按喇叭或是比手指，這些動作只會讓你憤怒，並且升高血壓，你會對自己說，**這只浪費我一天中的一秒鐘。也許這個可憐的傢伙上班要遲到了**。你會主動向他示意，**向前走吧**。而且一整天你會跟自己說，我是那種幫助別人的人。

你的禱告生活可能也會改變。不再說**賜給我、賜給我**，你會充滿感激地說……**感謝神**。

你的感情生活也可以改變。約會時不會在心中嘀咕著，**這個遜腳的腦袋到底有什麼問題**？你會開始想，嗯，這個人有什麼優點？

你的婚姻可能會改變。一成不變的日常生活可能會浪漫起來。

甚至連看新聞的方式也可能發生變化。不會在了解那些無辜人民的痛苦後說，**這不是我的問題**。有些東西會激起你並抓住你，你會對自己說，我能做些什麼呢？我能做些什麼來幫忙？我需要參與其中。

在你的生活中，抱怨和擔憂會降低，驚奇、喜悅，以及更廣泛的情感會變多。

很快地，旁人會開始自然地向你傾倒，因為你散發著光芒，你的靈魂之光。不久後，同事、家人，以及老朋友都會開始問你：「嘿，你怎麼變了那麼多？你看起來很棒！你的祕密是什麼？你換了新的心理治療師嗎？新的抗憂鬱藥？新的飲食？還是新的體能訓練？」而你將對他們說，「我的祕密是：《以西結書》第三十六章第二十六節，我把自己的石心變肉心了。」

《塔木德》經文中那句令人困惑的話再度浮現在我身邊：「我正在尋找一些我沒有失去的東西。」這就是我們生活的悖論，我們花時間尋找我們已經獲得的東西。神在呼喚我們，「要是你能看見！」關係就在這裡。我們所要做的就是修復它們。肉心就在這裡。我們所要做的就是去觸碰它。充滿驚喜和奇蹟的世界就在這裡。我們所要做的就是留意。

我最喜歡的一句話來自電影《發暈》（*Moonstruck*），片中，雪兒告訴媽媽她想嫁給尼可拉斯・凱吉。

她的媽媽問：「蘿瑞塔，妳愛他嗎？」

她答道：「是的，媽媽，我非常愛他。」

而她的媽媽說：「哦！這真糟糕。」

放下石心並用肉心取代它需要勇氣。

有理由害怕嗎？有。

有可能受傷嗎？可能。

有人會傷你的心嗎？會。
但仍然值得嘗試融化你的石心嗎？值得。
為什麼？因為我們不想過行屍走肉般的生活。打破這堵牆需要勇氣，但一切都值得。
記住你很珍貴。你是神聖的。你受到關愛。你很強健。

願我們都能找到實現以西結預言的能力：除去你的石心，讓你的肉心帶領你回到原點，回到你一直在尋找的生活。阿門。

# 第二十章

# 體驗寬恕的治療

我和我的朋友瑞秋認識十六年了。

我想在此稍微提一下，在二〇一一年七月十九日星期二這天的瑞秋。

她四十八歲，和丈夫拉里幸福結婚二十年，全心投入照顧分別為十八歲、十五歲和七歲的孩子。對他們來說，她是一位很棒的母親。瑞秋總是能兼顧一切，她就是那種可以在當個好媽媽的同時，還能加入拼車活動，輪流開車接送大家的孩子、兼顧職業生活與娛樂，不會出一點差錯。她會告訴你她是個完美主義者，可以同時進行多項任務。

她的丈夫事業有成，他們過著多彩多姿的生活，經常辦派對，會與參議員甚至總統碰面。

她告訴我：「我受到祝福。」她全身散發一種人生順利組的光環。

她也有很堅持的時候。要是有一位母親在約好的遊戲結束時間沒有來接她的孩子，瑞秋會給她貼上標籤。她告訴我：「我是很會評判他人，力求是非對錯的人，我不會寬容那些犯錯的人。」

現在我要翻動日曆到隔天，也就是二〇一一年七月二十日星期三。這是瑞秋典型的洛杉磯超級媽媽日。她一醒來就先做體操。然後她要與七歲的喬許一起做勞作，取代他丟掉的鑰匙圈，之後再去蘋果電腦專賣店，接她的大兒子傑米。

那一天，有一位名叫傑克的八十歲出頭的猶太男子；他開了一家小雜貨店，那是他的家族事業，在那裡他與妻子漢娜和兒子凱文一起工作。他們正在店裡計畫一場父子的釣魚之旅。在短短幾分鐘內，傑克將會從他們的商店離開，拿著支票簿去對街銀行。那是美好的一天，生活很美好。

瑞秋開車的時候，正在腦中檢視她的待辦事項。她正在等待一位媽媽打電話來，討論喬許的遊戲時間。她還穿著早晨的健身服，喬許則坐在後座。她把手機放在中間的控制板上，因為她不想錯過那通電話。但是手機從儀表板掉到乘客座的下面，於是她用手去摸座位下方，找到了手機。

要是在電影中的話，這時會出現一段驚悚緊張的配樂，會有一個不祥的音符告訴你夏日的快樂場景將會變得非常糟糕。瑞秋撿手機時，只將視線離開道路一秒鐘，但等她撿起電話，抬起頭時，發現有個男人正走在人行穿越道上。那是拿著支票簿的傑克。

她尖叫著，扔掉手機，猛然剎車。她告訴我，「他看到我了，他的眼睛因為害怕而睜得好大，但我來不及停住就撞上他。」

這一切都發生得非常快。喬許在後面睡著了，但他嚇了一跳。「怎麼了？」

「噢！天哪！噢！天哪！我撞到他了」瑞秋尖叫著：「待在車上！」她對喬許說。然後她急忙下車，跪在傑克旁邊。

在她身後的一個女人尖叫著咒罵她：「妳沒看到他嗎？」路人漸漸圍在他們旁邊。

瑞秋喊道：「打九一一！」

她跪在傑克身邊，對他說：「沒事了，他們馬上過來救你。」突然間，傑克的妻子漢娜尖叫著跑過來，然後是他的兒子凱文。

時間停滯，救護人員似乎永遠不會到來。

瑞秋看著傑克磨破的褲子。他沒有流很多血。她心想，**他看起來只像摔斷了手臂**。她希望他的傷勢不會太嚴重。讓他平安，她祈禱著。

警察到了之後幫瑞秋做了酒測。

喬許現在從車裡出來了。他走到人行道上，嚇壞了，一臉迷茫。幸好瑞秋的叔叔就在附近的一家咖啡館裡喝咖啡。在那個當下他成了她的天使。他和喬許站在一起，安撫他，並且把喬許帶回家。

瑞秋震驚地留在原地發呆。

那天稍晚，她得知傑克的傷勢嚴重，有多處破裂骨折，包括他的頭骨、肋骨、臀部、脊椎，還有內出血。醫師認為他撐不過當晚。

瑞秋在心裡對自己說，**我所認識的生活已經結束**。她祈禱著，**拜託，神，救救他**。

傑克撐過了第一天晚上，在醫院裡繼續承受痛苦。瑞秋擔心不已，**他會撐過的，還不到他離開的時間。神啊！求求祢，讓他好起來。**

幾天過去了，瑞秋去點蠟燭與禱告。她知道她不能去醫院探望傑克，畢竟她是肇事撞傷他的人。不過她請她的拉比代替她前去，站在傑克的病房門外，為他祈禱。這對她來說是一大安慰。

瑞秋的律師告訴她不要有所動作。警方也跟她說不要與這家人有所連繫。她寫信給他們，但沒有寄出。她對我說：「他們很恨我。我是邪惡的人，我沒臉見傑克的家人。」瑞秋盡可能遠離他們，但有一天她再也忍不住了。她不管律師的建議，她需要道歉。她對連繫她的警察說：「我知道你建議我不要和他們有所連繫，但我需要把這些信寄給傑克和他的家人。」

五分鐘後，警官回電說：「我有個壞消息，傑克剛剛去世了。」

瑞秋再次受到打擊。最糟糕的情況發生了。她告訴我：「我覺得我正陷入一個無底的裂縫；永遠不會觸底，不斷落下、落下、落下，沉沒，落入自己的深處，陷入恐怖和絕望的深淵。」

她坐在刑事檢察官辦公室裡，不斷發抖。她從沒想過自己會變成罪犯。她有三個需要她的孩子，一個丈夫。在這人生的谷底，她要如何繼續生活下去？

瑞秋說：「我本來想打電話給傑克的家人，表達哀悼之意，但我知道我不能。」所以她開始每天為傑克念誦「卡迪什」（Kaddish）這種亡者的禱告。

傑克去世後沒多久，瑞秋前來我見面。她想知道如何能從神、傑克、家人和自己那裡得到寬恕。

我記得我告訴她：「我想給妳一些實用的工具。」我說：「妳可以開始閱讀《詩篇》。在心碎時可以透過這部經文尋求神，這是一種治療。」我還為瑞秋做了一個稱為「Kamea」的聖符，讓她帶著。我說：「這並沒有魔力，但帶著這個護身符會提醒妳，神與妳同在。它可以幫助妳，將深層的禱告與外在現實結合起來。」

我記得和瑞秋談到神的恩典。我說：「恩典是一種我們不應得的愛。神愛我們，不是因為我們值得祂的愛，而是因為我們的渴求，因為我們破碎的心。」

我鼓勵瑞秋買一本禱告書，我教她在每天早上醒來後可以做些什麼禱告，晚上睡覺前又可以在床上說些什麼禱告。

然後瑞秋對我說：「我想請求漢娜和凱文的寬恕，但我不能和他們說話，他們也不想聽我說。我想請求傑克的寬恕，但這是永遠不可能做到的。」

我告訴她：「妳可以向神祈求寬恕，妳必須找到原諒自己的路，但妳不能把希望寄託在傑克一家人身上。妳必須要放手。有一天可能會有這樣的機會，但也有可能永遠不會出現。」

然後我說：「至於傑克的寬恕，我有個建議，我想教妳一些邁蒙尼德的懺悔法則。邁蒙尼德教導我們，若犯下的罪行是與一個死人有關，可以去他的墳墓，懇求他的靈魂的寬恕。」

瑞秋說：「真的嗎？我可以這麼做嗎？我可以請求傑克的原諒嗎？」

「是的，」我說：「這是一種古老的猶太習俗。」我可以看到瑞秋充滿疲憊和悲傷的眼睛亮了一下。

從此以後，瑞秋每天都讀《詩篇》。她告訴我，這些話語讓她遠離她那顆想個不停的腦袋，幫助她平息心中的恐懼。她說，讀到他人的苦痛有種撫慰作用。我問她在《詩篇》中是否有讀到最喜歡的經文。她說：「有，是下面這段話：**我疲憊不堪地嘆口氣；每天晚上我流的淚都會讓我的床漂浮起來，並融化我的沙發。**」

漸漸地，瑞秋開始向她的朋友吐露心聲。她說：「跟他們談話能讓我輕鬆一點地呼吸。」她開始做晨禱和晚禱。她告訴我：「我喜歡這樣，我能說出一些話來引導我進入夢鄉；夜晚是個可怕的時刻。我也喜歡在一早醒來，面對現實生活中漫天而來的那種痛苦時，可以說出一些話語讓自己清醒。」她說禱告書讓她擺脫恐慌。

然後到了瑞秋準備遵循邁蒙尼德建議的那一天。開車到墓地讓她很害怕，她的心砰砰跳著。她踩到草地上，然後找到傑克用臨時記號標示的墳墓。瑞秋開始向傑克吐露心聲，展開靈魂對靈魂的談話。她乞求傑克的原諒。她祈禱，她念誦卡迪什禱告詞。她在淚水中哭泣。這是一個炎熱無風的日子。當她掏心掏肺地結束她靈魂要傾訴的話語時，突然感到一陣微風輕拂而過。她想，這是否意味著什麼。她告訴我：「我覺得傑克聽到我的聲音。」

至聖日即將到來，瑞秋對於要到殿堂中面對神感驚慌失措。她說：「我以前從不覺得自己有罪。但我現在在這裡，覺得自己像個凶手。我知道那是一場意外，但我確實奪走那個男人的生命。」

瑞秋報名參加一場「如何準備寬恕」的妥拉課程。老師說的每一句話在她聽來都像是指責。「罪」這個詞把她嚇壞了。她確信班上沒有一個人在處理像她犯下的那種罪。然後，在解釋懺悔時，老師剛好說了這些話：「我談的當然不是謀殺罪，是議論你親家母是非的那種。」

瑞秋開始出現過度換氣的症狀，在課程結束時，她幾乎是跑著出來，難以呼吸。她突然發現自己就在她童年時代的住家附近，這是她長大的地方，是她夢想著前方美好未來的地方。就在那裡，她哭喊著：「天哪！看看我做了什麼！我奪走一個人的生命。」

然後她從靈魂深處向神獻上《詩篇》經文，一則痛苦的《詩篇》：

神啊，聽我的呻吟
我絕望到頭暈目眩
我在你面前顫抖
你是我的見證人。

贖罪日（Yom Kippur）是站在神和天庭前最沉重而可怕的一天。瑞秋感到內疚、痛苦和苦悶。她背誦著捶打她胸口的懺悔禱告。我記得瑞秋對我說：「過去我從來不認為自己真的在祈禱。一直以來，我只是在吟唱並讀文字。現在我覺得每一句禱告詞都是為我而寫。」

贖罪日是一場審判，但這也是治癒的開始，是一個憐憫和寬恕的日子。

不過，瑞秋還得面對另一個法庭，她被判處駕車過失殺人輕罪。

當地報紙刊登一篇關於這起事故的報導。瑞秋告訴我：「我覺得自己赤身露體。」她認為不論是藥師還是雜貨商，甚至每個她認識的人，都在談論她。

她開始在海灘上和那些穿著橙色背心的罪犯一起工作，他們或是在商店當扒手，或是販毒。瑞秋告訴我：「我的罪比所有人都重大。」她感到非常羞恥，不敢告訴任何人她的罪行。

日復一日的清潔廁所和鏟沙確實幫助瑞秋走出來，獲得治療。每天結束時，她都感到痠痛和疲憊。但她就是想要痠痛，就是想要受傷。

有一天，她終於告訴開車載送橙色背心人員的司機她的罪行。司機並沒有評判她，他很善解人意，並富有同情心。他說：「天哪！夥計，那一定很難熬。」她意識到沒有人在評判她。

瑞秋告訴我，她隨時都戴著我做給她的「Kamea」護身符。她說：「我會像摸忘憂石那樣摸它。我感受到竹子的質地，並想起當中的訊息。」

一年過去了。瑞秋還在接受治療，她背誦禱告詞和《詩篇》，但她不知道要如何原諒自己。她感覺自己不太能夠愛，或是值得愛——她覺得自己像是個怪物。

但她開始感受到神的寬恕，一點一滴地意識到。她開始告訴自己，**如果神能愛像我這樣**

**自大的女人，如果我的丈夫仍然愛我，如果我的孩子仍然愛我並擁抱我，如果我的朋友能愛我，我一定能夠找到一種愛自己的方法。我應該會得到第二次機會。**

瑞秋開始在猶太會所和公立學校為青少年演講。她告訴我：「這些演講確實非常有幫助。」她公開承認自己的罪。每次她向新的聽眾承認自己的錯誤，就覺得輕鬆點。她祈禱她的每一次演講都能拯救一條生命。她告訴孩子們：「當你轉頭讀簡訊而將視線離開道路時，你等於是閉上眼睛開車，經過一個足球場的長度。」她懇求他們將她對科技產品的懺悔禱告聽進去：「我們因為開車時讀簡訊而在祢面前犯罪。因為紅燈時讀電子郵件而在祢面前犯罪。」她要求他們與父母及親朋好友分享。

兩年過去了，到了第三年。

每年瑞秋都會為傑克點一支悼念蠟燭。她一直在祈禱，有一天她可以向他的家人請求寬恕，但她知道那一天可能永遠不會到來。她會定期與漢娜和凱文聯絡，詢問他們是否同意與她見面。答案總是否定的。

三年半過去了。瑞秋又一次問他們，這次得到肯定的答案。

她告訴我：「這是我等了三年半的時刻。」

她並不期待會出現一個「肯巴亞」（Kumbaya），即神降臨的時刻。她開始準備要面對最糟糕的狀況。她說：「我只是想要有機會能見他們一面，告訴他們我有多抱歉。」

會面地點選在傑克家族的猶太會所，同行的有他們的拉比、瑞秋和她的拉比。

會面當天，瑞秋提早一小時到達那裡。她很焦慮，不知道該怎麼辦。她的心臟跳得很快。當她走進去時，她可以從拉比辦公室的玻璃窗看到漢娜的後腦。她臉色蒼白，整個人嚇壞了。這是在那個悲慘的一天之後，三年半以來瑞秋第一次見到漢娜或凱文，那天他們也跑到街上看著倒地的傑克。

瑞秋走進去痛苦地說聲「哈囉」。她告訴我：「我已經準備好面對他們的斥責，對我咆哮怒罵、打我、抓我。」但漢娜看起來如此莊嚴美麗，凱文也極具尊嚴。

瑞秋首先開口。她說：「我很感謝你們願意讓我跟你們說話。我想讓你們知道我由衷感到抱歉。我每天都想著傑克，關於我的所作所為。我想讓你們知道我已經改變了。我很抱歉，我很抱歉奪走傑克的生命。」

漢娜拿著幾張紙。她轉向瑞秋說：「我寫下一些話，但寫得不是很好。我不打算讀出來。」然後她把紙張放回皮包。

她說：「我們就談談吧。」

之後話語湧出，需要說的和需要聽到的。

然後兩位拉比暗示道：「我們可以開始感謝神，把我們帶到今天這一刻嗎？」

於是他們都舉起手來祈禱：「主啊！主！祢是天地萬物的主，賜給我們生命，延續生命，使我們能夠到達這個歡樂的時刻。阿門。」

他們全都哭了。

然後漢娜轉向瑞秋，問道：「妳的兒子還好嗎？」

瑞秋哭了起來，淚流滿面。她對我說：「他們是失親的人，她卻擔心我的喬許？真的好慈悲。」

凱文說：「我可以給妳一個擁抱嗎？」

瑞秋告訴我：「這個我傷害這麼深的男人，竟然想要擁抱我？」

瑞秋說：「然後漢娜抱住我，我在她懷裡哭泣，重複說著：『我很抱歉、我很抱歉。』」

瑞秋覺得漢娜像母親一樣抱著她。

漢娜對瑞秋說：「願神保佑妳。」

即使是在她最胡思亂想的禱告中，瑞秋也沒想到她能感受這個奇蹟：一場靈魂的交會。

整個房間沉默下來。

然後漢娜用這句話打破沉默：「我現在準備好了。」

三年半來，漢娜始終都沒有把傑克的墓碑掛上去。她終於準備好了。寬恕是她的靈魂所需的一張許可證，讓她最終得以找到一些解脫。

這是一個重要的日子，對每個人來說都是一場神聖的治療。

*

現在傑克去世已經四年了，瑞秋知道她永遠無法克服她所經歷的這一切，以及她的作為。她說：「這是我的一部分。」

但瑞秋也知道她有所成長。她從中學到每個人都會遇到一些可以幫助自己度過難關的經驗，即使是最糟糕的夢魘。她學會善待自己，不要讓羞辱擊潰她。她學會寬恕別人。這次承受的折磨軟化了她，她付出慘痛的代價，學會我們都是神的孩子，而且我們都會犯錯。我們當中有些人會犯下可怕的錯。瑞秋不再評判他人，她受到祝福，認識了寬恕的治癒力量。

瑞秋成為一個更好的傾聽者，她不再一次做很多事，她知道不能再一心二用。她希望讀她故事的人能夠了解，就算一直成功地一心多用，也不意味著永遠不會出差錯。把車子變成辦公空間是非常危險的。開車時傳簡訊，或是檢查電子郵件、打電話或轉移視線，都會讓自己和他人處於危險之中。汽車是一種武器，它需要我們全心投入所有的才能。

瑞秋還告訴我：「過去我一直都不覺得神在我的生活中，現在我覺得我與一位以前不知道的神有所連繫。」

她說：「過去我想要的，只是變回那個幸福的瑞秋，在那個悲慘日子前的我。但我現在意識到，我甚至不能再回到原點。」她告訴我：「奈歐米，我已經不在原點了。我現在在第二個起點。」

*

也許你一直在祈禱，你生活中的事情恢復到以前的狀態，恢復正常。我可以保證你回不去。你不會回去，你也不能夠回去。我們不是在這裡要恢復正常。你實際上獲得**回歸到新地方**的權力，一個更高的層次，更大的智慧。穿越麻木，到達某個真正的地方，更深刻的誠實。

也許你會抱怨，也許你不想道歉。也許你不願跟別人說話。你能看出你的迴避是怎麼阻礙你的人生嗎？請記住，你遲遲不願給的這份寬恕，亦具有讓你自身前進的能力。

寬恕是一個奇蹟。這麼簡單的話：「請原諒我」「我原諒你」。

我祈禱你找到謙卑、勇氣，和慈悲心來說出這些祝福的話語。你想一輩子都藏住這些話不說嗎？明明此時此刻就可得到治療，為何你還想等到僅能依循邁蒙尼德的建議，到某人的墳墓上背誦一段懺悔文和心碎的獨白才罷休？

我們正朝著軟化的方向前進，我們渴望經歷恩典與提升的日子。我們可以從一個原點提升到另一個原點，更高更遠。

願你繼續在恩典、愛、寬恕和治癒中成長。阿門。

# 第二十一章
# 為聖戰祈禱：思而後行的學習

「我那時到底在想什麼？」瑞克低著頭，痛苦地搖著。再重複說一次：「我到底在想什麼，拉比？」瑞克告訴我他的外遇，以及他是怎樣失去他的妻子、他的家、他的狗，以及最糟糕的，他女兒對他的尊重。她拒絕和他說話。

看著瑞克坐在我面前，完全被悲傷和後悔所擊敗，我為他感到非常難過。我們都曾做過一些希望自己不曾做過的事。

要是我們能在行動前考慮後果，能夠預見我們的言語和行動掀起的波瀾，長時間下來會造成怎樣的影響，一切也許就不一樣。但人們通常都是在事後才會來找我談話。在外遇之後，在犯錯之後，在雷霆大怒的發脾氣後。只有在面對行動的後果時，我們才開始問：當時我到底在想什麼？

下面提供幾個步驟，避免我們在未來又犯下同樣的錯誤。

當你內心的靈魂發現你即將要離開較高層次的自我時，會發出警報。你早已聽聞過這聲音。

問題是，我們難以感受到靈魂的緊張。我們是忽視和貶低靈魂吶喊的專家。

為了改變，我們必須學會傾聽更高層的聲音，而不是那些誘惑我們相信，它知道什麼對我們最好的低層聲音。要明白，你的生活取決於傾聽靈魂。你的快樂和你所愛的一切，都取決於你的傾聽能力。

在我為瑞克諮詢時，他問道：「我那時在想什麼？」他請求我教他與他那強大欲望奮戰的技巧。

我告訴他：「我想教育你負面思考的正面力量。」

他問：「什麼？」

「你可以把它想成是一種顛倒世界，」我說。瑞克原本希望我講些關於勇氣和樂觀的勵志話語來鼓勵他。今天社會上流傳的大多數靈性智慧，無論是透過講壇傳達，還是寫在自助書籍中的，都強調光明而不是黑暗的重要性。

但是，我帶領瑞克所走的路，是一條提升靈魂警示聲的急迫性的路。一開始，我先和瑞克談論映射我們世界的天上世界。我說：「想想優勝美地國家公園裡的鏡湖，或是心理測驗時常用的羅夏墨跡圖案。」瑞克點點頭，專心地聽著。我接著說：「靈性世界就在身邊，像你的影子一樣反映著你。」我看瑞克似乎理解這種說法，於是繼續解釋，基於同樣的道理，猶太神祕傳統也設想出一棵生命樹，上方的天堂包含有神的神聖屬性，下方則是在我們體內反映相同屬性的樹。我告訴他：「我們都是依據那棵至聖的樹打造出來的。」

我請瑞克看看窗外。我說：「花一點時間，看看那棵樹。」瑞克凝視著窗外那棵高大的老榕樹。我說：「看看這棵樹的底部，要知道那些在地下的根系就跟其枝葉一樣細緻。這世上有很多事都發生在我們的意識之外，包含這棵有神聖屬性結構的生命之樹卡巴拉（kabbalah），其生長方式與地球上的樹木不一樣。它的根源在天堂，那是滋養它的所在，它的樹枝和樹葉則向我們伸展過來。」瑞克閉上眼睛，試圖想像這一切。我說：「想像這棵顛倒的樹，向下朝我們的方向伸展過來。」

就在那時，我開始向他解釋何謂神聖的平衡作為，在此我也想分享給你：那棵朝向我們的樹會發出兩種神的屬性，分別是愛和恐懼。愛和恐懼總是像陰陽一樣控制彼此。愛是從靈魂中流瀉出來的，就像水一樣傳播，但愛也帶來危險。未經檢視的愛可以扼殺一切，就像無法讓孩子成長的父母。這樣的愛就像沒有堤坊的河流，會滿溢出來，淹沒所行經的一切。沒有受到限制的愛是一處沒有岸的海洋，沒有邊界。少了可以容納其自身的大壩，愛之水足以吞沒所有人。

對天賦異稟卻沒有紀律的人來說，未經檢視的愛是一大挑戰。

未經檢視的愛根基在一種對積極的崇拜心態，這已經擄獲美國社會大眾的心。耐吉（Nike）的廣告說：「做就對了！」（Just do it!），但是《聖經》則告訴我們：「不要這樣做！」培養勇氣固然沒有錯，但是不受控制的自我會摧毀自身，而肆無忌憚地縱欲則會讓我們遠離神聖的道路。

這就是第二種神聖屬性恐懼上場的時候。在這裡，恐懼是為了與愛相抗衡。這種恐懼並不是在削弱我們的力量，不是那種阻擋我們實現自己潛力的低層次害怕。這是一種神聖的恐懼，神聖的恐懼會讓人絞痛、敬畏與顫抖，並擔心失去一切。這是一股內在的力量，大聲疾呼：「停！」神聖的恐懼是一種聲音，是付諸行動前的思考，會權衡後果，會在你按下「發送」前花一點時間思考。是在你毀壞一切之前，認識到你所擁有的美好。

猶太人的婚禮上有個傳統：新郎要在前來慶賀，喊著「祝你好運」（Mazel tov）的眾人面前，踩上玻璃。對於這種不尋常的儀式有很多解釋，我最喜歡的一種來自於《塔木德》，當中提到有個拉比在婚禮上砸碎一個杯子，驚動所有客人。他當下表示：「每個慶典都必須顫抖。」

婚禮是歡樂的日子，但也是一個神聖的盟約，一份令人敬畏的責任。我們經常太看重愛的部分，而忽略顫抖。你的關係需要你的付出，是的，甚至是你的恐懼。婚禮是一個聖地，是生活的基礎，但我們花費太多精力在慶賀的派對上，卻沒有付出足夠的敬畏之心。

神聖的恐懼並不是恐慌，而是清晰的思緒，甚至是平靜的心情，是在面對神所造的廣大宇宙時，體認到自己的渺小。這是靈魂震撼你的時刻，你會認識到自己受到多麼深切的祝福。

猶太人不將他們的至聖日稱為愛與和平之日，而是敬畏的日子。在聖日期間，猶太人祈禱：「神啊！請讓我們充滿恐懼。」是怎樣瘋狂的人會為恐懼而祈禱？誰會要求更多的恐懼？

但是一個明智的人會懂得善用靈魂的警報系統。這樣的祈禱是在企求一份高層次的恐懼，是害怕浪費你的生命，害怕拋棄你的生命，害怕沒有看到神交付到你手中的神聖使命。祈禱恐懼是一種自我保護的行為。在這裡，陰暗的情感會教導我們。

我向瑞克解釋神聖恐懼，他說：「拉比，起初我沒聽懂妳說的話，但現在我明白妳所謂的負面思考的正面力量是什麼意思了。」

你的恐懼是一份禮物，敬畏是一種神聖的狀態，你的軟弱也是你的力量。

別為自己的害怕擔心，不要再逃離恐懼。要知道，神聖恐懼是一種早已存在於你內心的神聖特性。這種特性可以改變你的生命，教你如何將生活提升到新的層次，一個充滿力量和熱情的更高層次。你不必大老遠去尋找它。在你內心就有這樣一棵倒立的樹，將神聖的愛和神聖的恐懼維持在一神聖的平衡中。

一直以來，我都在嘗試想像這種平衡的畫面，想像在我們內心的那棵倒置的樹。去年一月我被診斷出氣喘，這時我才開始真正看到它。我坐在肺病專家的辦公室，她向我解釋氣喘，然後給我看一張衛教海報。我看到面前的圖表時，又發出一聲喘息，就在那裡，我終於親眼見到多年來冥想中的那棵至聖樹。我的醫師說：「拉比，人的肺就像一棵倒立的樹。」

我深深地嘆一口氣，說道：「是的，當然！」

神的氣息流過我們。神聖特性就在我們內部，維持著強大的平衡。我們的根在天堂，神

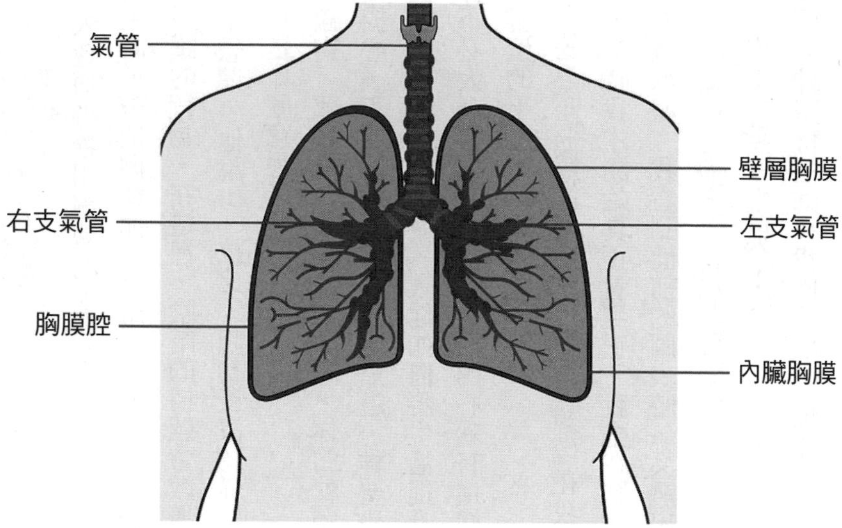
氣管
壁層胸膜
右支氣管
左支氣管
胸膜腔
內臟胸膜

聖恐懼是你的救贖，讓它引導你，讓你超越你下方的思想和感情。觸摸你的內心，聽聽那個喊停的聲音。三思而後行，花點時間去真正聆聽。你的生命會感謝你，你的靈魂會感謝你，你的家人和朋友會感謝你。你將承受較少的痛苦，對你所愛的人造成更少的傷害。去感受這份警報的緊迫性，去歡迎靈魂的警告。找到你的敬畏之心。

答案比你想像的更接近，它就在你的內部，你不再需要遺憾地說：「我那時到底在想什麼？」相反地，你可能會獲得生活在神聖恐懼領域裡的能力，並說：「能得到這一切祝福，我是多麼幸運。」阿門。

# 第二十二章
# 認識真朋友的救贖力量

我外公七十四歲時，突然深陷沮喪。沒有人能夠弄清楚箇中原因。他整天坐在椅子上，直瞪瞪地看著人。他並不是獨自一人生活，他娶了他生命中的最愛。他為一個大家庭包圍，在我們的「部落」中，有他三個成年子女和他們的配偶，還有九個內外孫，都住在附近。我們都在那裡。而由他展開的家庭零售業務仍然蓬勃發展，但他不再工作。他就是不願離開他的椅子。

有一天，我母親坐在他旁邊說：「爸爸，到底怎麼回事？你怎麼了？」

他默默地在那裡坐了一段時間，然後說：「沒剩一個人。」起初，我的母親難以理解外公的意思，他有幸擁有健康，他的妻子、孩子和孫子都在身邊。但後來他又繼續講道：「沒有人跟我一起Kibbitz。」「Kibbitz」是意第緒語，是指與朋友一起做的那些有趣的無聊事：閒逛、開玩笑、閒聊、戲弄、講故事、吐露心聲、聆聽、笑鬧等等。

幾個星期前，外公參加他最後一個好朋友的葬禮。這群來自古老國家的男人，會將褲子繫得老高，直到胸膛，坐在那裡下棋、喝茶和抽雪茄。現在他們全都離開了。

突然間，我母親明白她父親的失落感有多深。她知道「怎麼了，爸爸？但你的家人還在這裡，你有我們」這句話在這個節骨眼上沒有意義，這樣說只是在貶低他失去朋友的傷痛所產生的影響。於是，我媽媽對他說：「是的，你確實有理由哭泣，爸爸。我現在知道了。」

*

當你感到孤獨時，會想起生命中的某一段時光嗎？也許你搬到一個新的城市，或是轉到一所誰也不認識的新學校，或開始一份新工作。想像一下，你不知道在公車上該坐在誰旁邊，午餐時該和誰吃飯，或是休息時要和誰玩耍。這種經歷的空虛感顯而易見。沒有友誼的生活是痛苦的，沒有朋友和只有一個朋友的差別，就跟失與得之間的區別一樣大。

我還記得上大學時就有過那種感覺。自己一個人孤獨地走來走去，像鬼魂一樣在校園裡遊蕩。沒有朋友的感覺真的很像死亡。然後我遇到蕾貝卡。她說：「我在電影院工作。來吧！我可以給妳免費的爆米花。」她喜歡我，我甚至不用做什麼讓她留下深刻印象的事。她很容易愛人，她就這樣接受我，不需要我經過任何挑戰。有個人看到我，把我從人群中挑出來，讓我覺得自己活著，有人認識。我不再是鬼魂了。

也許這就是為什麼，在與多年沒見的老朋友團聚時，猶太人會在這個場合講這樣一句祝福語：「讓死者復活的人是有福的」。友誼賦予靈魂生命，持久的友誼意味著儘管彼此可能為距離或時間所分開，但是再聚首時，感覺就好像時間沒有過去一樣。

在《聖經》中，真愛的典範不是一段浪漫的連結，而是大衛和強納森之間的友誼。王子和新貴之間的連繫直接而深刻，違背了所有的常理邏輯。強納森理當會對大衛感到害怕，感受到威脅，但他卻忍不住崇拜他並信任他。強納森的靈魂與大衛的靈魂交織在一起。強納森愛大衛，如同他愛自己。由於這種愛，強納森願意為了他的朋友而放棄他繼承王位的權利。當強納森去世時，大衛用這句話哀悼他：「我為你而悲傷，我的兄弟強納森。你是我最珍貴的人，遠超過對女人的愛。」真正的友誼可以超越浪漫。這是一種靈魂的連結。

靈魂進入這個世界，需要與其他靈魂產生連結。你內心的靈魂渴望親密和真誠。你猜怎麼樣？你周圍的每個靈魂也是如此。靈魂渴望親人的愛和終生伴侶的浪漫愛情，不過真正朋友的愛也可以成為靈魂的救贖。

你可以瘋狂地愛上你的配偶，但你仍然知道你內心深處還是有伴侶永遠無法填補的空洞。每當我為伴侶諮詢時，都會為那些認為他們的配偶必須讓其生命得到完整的人感到憂心。我們內心的某些空洞，只有朋友才知道如何填補。當你的配偶無法理解時，你的朋友會傾聽，當你的配偶嚇壞時，你的朋友會安慰。美貌會消退，浪漫會減弱，但你的朋友不需要你看起來好看、年輕或性感。

幾年前，傑夫和丹尼絲這對年輕夫婦加入我的社群。他們最近搬到洛杉磯，想要跟家人住得近一點，因為丹尼絲懷孕了，他們都知道會需要額外的支持和幫忙，但傑夫沒想到丹尼絲的女朋友們會就此入侵他們的生活。

傑夫來找我抱怨。他告訴我，他覺得丹尼絲的兩個超級好朋友瑪歌和艾莉讓他倍感威脅。他希望丹尼絲全心投入在與他的感情中，他想成為她生命中最重要的人。他容忍她的朋友，但在內心深處，他希望她們都消失。我婉轉地對傑夫說，這些令他反感的朋友，實際上可能是非常寶貴的。

六年過去了。

三十八歲的丹尼絲診斷出乳癌，傑夫驚慌失措。他不知道該向她說些什麼，也不知道該如何對她說話，或者安慰她。他非常害怕失去她，滿腦子想到的都是他自己：**沒有她我該怎麼辦？少了她我要怎麼養孩子呢？**

這時丹尼絲的那兩位超級好朋友瑪歌和艾莉前來接手，包含做飯、輪流拼車接送孩子、遊戲日、醫院回診，提供傑夫各種事情的撇步、祈禱、傾聽、鼓勵。傑夫非常歡迎她們的幫助。他不再覺得這兩位熱力四射的女性，以及她們與妻子的友好關係會威脅到他在她心中的地位。他現在明白他是多麼幸運。

丹尼絲進行乳房切除手術的當天，傑夫發現一種他從未有過的內在力量。他是為了她而在那裡，他堅強、穩重、充滿關愛，並且專注於每個當下。那天晚上，他抽空回家幾分鐘抱抱孩子，並安撫他們，這時他看了看家裡的情況。瑪歌之前做了晚餐，現在正在烘碗，艾莉幫孩子洗澡後，正要他們穿睡衣。傑夫感動不已。他向她們說：「要是沒有妳們，我會在哪裡？」他內心充滿感激，非常感謝神派給丹尼絲這兩位守護天使。

朋友會看顧你走過深淵，也會進入神奇之地。無論你年紀多大，都能和朋友在一起嬉戲歡笑。友誼是一種神聖的平衡，不會消耗你，而是會滋養你；在這當中，施是受，受是施。朋友是你可以交談、託付祕密的人，會讓你誠實，知道你的小伎倆，並以此來提點你。和朋友在一起，你可以放下你在外行走的任何面具，赤裸地露出你的靈魂。你會對那個人說，**看著我！因為你認識我的靈魂，所以沒有任何一部分的我在你眼中是醜陋的**。

在這些年的諮商工作中，我遇到幾十個與我分享對家人深感失望的人，有的覺得家人不理解他們，或是無法與他們產生連結：「我知道我應該愛我的妹妹，因為她是我妹妹，但我就是不喜歡她。」家人是無法選擇的，但朋友可以。

明智地選擇，仔細傾聽你的靈魂，它早就懂得如何區分會提升你與會拖累你的朋友。避開那些老是批評和評斷他人的人，提防任何一個大嘴巴。你可能會有許多熟人和各種關係不深的友人，臉書可能會將這些人稱為你的朋友。但我不認為他們是朋友，我管他們叫「友好者」(friendlies)。問問自己，這個人真是我的朋友嗎？或者他或她只是對我友好而已？你可以有很多對你友好的人，但真正的朋友呢？他們是你的守護天使。

願你能有個這樣的天使。

# 第二十三章
# 尋找靈魂伴侶

《塔木德》記載，一旦創造的工作結束，造物主就展開新的使命：配對。這對造物主來說可不是件微不足道的小事。連結靈魂對神來說，就跟將紅海分開一樣困難。根據拉比的說法，神的配對工作從亞當和夏娃開始，一直持續到今天。

意第緒語中的「basherrt」就是靈魂伴侶之意，意思是注定的或預定的。這是根據一種信仰，即靈魂之魂已經選擇適合你靈魂的靈魂。

在另一段《塔木德》經文中記載，在一個孩子出生前四十天，來自天堂的聲音就會宣告那個孩子命中注定的結婚對象與時機。在《光明篇》（*Zohar*）這本充滿神祕智慧的書中，則主張靈魂最初就是一複合的存在，在下降到這個世界前，神才將它一分為二成，而這些半魂就進入兩個不同的身體。此後，靈魂便在地球上花時間尋找讓它恢復完整的另一半。

神聖的造物主是否已經為你挑選伴侶？每個靈魂只有一個可能的配對嗎？連邁蒙尼德都難以處理「bashert」這個概念，因為它否定自由意志，而神創造我們時是要給我們完全自由。

然而，不可否認的是，靈魂在愛中團聚時的那份神祕感。當我愛上我的丈夫羅伯時，我知道我有過這種感覺。這不是立即的，他在我之前就感知到。他遇見我的第一天就對他最好的朋友說：「我要和那個女人結婚。」我的速度則有點慢。

我們在猶太會所的走廊相遇。他與一群學生參加東正教拉比的課程，他們在我們的大樓裡租一間教室。他們的拉比對這群學生說：「男孩們，讓我們去看看女拉比吧！」

羅伯就這樣遇見我，並且立即確定我就是他尋找的那個人，但我不記得有見過他。他開始在星期五晚上和星期六早上，來參加我帶領的禱告服事。在我們的《妥拉》討論和猶太點心（nosh）服事結束後，他會繼續留下來。然後，他開始在我的《雅歌》課堂上帶來那些美味的餐點。他沒有宗教信仰，也不會上猶太會所。那時我渾然不覺。我以為他是為了神而來，沒想到是為了我。在我們的婚禮上，大約有三十位拉比出席，羅伯的兄弟馬克在敬酒時說道：「羅伯，我還不知道你是猶太人！」

我確實相信靈魂會在心智之前就知道。從理智上講，我對待羅伯就跟會眾一樣，但在深處的靈魂層面，則有其他東西開展出來。他讓我感到很熟悉，彷彿我已經認識他一輩子了。

有一天課堂結束後，羅伯邀請我去喝茶。我說好。我們沿著街區走到咖啡館。任何一個看到我們的人都應該會認為我們不登對。若是在約會網站上，也許我根本不會點閱他的個人資料。他穿著T恤、破牛仔褲和人字拖，我則是穿著套裝和裙子。但是我們坐在一起的那一刻，我的靈魂就知道我回到家了。

當有人問我：「怎麼知道這人適合我？怎麼才能認出我的靈魂伴侶？」我會說，起初你可能感到緊張，你們當中的其中一人可能需要一段時間才能趕上另一個人的感受。但遲早會產生一種回家的感覺。

哈西德派的創始人巴爾．謝姆．托夫（Baal Shem Tov）曾這樣教導我們，他說：「每個人身上都會發出一道直抵天堂的光芒。當兩個注定要在一起的靈魂找到彼此時，他們的光會一起流動，會散發出一股更明亮的光。」[1]這兩道強大的光會相互補強，合而為一。

我不相信每個靈魂只有一個可能的配對，我相信靈魂有能力在整個宇宙中找到不僅一個人來愛。這就是為何，有人在離婚或喪偶後可以再婚的原因。心碎之後也能有生命，死後也是。

靈魂在尋找和維持愛情中扮演什麼角色？靈魂是我們的老師，永遠在提醒我們，不能急於求愛。必須要有耐心，也必須鼓起勇氣，放下戒備，讓另一個人進來。脆弱是愛情的關鍵。靈魂會在這裡提醒我們，必須讓最初感受到的愛情和激情衝動回到現實，回到生活的日常，不然它就會像充了氦氣的氣球一樣飛走。愛情感覺起來可能是一股強大的力量，但實際上，愛情關係很脆弱，需要我們的關注、呵護和滋養。只有在誠實和忠誠、善良、妥協和信任兼具之處，愛情才能開花結果。

當彼此契合時，兩個靈魂便會完美地融合在一起，成為一體。

願你找到一直以來你所禱告要遇見的人。願你的靈魂伴侶進入你的心靈、你的家、你的身體、你的靈魂。願你的愛人進入你的生命、你的日子、你的每一個念頭和呼吸。阿門。

# 第二十四章
# 帶著五種神聖特質進入婚姻

每當我站在新婚夫婦前，在他們的婚禮棚架下誦念猶太人的傳統婚姻祝福詞時，我都會提醒他們，最後一段祝福詞是在告訴我們，有五種特質可以帶領我們走向神聖的關係，一段可以持續的關係，一種歡迎神永恆存在的關係，這分別是：歡樂、浪漫、友誼、同志之情與和平。

歡樂：在我為準夫婦進行婚前諮詢時，我總是會提出同樣的問題：「你最喜歡你伴侶哪一點？」而我幾乎得到同樣的答案：「她的幽默感」或「他逗我笑的方式。」是的，人際關係需要努力和責任，但當靈魂找到彼此時，會有笑聲、認可和一種放棄掌控的感覺。生活已經夠辛苦了，愛應該有助於減輕你的負擔。

猶太人的婚禮不只有一個詞來表達歡樂，一共有六種形式表達歡樂：喜悅、快樂、歌唱、舞蹈、慶祝和興高采烈。若是你想知道你的愛人是否適合當你的終身伴侶，那就問自己這人是否會讓我發笑？

浪漫：沒有熱情或所謂化學反應的婚姻能算是婚姻嗎？這種神聖特質是無法買到的。這是天賜的禮物。大多數情侶在開始時都會得到這樣的祝福，但繼續培養和保護這一神聖祝福就是我們的挑戰和責任。夫妻間最常犯的錯誤就是假設這份浪漫情懷永遠都在，但隨著時間過去，熱情會減褪，浪漫則必須要努力爭取，要不斷讓它復活和重生。

友誼：這是愛人之間交談、分享和共享樂趣的能力。「這是我親愛的人，這是我的朋友，」《雅歌》這樣提醒我們。兩者我們都必須學會。不過與化學反應不同的是，友誼不是上天賜予的。這是一種你需要誠實以對來建立，並用忠誠來贏得的特性，是一種深刻、真實的友誼。婚姻要求你在深度、智慧，和祝福中成長為彼此的朋友。

同志之情：這類似於兄弟姊妹的手足之情，但這可不是亂倫，這是一種血脈相連的感受。它很深層、很有趣，是想稱你的愛人為**我的家人**的渴望。這就是婚禮當天神奇地達成的事，它將愛人和朋友變成你的核心家庭。在婚禮當天，我總是告訴那些已經同居多年的新婚夫婦：「今天過後，一切都還是一樣，但也沒有一樣是相同的。同樣的愛人，同樣的家，但一切都將是新的，都在造物主的光芒中重製再造。」

和平：在希伯來語中，「shalom」這個字意味著「和平」和「完整」。你進入一個帶有獨特和獨立特性的愛戀關係，有時這些差異會導致對抗、憤怒和距離感。但是，「shalom」意味著彼此的差異將帶來更大的整體感。這需要遠見，要看到我因為和你在一起而變得更廣博。而這需要謙虛，要看到這一點，我必須妥協，為你騰出空間，並向你學習。

在猶太神祕思想中，有一個名為「Tzimtzum」的概念。這意味著收縮。在時間開始時，造物主占滿每個空間。為了創造世界，造物主必須刻意地收縮，才能為其他事物騰出空間。創造是通過神聖萎縮過程而完成的一樁愛的作為。

我相信，我們在婚姻中尋求的和平與完整，只能透過這種神聖的收縮過程才能實現。

我多年為伴侶提供諮商的過程中，我注意到在造成伴侶之間痛苦的種種原因裡，最常見就是頑固不靈地按照自己的方式行事。當我和面對這種偏執問題的伴侶談話時，我會對他們說：你每天晚上都可以挑選你想吃的餐館，你可以用你喜歡的方式來裝飾家裡，你可以去看你想要看的電影。唯一的問題是，你必須獨自一人去做。

若是你想與別人一起生活，必須找到內在資源來學習萎縮的神聖藝術。你收縮是為了成長。透過讓其他人進入，你會變得比以前更廣博。當你調到合適的頻率時，就可以聽心愛的人想要對你說的，可以讓自己不受約束。你收縮，是因為愛意味著每個人都必須得到認可、被看見、被聽到。

你要如何做到這一點？不要讓你的自我來領導你，順從你的靈魂。你的靈魂是寄居在你內部的神蠟燭。它來自上層世界，為了要進入你而縮小自身。它知道所有關於妥協和傾聽的藝術，也懂得與你心愛的靈魂產生連結。你的靈魂不僅想要與人相處，還想要跳舞、玩耍、享受你和你所愛的人所擁有的一切甜蜜。因此，不要炫耀你的自我，而是要顯露你的靈魂，拋棄己見，讓理解、笑聲和擁抱進入你的生活。

對新婚夫婦的祝福：

願造物主賜給你們一生的歡笑。願你的熱情與日俱增。願你的友誼深入而有力。願你和家人的關係變得更加緊密。也願神賜與你神聖平安，反映著兩個靈魂成為一體的完整性。阿門。

# 第二十五章
# 認識婚姻持久的祕密

幾年前，我要飛去芝加哥參加講座。我得在早上五點起床，才能搭到航班；飛機上擠滿人，非常悶，我的座位又剛好在中間。落地後，我坐上計程車，前去旅館。我的司機名叫維克多，來自俄羅斯。我把旅館地址給他，就在那時我接到一位好友的電話，她因為與老闆意見不合，打來問我要如何處理這方面的磨擦。我給她一些建議，談論面對這種情況的最好方式，然後掛上電話。我心想，**終於可以安靜片刻**。但我突然聽到：

「不好意思？」計程車司機維克多開口了。

「怎麼了？」我問。

「我可以跟妳談談我的婚姻嗎？」

「什麼？」

顯然這位司機很喜歡我給朋友的建議。

他說：「我的妻子把我踢出門了。我應該回去找她嗎？」

我真不敢相信自己會和計程車司機談論這個話題。我說：「她為什麼要把你趕出去？」

維克多開始告訴我，他的整個人生故事。他如何遇到他的妻子、墜入愛河，然後是婚姻和嬰兒。「但是妳知道，事情變得困難……錢、吵架、不再做愛、我還騙她……所以妳怎麼看？我應該試著和她重修舊好嗎？」他問道。

我說：「嗯……你可以再重複一下你剛剛的那份錯誤清單嗎？」我覺得我像是電影《發暈》（*Moonstruck*）中聽取懺悔的牧師。

「是錢的問題嗎？」他問。

「不是。」

「吵架？」

「不是。」

「那也許我騙了她？」

「是的，就是那個。」

「但我道過歉，而且這也不完全是我的錯。畢竟，探戈也是要兩個人才能跳得起來。」他說。

我說：「維克多，信任不是你能要求得來的，你必須贏得。也許是要兩個人才能跳得起來，我是說探戈，但你必須對你的腳步負責。」

「所以你認為我應該試著回去找她，再來一次？」他說。

「這不是我的想法，這是你想要的，是你要準備採取什麼樣的步驟來改變和贏得信任。」

「步驟！」他說：「是的，我現在懂了，步驟。」

他一直說著：「步驟、步驟。」

然後他拍了一下方向盤，笑了起來。「謝謝，女士，我現在明白了，步驟。」

＊

步驟：神聖關係並不需要什麼了不起的姿態或偶一為之的大驚喜，也不是為某人努力。這是關於構成生活的每日細節。是你如何看管你的嘴，抑制你的胃口，是固有的自我毀滅和傷害模式的每日宣洩。

學會拆卸一層又一層的防禦裝甲。學會以行動獲得信任，並再次學會信任，好讓你再次準備接受。

接受的藝術並不容易學習。要如何學習信任？如何找到維持自己脆弱一面與開放心態的勇氣，而且不是開放一年或十年，而是一輩子？

分開紅海可能是以色列人奔向自由的一大步，但他們四十年在曠野中跋涉是他們付出的「苦力」（Schlep）。這份苦力就和後來「出埃及」中的「出走」（Exodus）一樣重要，缺一不可。在生活的每個層面都是如此，不論是配偶、工作還是你帶到這世界的孩子。這都是那些步驟，那些簡單而神聖的行為，它們是構成生命的寶貴細節。

一見鍾情是天堂的贈禮。浪漫、化學火花、情感衝動，以及那股衝勁，但婚姻完全是另一回事。

是的，我們可能會在愛的領域中體驗到一些波瀾壯闊與強大的感受，但是當浪漫消退、財務緊張，以及生活壓力增加時，我們該怎麼做？

當有人受苦時，我們說時間會治療一切，但是談到性欲時，時間就沒什麼作用。隨著時間過去，激情轉變成熟悉的日常。要如何避免單調和壓力進入你的床？靈魂是關鍵。它可以幫助我們擺脫一天的壓力，將我們固定的行為模式轉變為充滿強度和讚嘆的神奇遭遇。靈魂想要教你如何重燃曾經的激情。

身體會變得疲憊，心靈會分散注意力，但靈魂總是渴望結合，向你展現浪漫、出神的熱愛，以及合而為一的祝福。

這不是每個人都在禱告的嗎？要解開束縛，擺脫分離的詛咒。想要有人能夠深入了解自己，想要有人懂。這是一種超越文字的知識，甚至超越肉體。

要建立持久的婚姻，我們不僅需要明白忍耐的重要性，甚或是耐力的重要，還要看到不論是處於光明還是陰暗時期，都能在這條路上繼續走下去的絕對尊嚴、優雅和美麗。

一對多年相處的夫婦所獲得的祝福是年輕愛情永遠無法相提並論的，這是一種夥伴關係、一種連結、一種靈魂連接，就像一棵枝繁葉茂的古老大樹，在疲憊的旅人身上灑下陰影一樣。

我不是在說你該繼續留在經常撒謊或背叛你的伴侶身旁。忍耐本身並不是理想狀態。有時，婚姻中已經沒有愛，或是一段關係過於破碎或早已糟到無法挽救時，忍耐實際上可能是一種錯誤。

但將靈魂帶入婚姻，也意味著必須將我們的靈魂帶到種種分歧中。夫妻爭辯也有健康和不健康的方式。你可以看到你配偶的錯誤，事實上，你必須看到這些。但這與對待你的伴侶不同，不能對待他或她就像對待本身具有缺陷的人一樣。重要的是要相信自己所愛的人，相信自己有能力提升和改變。你的伴侶可能會犯錯，但我們必須相信他們並不是本質上不好或愚蠢，殘忍或有缺陷。每個人的靈魂都是純潔的，是神的蠟燭。必須學會珍惜我們所愛的人，在面對他們所有的缺點時，看到他們的神聖特性。

我曾讀過關於伴侶關係長短的研究，研究人員發現，他們可以以驚人的準確度來預測一對伴侶能否繼續在一起。決定一對伴侶年限的最重要因素可以歸結到一個詞：不屑。夫妻可能爭辯、吵鬧並且各持己見。他們的背景可以不同，甚至連品味和偏好也可有所不同。但宣告一對伴侶的死亡之吻是對彼此的不屑一顧。我見過這種狀況。我相信我們都曾親眼目睹。丈夫或妻子對待他或她配偶的態度不僅是煩惱或憤怒，而是完全的蔑視。這是一種無情和沮喪的經歷，沒有靈魂可以在這樣的環境中茁壯。

在壓力或憤怒的時刻，要特別小心你的反應方式。你的脾氣是火，可以燃燒路上的一切。注意你的言語，約束你的舌頭，消除在你內部尋求破壞和復仇的聲音。

記住，情人讓你感到難過、受傷、憤怒，甚至沮喪是都正常的。但如果你把靈魂帶到緊張的情境中，就會開始看到她身上的正直或他的聖潔，以及那些神聖和寶貴的部分。當靈魂參與其中，就不會有任何的蔑視。

願你與愛人的連結年復一年得加深。願你獲得天賜的健康、快樂、浪漫、幸福與和平。阿門。

# 第二十六章
# 與靈魂一起養育

就讀著名的常春藤聯盟大學時，雷恩的父母葛瑞格和夏蓉認識並相戀。在雷恩的童年時期，葛瑞格不時會回憶起他在兄弟會日子；他是大學橄欖球隊的球迷。當雷恩獲得爸媽母校的入學許可時，葛瑞格和夏蓉都非常興奮。葛瑞格期待兒子能參加重要的比賽，他希望雷恩也能加入他的兄弟會。他一直在和雷恩談論關於這些和派對。

在夏末入學當大學新鮮人之前的某一天，雷恩來見我。他整個人看來心煩意亂。他花了一些時間，最後才終於說出讓他難以開口的話：「拉比，我是同性戀。」他告訴我，他對橄欖球或兄弟會都不感興趣，他想從事時裝設計。我告訴雷恩，他能夠認識自己，我為他感到高興，也感到很榮幸，他願意和我分享他的真實身分，並覺得向我透露心聲很安全。

雷恩說：「拉比，我很害怕把這事告訴我的父母。妳沒辦法想像他們會有多失望。」我為雷恩感到難過。認為自己的存在會讓父母失望，真的非常令人難以忍受，這樣的失望來自於「我是誰」而不是我做了什麼。

要粉碎一個孩子的靈魂，最有效的方法就是期望或要求他們成為別人。我經常勸告那些為了獲得父母的認可、關注或關愛，而改變和扭曲自己的孩子。

我告訴雷恩，我相信他的父母會來會所見我，我會提議與他們談話。在他對父母表示自己出櫃不久後，葛瑞格和夏蓉一起來見我。他們顯然大受震撼。葛瑞格不停地重複著：「感覺就像家裡死了人一樣。」

但經過一番談話後，我婉轉地問道：「你們是否早就發現一些性別認同方面的徵兆或跡象，顯示雷恩是同性戀？」

突然間，夏蓉轉向葛瑞格說：「親愛的，我們一直都知道他是同志。我們只是**不想**承認。」這是一個新契機的開始。

通常我們心裡早就有數，只是裝著沒有這回事。為人父母是一項神聖的事業。它需要你挖掘並善用自己的靈魂，因為你的靈魂能夠認識感知。你需要放手給靈魂，明白上天賦予你這一寶貴的靈魂。是的，你很幸運能夠養育和培養一個寶貴的靈魂；孩子不是你的延伸，也不是你的複製品，更不是在這裡幫你完成你未完成的——不論你的靈魂的未竟之業為何。身為父母，我們的使命是為我們帶入這個世界的靈魂創造一個空間，讓它找到適合的方式來成長和發展，在這世界上發光發熱。

《出埃及記》描述一段最著名的天啟，當摩西站上西奈山頂，神講了「十誡」。在西奈山他們接受來自上方的神聖教導。但同樣是在西奈，他們也經歷前所未有的下方世界的啟發。那個第二次啟示是什麼？

在西奈山，當神將十誡交付給以色列之子時，他們回應道：「我們會遵守，我們會傾聽並理解。」當眾人說出這些話時，在拉比的解釋中，神對此感到相當驚訝。在震驚中，神問道：「是誰向我的子民透露上方世界的祕密？」[1]

我想你可以將神的這個反應與所有父母相比，他們在看到孩子在沒有人告知或教導下，竟然直覺地完成某事時的感受一樣。父母會對這樣巨大的進步感到驚喜，會說：「他是怎麼學會的？」或「是誰教她的？」

那麼，到底人類發現上層世界什麼祕密，才會說出：「我們會遵守，我們會傾聽和理解」，這樣讓神吃驚的話語？

以理性思考的人，會對這些字詞的順序感到不解。通常情況下，我們會先傾聽並理解，然後，若是有意義，而且似乎很值得，我們會決定去做。在還不知道原因前就去做有什麼神聖的？這為何會是上層世界的祕密？

我們是帶著內建的身體本能進入此生。去年，我親眼目睹一隻山羊在農場出生的過程。沒有人教小山羊要如何站起來，沒有人教牠要如何吸奶，牠找到了母親，而且知道該做什麼。沒有人教我們餓的時候要吃東西，或告訴一個嬰孩在不舒服的時候要哭。

就像身體有這樣的認識一樣，在我們的靈魂結構中也有靈性本能。但對於大多數人來說，這些本能太過微妙，甚至不知道該如何動用它們。這就是為什麼理性的頭腦會說：「先向我解釋，然後我會決定是否要照做。」

但靈魂對高尚聖潔的事物有所領會[2]，而這樣的領會非常清晰。當靈魂有所感知與認識的時候，會立即說：「把我算進去。」我不是在談論衝動或冒險的行為。在沒有事先諮詢靈魂時，我們會聽從身體的欲望或自我的野心，這時便會採取那些危險的動作。在這裡，我描述的是靈魂能夠感知什麼是適合你的神聖時刻，它不需要知道更多。

這就是以色列人在西奈山獲得的第二個啟示。這是一個自我啟示，是內在的妥拉（Torah）。上層世界的祕密就是那聲音早已深植在你的內心，它直覺地知道什麼是好的、什麼是真的，以及神對你的要求。

有許多養育書籍教你如何培養勇敢的孩子、成功的孩子，以及能夠自尊、自重的孩子。但我相信在內心深處，我們都想知道如何培養一個充滿靈性，發揮本性的善良孩子。而且你不需要讀一本育兒手冊，來教你靈魂原本就知道的事。

當我生下頭一胎的兒子艾迪時，為人母讓我感到困惑不已。我不知道要如何照料他、幫他洗澡、換尿布，或是摟住他，在他哭的時候讓他平靜下來。當醫院要我出院，把我和羅伯送走時，我心想，**他們瘋了嗎？這肯定會造成兒童傷害**。想到要把這個脆弱的新生命帶回家，我整個人嚇得不能動彈。

但是，過不了多久，我就成了照顧我兒子需求的專家，懂得他的聲音，還能安撫他。養育小孩確實可以是很可怕的，不過「母親的直覺」正是靈魂領悟力的另一種展現方式。若是允許它引導我們，我們就能培養出也認識自己靈魂的孩子。

要認識這個事實，只需要傾聽早就深植在你靈魂中的聲音，並跟隨其引導。觀看、信任並認識自己的靈魂，然後你就會明白要如何看待、信任和認識你孩子的靈魂。依照他們的本性來培養他們。若是你觀察你的孩子，真正去看到他們的靈魂，你的孩子也會學到這份想望，這份看到他人完整的全面性的想法，而這是善良的關鍵。

我的一位好朋友艾蓮娜．霍爾（Elaine Hall）收養一位來自俄羅斯的漂亮孩子，她給他取名尼爾。不久後，她發現尼爾有自閉症。

有醫生建議艾蓮娜把尼爾安置在機構裡，也有些朋友勸她把尼爾送回俄羅斯。但即使在前途茫茫，充滿各種艱難挑戰的時期，艾蓮娜仍然將尼爾看成是一種祝福。她不需要任何專家告訴她自己靈魂已經知道的事：她能夠也將會找到一種方法來挖掘尼爾靈魂的聲音。艾蓮娜讓認識靈魂的藝術，成為她一生的工作。她創立一個名為「奇蹟計畫」（The Miracle Project）的組織，在那裡她和她的同事利用音樂和戲劇來激發患有自閉症的年輕人的才能和熱情。「奇蹟計畫」的學員透過戲劇、音樂和藝術來學習表達自己的靈魂，並激勵眾人傾聽並接受他們，將他們視為給予這世界的神聖祝福。

幾年前，一位名叫戴安娜的年輕母親哭著打電話來找我。她的兒子查理患有腦癱並用輪椅行動。他九歲生日時，戴安娜在他吹蠟燭時問他：「親愛的，你的願望是什麼？」查理說：「我希望今年能走路。」

戴安娜哭著告訴我這個故事。她不知道該對她的兒子說什麼。我記得那時我問她：「查理有哪些天賦？」

戴安娜開始講。「他很聰明、很善良、很慷慨、很開心……」然後她停下來，以她靈魂也很確定地方式說道：「拉比，神沒有給我的孩子腿走路，但給了他翅膀飛翔，我的工作是教他找到他的翅膀。」

在你生命中的每一種情況，靈魂都能為你找到答案。身為父母，我們都有需要面臨的挑戰和恐懼，我們都會感到挫折。但是你靈魂的視野可以超越每一階段、每一次的反抗，甚至是每一次的危機，看到這裡所有的祝福，以及等在前方的祝福。

各位父母，我還有一個建議要給你們：祝福你的孩子。猶太人有一項傳統，父母在安息日開始的星期五晚上，會將手放在孩子的頭上，祝福他們。我從每個孩子出生的那天起，就一直這樣做。我的孩子現在都長大了，各自離家生活，但每個星期五我都會聽到他們的消息，就算是我的女兒在參加某個派對，或是我的兒子在酒吧裡也沒關係。我會接到電話說：「媽媽，我準備好接受我的祝福。」

祝福你的孩子並相信我，無論是此生還是來世，無論相距有多遠，你的雙手都會在他們的頭上，永遠地祝福他們。開始祝福你愛的人，這事永遠不會太晚。

在傳統的猶太安息日祝福中，我們會祈禱孩子長大後像我們優秀的先祖一樣，我們會誦念「祭司祝福」（Priestly Blessing）：「願神保佑你，保護你。願神的光照在你身上，使你充滿恩典。願神與你同在，並賜予你平安。」

是的，希望你的孩子能像先祖一樣是一件美事，但我認為祝福孩子發展其獨特的靈魂也很重要。

下面是一段我寫給為人父母者給孩子的祝福詞：

願隱藏在你內部的所有天賦，都能找到進入這個世界的方法。願你所有的善意都以你的行為表達出來。願你所有的學習都能帶來智慧。願你所有的努力都能帶來成功。願你心中所有的愛歸還給你。願神保佑你的身體健康、你的靈魂喜樂。願神晝夜看守你，保護你免受傷害。祝你所有的祈禱得到回應。阿門。

現在，我的讀者，這是我給你的祝福：

願你的靈魂教你如何飛翔，當你開始翱翔時，願神驚訝地發笑，並且問：「是誰教你上層世界的祕密？」阿門。

# 發掘你的神聖召喚

「……達到心靈平靜的一種可及的方式。」

——摘自愛因斯坦致拉比馬庫斯的信

當愛之力在你內部增長時，你可能開始聽到並且感受到有某種力量在拉扯你。也許是你受到召喚，而這樣的召喚並不限於你的職業生活。神聖的召喚一直在牽引你，你可以學習感受和回應。

這世界每天都需要你，每個時刻都在念著你的名字，要求你展現所有的天賦。那麼，你要如何發現你的召喚？當你比較想要忽略或是避開它時，要如何找到力量來回應這樣的召喚？你早已知道要如何讓你的身心和自我投入每天的工作。想像一下，要是你學會將靈魂投入工作，你的生活會有怎樣的改變。

我相信你內在的靈魂在懇求你清醒，去主張出生在這世間的你的真正生命。有一道先知的回音穿越時空而來，心中只惦念著你。

# 第二十七章
# 聽從靈魂的召喚

幾年前我去北卡羅萊納州演講，有位司機在飯店外等我，準備帶我去機場。我進到汽車後座時，他說：「妳是什麼時候接到電話的？」我以為他講的是租車公司的電話，但後來我才意識到他的意思是指召喚。

《聖經》描述的那些人與神的相遇場面會讓我背脊顫抖，這正是在大學時，當我感覺到父親的靈魂在身旁，以為自己要發瘋時，伯克博士告訴我的。他說：「奈歐米，妳繼承偉大先知的傳統，從亞伯拉罕、摩西、黛博拉到塞繆爾的傳統，他們都曾經為『存在』感動。」那時他向我保證：「相信我，妳沒有發瘋。妳是正在遇見妳的靈魂……還有妳父親的靈魂。」

要聽到召喚或了解上天對我們的要求並不那麼容易。在《聖經》中，年輕的塞繆爾聽到召喚他的聲音，但他認為這是他的導師以利在叫他。這位年輕的新手前去拜訪以利三次，才終於明白這個召喚並不是來自他的導師。

先知約拿遇到的則是另一種問題。他清楚地聽到這個召喚，但他非但沒有聽從這個召喚，還離它而去。有時你知道宇宙想要你做什麼，你理解你的天賦，但你壓制它。有些人遠離召喚，因為這需要付出巨大的努力。其他人遠離的原因是因為他們瞧不起這份天賦。靈魂想要帶領他們往一個方向去，但自我卻另有安排。

我們的女兒諾娃患有甲狀腺功能低下，需要經常抽血。神真的很保佑她，她竟然還長著最不合作的靜脈。護理人員告知我們，她有「滾動的靜脈」——這些靜脈彷彿有自己的意志，而且很容易受到驚嚇。護理師好不容易找到一條，一下就跑開了。每次抽血時，她手臂上都會留下許多刺傷，護理師還得換第二隻手臂，通常也不會成功。接著又要用加熱墊和更多的針，直到終於哄騙出血液。

去年我們又去抽血。這次來幫女兒抽血的，是一位四十好幾的非裔美國人，他的身高應該快兩百公分。他的手掌很大，我懷疑它們可能不夠精緻，難以探測到諾娃那些隱形靜脈。他看著諾娃的左臂，立刻否決了這隻手臂。他對諾娃說：「永遠不用伸出妳的左手來抽血。」然後他看了她的右臂，立即找到靜脈，抽血順利結束了。我說：「感謝神。」

他說：「是的，感謝神。」

語畢，他就不再說什麼，我不得不開口問：「當你說『感謝神』時，指的是什麼呢？」

他再度開口：「我年輕的時候拒絕它，不想承認神賜給我這份禮物。我還有更大的夢想，所以一直企圖遠離。但是神給了我這個禮物，我很擅長抽血。」他告訴我，多年來他認為自己有機會成為籃球明星，但從來沒有成功。我說：「你不知道自己多麼有才華。你有天賦，你在幫助別人。請自傲地使用它。」

著名的教育家帕克．帕爾默（Parker Palmer）曾經這樣教導過：「我們最強大的天賦，通常是那些我們幾乎沒有意識到自己所擁有的。」[1]

因此，我們常常渴望一些實際上與我們靈魂相對抗的東西。自我對我們自有一番計畫。帕爾默教導過：「志業」（vocation）[2]一詞源自拉丁文的「聲音」（voice）。他說志業並不意味著「我追求的目標」，而是「我所聽到的一種呼喚」。它並非來自意志，而是來自於傾聽。

我們的兒子艾迪上小學時開始在家裡亂跑，他會這樣跑上幾個小時。這是一種奇怪的行為。我的朋友建議我應試著分散他的注意力，打破這種習慣。我也有點擔心；他腦子裡在想什麼嗎？他覺得焦慮？煩亂？所以我乾脆問他：「艾迪，你跑步時都在想什麼？」

他說：「我在跟自己說故事。」

我說：「我也很想聽到他們的聲音。你願意把它們寫下來嗎？」

接下來我發現艾迪開始不斷的寫作。關於海盜、沉船和牛仔的故事，還有勇敢的英雄和卑鄙的惡棍。他很擅長說故事，也從未停止寫作或跑步。高中時，他成為越野隊的隊長。今天他住在紐約，是一位劇作家。

要找到自己的生活方式並不只是選擇一個方向，而是關於發現靈魂的聲音，這個早已印刻在你體內的召喚，然後找到勇氣面對你的恐懼，聽到你真實的聲音。

在《雅歌》中我最喜歡的一首詩是當情人喊著：「讓我聽聽你的聲音，因為你的聲音很甜美。」古代拉比堅持認為這聲音是神對我們每個人說的話語，「讓我聽聽你的聲音，因為你的聲音很甜美。」

找到你的聲音需要時間和勇氣。我們花很多時間在生活中試圖模仿別人或試圖實現他人對我們的期望，或者我們對自己的預期。

我們常常聽從自我的呼喚，而忽略靈魂的召喚。

我看到許多高中生，扭曲自己本性，硬是擠進知名大學，然後只是痛苦地待在那裡，因為那所學校不適合他們的靈魂。人會尋求令人印象深刻的職位，來滿足自身的虛榮心，但卻麻木了他們的靈魂。我們常常在人際關係中犯了同樣的錯誤，將外表或財富與愛情混為一談。

當你將自己與靈魂的召喚連繫起來時，會感覺好像生命出乎意料地落回原點，心中的恐懼開始消散，取而代之的是一種更強烈的目的感。

在讀拉比馬庫斯於二戰期間寫回家的信時，當中描述他所照料的士兵在歐洲過著人間地獄般的生活，我深刻感受到他與他的妻子費伊分享生活的一切：

我最親愛的，

在戰場上度過艱難的一天，回到基地……對我來說，最重要的是我能帶給戰場上的男孩們多少希望；讓他們明智思考我們正在努力追求的這個更美好的世界；在他們遭到敵人砍傷時安慰他們；在面對試煉和危險時，幫助他們找到內在的平靜。神奇的是，我親愛的，做這些事情讓我失去所有的恐懼。這工作十分振奮人心，為此我感到非常開心。

愛你，我的最愛，一如以往。[3]

——羅伯

做你注定要做的工作，即使過程痛苦，也會讓你感到高興和滿足。

你的靈魂正懇求你揭開你的召喚。傾聽，讓你的靈魂指引你找到真正的事業、真愛與真理。阿門。

第二十八章

# 明白自己就是合適人選[1]

對拉比馬庫斯與愛因斯坦的信件來往的查訪，引領我找到一位非凡的女士，她接到一份意想不到的召喚。

在拉比馬庫斯進入布亨瓦爾德，找到一千名奇蹟般倖存的猶太男孩的那一天，他向位於日內瓦猶太人的兒童救援組織（OSE）發送電報。

接到這封驚人消息電報的是，當時在日內瓦OSE工作的年輕女孩朱迪絲．菲斯特（Judith Feist）。朱迪絲那年才二十一歲，正在修習社工。當納粹占領法國時，她的父親遭到圍捕，並在奧斯維辛集中營遭到殺害。她的家人開始東藏西躲，一直生活在擔心被抓到的恐怖中。沒想到她與母親還有兩個年幼的弟弟，最後竟然成功偷偷越過邊境，進入瑞士的安全區。但即使重獲自由，朱迪絲的身心依舊難以平復，她飽受嚴重失眠的折磨，也幾乎沒有食欲。

就在這時，她收到這些奇蹟般倖存男孩的消息。她讀著他們的名字。

那時是一九四五年四月，大戰已經結束。不知何故，朱迪絲馬上就覺得與這些從未謀面的男孩之間有所連結，並開始計畫要去找他們。「我想這是因為我父親也被送到奧斯威辛集中營，所以我才感覺和這些男孩格外親近。」她這樣告訴我。

在朱迪絲想辦法要去見這批布亨瓦爾德男孩時，拉比馬庫斯正好搭火車護送其中的兩百四十五人前往法國，將他們安置在諾曼地一間叫做艾庫伊斯（Ecouis）的孤兒院。當這批男孩到達時，突然間一切都陷入混亂。

那裡的人原本期待的是一批彬彬有禮的可憐孩子，對一丁點善意都會感激莫名，但事實完全不如他們所想像的那樣。這批男孩充滿憤怒，他們懷疑每個人。見到醫師時更是嚇壞了，這讓他們想起奧斯威辛可怕的虐待狂醫師約瑟夫．門格勒（Josef Mengele）。這批男孩幾乎都不說話，他們充滿暴戾之氣，而且幾近偏執地竊取並囤積食物。

許多男孩甚至連自己的名字都不記得。若問孩子：「你叫什麼名字？」他們會回答在集中營的編號。男孩彼此看起來很像，都頂著一個光頭，長了一張瘦弱的臉，以及繞在冷漠眼睛外的黑眼圈。他們不知如何笑鬧或玩耍。

觀察這些男孩的專家宣布一項嚴重的診斷結果：他們遭到遺棄，身心嚴重受創，無法復原。[2]

一天下午，艾庫伊斯的顧問特地幫這批男孩帶來法式美食卡門貝爾起士，想要款待他們。沒想到布亨瓦爾德男孩一聞到起士特有的臭味，立即認為遭到下毒。他們馬上抓狂起來，向大人丟起士。日復一日，他們始終暴怒抓狂，也一直不守規矩。

然而，有一天變得很不一樣，而這一天永遠都銘刻在這批男孩的記憶中。那天，拉比馬庫斯回來探望他們。他們很高興見到他，他也很高興再次與他們團聚。他們跑向他，把他團團圍住。他們都坐在草地上，這群男孩期待拉比馬庫斯對他們說些話。

拉比馬庫斯想說話，他試著說話，但當他張開嘴時，整個人崩潰得哭起來了。這群孩子看著他，對於他的深情感到不知所措。他們看到這位救命恩人溫柔和脆弱的一面。他們很久沒見到大人哭，連他們自己的眼淚也早已枯竭。

突然間，他們心中那道防禦堡壘倒了下來，男孩開始對帶領他們走向自由的拉比哭泣。後來有位男孩這樣描述拉比馬庫斯的這次造訪：「他將靈魂還給我們，他重新喚醒我們埋葬在內心深處的感情。」[3]與拉比馬庫斯的重聚，打開一道難忘的回憶。這群完全將自己的過去封鎖起來的男孩，開始想起他們的父母和兄弟姊妹，並且首度分享自己的故事。

但是拉比馬庫斯一離開，這批男孩又回復到之前的狀態，延續他們無可救藥的行為。

幾週後，有一百位安置在艾庫伊斯孤兒院的男孩被轉送到法國的另一間名為昂布盧瓦（Ambloy）的孤兒院。昂布盧瓦孤兒院是專門收容那些希望過安息日，並保持猶太信仰的男孩。

在昂布盧瓦，男孩持續過著素行不良的生活，彼此毆打並且偷食物。每天晚上，匈牙利男孩和波蘭男孩都會在共用臥室裡打架。

當朱迪絲得知拉比馬庫斯電報中的一些布亨瓦爾德男孩，住在昂布盧瓦孤兒院時，她立即做了安排，打算過去那裡。她覺得受到召喚，必需去一趟。

一個星期四的下午，她到達昂布盧瓦，首次見到這批被認定是遭到遺棄的男孩。他們外表冷漠，對一切都無動於衷，幾乎無視她的存在。但是當安息日到來時，朱迪絲看著男孩唱著他們童年時學會的禱告詞，他們非常熱情地歌唱。朱迪絲立刻明白這些男孩的本性並不冷漠，也不是真正地無動於衷，他們的心只是因經歷那些難以形容的恐怖苦難和喪親所凍結。

朱迪絲到昂布盧瓦沒幾天，孤兒院的院長就決定辭職。他說他受夠這些男孩。他對他們感到頭痛不已，認為他們完全不尊重別人、難以駕馭，又會暴力相向。就跟其他評判他們的專家一樣，院長表示：「這些男孩天生就有精神病，本性就是冷漠。」[4] 他還推斷，正是因為他們冷酷無情的個性，才讓這些男孩能夠在有這麼多孩子死去的集中營中生存下來。

在沒有預備人選的情況下，OSE要求朱迪絲接手，負責整個孤兒院的營運。

就這樣，二十二歲的失眠難民朱迪絲成了昂布盧瓦孤兒院的院長，手中掌管一百名歷經奧斯維辛集中營、死亡遊行，和布亨瓦爾德倖存下來的男孩。這些男孩被迫離開母親充滿關愛的臂膀，親眼目睹父母、兄弟姊妹和朋友的死亡。這些男孩什麼都沒有，沒有家人、沒有家也沒有未來。專家表示無法挽救他們，他們身心受創到無法復原。他們的命運就此遭到封印，成了一百名沒救的反社會棄兒。

這位二十二歲的年輕女子要如何管理這批頑劣難搞的孩子呢？這項挑戰不可思議的艱鉅。朱迪絲沒有受過孤兒院院長的培訓，她不是心理學家。她有學過如何當社工，但還沒完成她的培訓；她甚至沒當過老師。

有時候生活會迫使你超越自己的極限。

我問朱迪絲：「當OSE要求妳接掌孤兒院時，妳嚇到了嗎？」

朱迪絲回答說：「我對自己非常肯定，絲毫不介意。」

「真的嗎？」我說：「妳一點都不擔心？」

朱迪絲告訴我：「我確信自己是合適的人選。我是這工作的最佳人選。」

我喜歡這個答案，它完美地捕捉到當我們允許靈魂完成其使命時，所展現出來的那份清晰的確定性，無須把情況弄得複雜，也不用想太多。

朱迪絲在和我談到她在昂布盧瓦的日子時，「確定」一詞反覆出現。這是一種了然於心的深刻認知，她知道自己正在執行天生的使命。

當她接手這一百位棄兒時，朱迪絲開始思考，**我有什麼辦法可以讓這些男孩恢復希望和笑容呢？**在幾乎沒受過任何訓練的情況下，朱迪絲就這樣成了猶太人的魔法保母。

朱迪絲知道，她的第一項挑戰是要贏得男孩們的信任。她的首要任務就是記住每個男孩的名字。她明白，讓男孩恢復自己身分的第一步就是叫出他們的名字。她說，她在打招呼時若是喊出男孩的名字，她會發現男孩的臉上浮現一絲微笑。她也開始努力學習意第緒語，因為當她用母語，也就是德語和男孩交談時，從來不會得到熱切回應，而且他們一句法語都不會說。

朱迪絲明白，她的工作是讓這群男孩開口談談他們的父母和兄弟姊妹。她說：「他們需要說話，我在那裡聽他們說。」朱迪絲的助手，是位名叫妮妮．沃爾夫（Niny Wolf）的年輕女子，她的年輕美貌可說是幫了朱迪絲一個大忙。許多男孩都愛上美麗又有同情心的妮妮。這也是他們那顆硬化的心開始軟化的徵兆；男孩對此完全無力招架。

接下來，朱迪絲決心處理男孩的食物問題，他們不斷地偷竊和囤積。[5]但誰能怪他們？長久以來，他們學會什麼叫做飢餓。朱迪絲相信，可依據她的直覺來解決這個問題。她告訴男孩，從現在開始，廚房將每天二十四小時開放，他們可以隨時進來吃，也可以隨意拿取食物。一夜之間，偷竊和囤積的行為就停了。不久，廚房便成了孤兒院的靈魂——是的，一個家也有靈魂。廚房成為男孩喜歡聚集的地方，特別是在妮妮身邊。

不過當時有一個男孩沒有和其他人一起在廚房待著。他自己坐在一個地方寫東西，寫在他的日記裡。他是反社會人格嗎？是封閉？還是說，這樣的書寫在某種程度上是開放的開始？

現在，既然她解決食物的盜竊問題，朱迪絲決定面臨另一個挑戰。她需要找到一種方法，阻止波蘭男孩和匈牙利男孩在房間裡打架。[6]這可不是件小事，男孩因為互毆而受傷。朱迪絲評估孤兒院的生活狀況後，找到一個巧妙而簡單的解決方案。之前的院長是根據年齡來幫男孩分房間，朱迪絲制定新規則。她告訴男孩，現在要按照他們的出生地來分。

這是一個天才之舉。

現在，這群男孩會和他們自己村莊和小鎮的其他男孩住在一起。會有八歲孩子和十六歲的孩子住在一起的情況，但因為同鄉的熟悉而讓他們感到舒服。年長的男孩會照看年幼的，而年幼的則會聽從年長的。他們自豪地在臥室門上寫下自己村莊的名字。打架和攻擊行為就此停止。

朱迪絲見證這樣一個微小的修改，就造成男孩的巨大轉變。

男孩的情況日漸好轉，但他們仍不時受到可怕記憶的困擾。他們之中有許多人，都還沒有準備好接受父母和兄弟姊妹永遠不會回到身邊的事實。他們只是等待，抱持著不可能的希望。然後贖罪日到了，接著是為往生者舉辦「伊茲科爾」（Yizkor），即猶太人紀念儀式的時刻。

男孩間爆發了爭執。朱迪絲無意間聽到他們的爭辯。有些男孩堅持不應為他們的父母和兄弟姊妹誦讀「卡迪什」（Kaddish），這是猶太教為亡者所念的哀悼祈禱文，因為他們可能沒有死。「為他們讀這樣的祈禱文實在太可怕、太可恥了」，「好像他們已經死了一樣。」[7]其他人則爭辯說：「但你自己一直在奧斯維辛集中營，你親眼看到毒氣室，看到那些煙霧和屍體。你目睹了發生在那些女人和小孩身上的事。為什麼要還要繼續幻想下去？我們必須為死者禱告。」[8]

最後，有一群男孩走出會堂，以示抗議。那些仍然堅持在那裡的孩子，他們頑強、冷漠的外表融化了。想像一下，六十個男孩為一切事物和每個人哀悼的畫面，包含母親、父親、兄弟姊妹、祖父母、阿姨、姑姑、叔叔、伯伯、堂表兄弟，乃至於整個村莊。他們以一個聲音開始：「Yisgadal, veyiskadash, shmey raba」。

在昂布盧瓦的這場伊茲科爾哀悼服事標誌著一項巨大變化，那些能夠誦念哀悼祈禱文的男孩的生活不再一樣。他們放下了，準備前進，面對新的一天。朱迪絲告訴我，她在誦念卡迪什哀悼祈禱文的男孩臉上發現明顯變化。「他們能夠認清他們喪親的事實，」她告訴我：「他們看起來不一樣，不再那麼絕望。他們能夠說再見。」

不久，朱迪絲和這批男孩從昂布盧瓦搬到法國另一個小鎮塔維尼（Taverny）的一家新孤兒院，很快就在那裡定居下來。朱迪絲堅持要求男孩做家事，他們都很不情願，不過在準備安息日時都熱情投入，因為這讓他們想起童年的家園。當中有位名叫曼納許的男孩，特別期待和一些年長的男孩一起領導這項服事。

每隔一段時間，就會有走失和飢餓的新孤兒前來敲門，問他是否能和他們住在一起。朱迪絲不會自己做決定，而是轉向她的男孩們，問：「要是你的父母會怎麼做？他們會歡迎這個男孩嗎？」[9] 她讓他們當家作主，邀請新男孩留下來。

朱迪絲這是在做什麼？她正在為那些被剝奪所有控制權和自由的孩子，恢復一種掌控的感覺。他們現在可以做決定，同時也提醒他們過去擁有的親愛家園。提醒他們都曾被愛過，永遠都會被愛。他們會再次愛人。

到這個時候，男孩的頭髮變長了，臉也變得飽滿，這又給了朱迪絲另一個靈感。她帶著男孩坐火車去攝影師那裡，讓他們拍照。這些男孩曾經完全失去對自己的身分認同，集中營裡沒有鏡子。這些男孩全都被自己的臉迷住了，他們不停地看著這些照片中的自己。朱迪絲告訴我：「我認為他們看到自己還活著。」

很快地，笑容與笑聲浮現了。

有一天，朱迪絲為這些男孩買票，前往巴黎歌劇院看《魔笛》。她拿到前排陽台座位。朱迪絲告訴我：「那是一個充滿感情的夜晚。」在坐火車回家的路上，她很高興看到男孩臉上夢幻般的表情。她正在為他們硬化的心靈注入新生命，這些心日復一日的軟化了。

朱迪絲成功了，她所成就的完全超越她的想像。她把這群無可救藥的男孩變成家人，把孤兒院轉型成一個大家庭。她真的把他們的靈魂還給他們。但不久後，就到了男孩一個接一個離開的時候。有些親戚得知他們活下來，便陸續前來接走。很快地，這群男孩分別前往南美洲、澳洲、加拿大、以色列和美國。朱迪絲告訴我：「每次有男孩離開時，其他留下的人就很難過。」當然，朱迪絲知道離開的人更難過。

這些男孩要如何進入新的家庭、學校和社會？那裡的人永遠無法理解他們所遭受的恐怖經歷和失去。

早期幾封來自海外的信件讀來令人心碎。一個男孩從玻利維亞寫信給她：「我的兩個兄弟待我很好，但他們不理解我……我的兄弟會給大家看紋在手臂上的營號。我是一個奇怪的生物，是一座會走動的博物館……我要去找工作，努力存錢，然後回到塔維尼。快點寫信給我，告訴我，我的位置沒有被占走，而且會永遠保留給我。」10

朱迪絲得強忍著不回應這些早期的信件。她知道她需要給男孩一點調適的時間。他們一個接一個地離開，直到一九四七年，在她兩年的全心奉獻後，所有人都離開了。

朱迪絲才二十三歲，就失去了她打造的這個了不起的家園，但她也非常自豪。她可能再也見不到她的男孩，但她知道自己做好她的工作，感到很欣慰；她把他們送走時，他們的心中都帶有希望。

朱迪絲告訴我：「幫助這群男孩就是幫助我自己。我那時對自己感到非常、非常肯定。那全是因為他們。我感覺非常、非常強大。對於能夠幫助他們，我真的心懷感激。」

在前方等待她的生活非常美好：愛情、婚姻、三個好孩子、十七個孫子、六十四個曾孫！最後，她還取得社工的碩士與博士學位。

她的那群棄兒又變得如何？那些被認定是無可救藥的精神病？他們也活得很精彩，成為受人尊敬的商人、會計師、藝術家、外科醫生、電機工程師。喜歡進行帶領服事的男孩曼納許．克蘭（Rabbi Menashe Klein）則成為一名拉比和學者，他在布魯克林的哈西德王朝（Hasidic dynasty）會所擔任拉比領導，是個相當受人敬重的職位。他先後出版二十五本評論集，並成為塔木德學院（Talmudic academy）的院長。

納夫塔利．勞拉維（Naphtali Lau-Lavie）成為以色列報紙《國土報》（*Ha'aretz*）的記者，然後又成為前任以色列國防部長摩西．戴陽（Moshe Dayan）的得力助手、擔任以色列國防部的發言人，最後又升任以色列駐紐約的總領事。他的弟弟呂勒克，則成為以色列阿什肯納茲大拉比（Rabbi Yisrael Meir Lau）。卡爾曼・卡里克斯坦（Kalman Kalikstein）成為世界知名的核子物理學家，和紐約大學教授。

至於那位老是在寫日記的男孩呢？他的名字叫艾利・魏瑟爾。他在昂布盧瓦的孤兒院時，在朱迪絲的照顧下，寫出《夜》的初稿。

＊

二十年後，朱迪絲又再度見到她的那批昂布盧瓦男孩，她受邀參加在紐約舉行的紀念布亨瓦爾德解放二十週年的慶祝活動。邀請函來自她的布亨瓦爾德男孩。她告訴我：「他們籌組了這次活動，還出錢幫我付了前往紐約的旅費。」

在飛往紐約的航班上，朱迪絲不停地看著一張在昂布盧瓦拍攝的男孩們的照片。二十年是很長的一段時間，她還認得出他們的臉嗎？

他們在機場捧著一束鮮花迎接她。朱迪絲告訴我：「碰面時大家的情緒非常激動。」你能想像那次重聚的畫面嗎？許多參加此次活動的男孩，在這二十年間都沒有碰面。他們當中大多數都結婚了，帶著孩子一起來。他們互相打招呼，彷彿時間根本沒有過去。他們記得所有昔日的綽號，互相開玩笑。他們仍稱一個男孩「紅髮」，儘管他的頭早就全禿了。

接著是晚宴時間。曼納許現在是個長著灰鬍子的拉比，他起身帶領男孩為新的開始祝福：「讚美主！主啊！我們的神！宇宙的統治者，給了我們生命，維持我們的生活，使我們能夠達到這個歡樂的時刻。」

然後曼納許說：「今晚的聚會是昂布盧瓦那場哀悼服事的延續，那天有些人拒絕參加誦念哀悼文的服事，因為仍抱有見到親人的希望。今天，我們知道我們的父母和親人永遠不會回來……讓我們站起來緬懷他們，讓我們誦念卡迪什哀悼文。」[12]

這批布亨瓦爾德男孩淚流滿面地開始誦念：「Yisgadal, veyiskadash, shmey raba」。在緬懷逝者後，是時候來表揚這個付出許多努力，讓他們重獲新生的女人。我問朱迪絲：「他們說了什麼？」她謙卑地告訴我：「他們感謝我。」然後她重複道：「這次碰面真的讓人情緒非常激動。」

*

朱迪絲寫一本名為《布亨瓦爾德的孩子》（*The Children of Buchenwald*）的書，講述她與這群被遺棄的男孩的經歷。書的前言是其中一封寫給朱迪絲的動人信件：

親愛的朱迪絲，

……朱迪絲，妳知道我們很同情妳嗎？我們為妳感到難過……妳以為妳可以教育我們……但我們只是打趣的觀察妳，絲毫不信任……

朱迪絲，妳是怎麼成功馴服我們的……要教化一群像我們這樣桀驁不馴的怪異孩子可不容易。妳也沒有任何指導手冊可參考。

我們不期待妳的幫助、妳的理解……事實上，所有的孩子大可選擇暴力或是擁抱虛無主義，但妳成功地引導我們走向信心與和解。妳支持並鼓勵我們，選擇自己感興趣的未來和社群。

朱迪絲，妳知道妳對我們的存在有多大的意義嗎？

——艾利．魏瑟爾



我問朱迪絲：「妳當時有沒有看出艾利．魏瑟爾會成為我們世界良心之聲的跡象？」她笑道：「我沒想到他會這麼傑出。」

*

朱迪絲最近慶祝她的九十三歲大壽。兩年前的夏天，我去耶路撒冷拜訪她，她與丈夫克勞德一起住在養老院。我原本預期會見到一位老太太，但朱迪絲是一個充滿活力和能量的強者。她非常輕鬆地看待自己的成就。

當我們坐在一起時，我問朱迪絲想不想讓我讀愛因斯坦寫給拉比馬庫斯的那封信，就是那封帶領我找到她的信。「請讀給我聽，」她說。然後我讀了。

朱迪絲要我讀這封信三次。她似乎進入深深的思考。最後她說：「是的，沒錯！這是一種安慰……是的，這是內心的平靜。」

她對我說：「親愛的，我喜歡和妳說話，但妳知道，我等一下有鋼琴課。」接下來，我就看到朱迪絲坐在鋼琴老師旁邊，複習一首她想要練得更完美的古典樂曲……

*

我從朱迪絲那裡學到很多。是她讓我明白，當你依循靈魂的召喚時，會出現怎樣的事。當你知道自己是「合適人選」時，就會滿具信心。

我們都有被生活傷害過的經驗。在我們內心有一種聲音，當痛苦的回憶湧現時，寧願奪門而出，就像是那些還沒準備好誦讀卡迪什哀悼祈禱文的布亨瓦爾德男孩一樣。這是一個寧願忽視並否認我們痛苦的聲音，但正如朱迪絲告訴我的，在我們的過去，在某個地方，有人曾祝福我們。那些祝福，永遠不會消逝。時間沒有能力摧毀它們。

二十年的間隔可以瞬間消失。突然間，你再次回想起一隻撫摸著你的頭的手，母親廚房的氣味、笑聲、微笑、愛與教導。這些祝福會持續祝福我們。甜蜜的回憶將永遠陪伴我們，進入每一個甜蜜的新日子。

我們收到的那些祝福，會給我們力量，以及祝福和治療他人的渴望。

願你能看到你是這份工作的合適人選。願你有機會說出「確定」一詞，在你堅強的信念中堅持立場。願你充滿恢復別人靈魂的渴望。也願你在拯救他人時，明白你也在拯救自己的靈魂。阿門。

# 第二十九章
# 感受靈魂的拉扯

每年八月底，洛杉磯的拉比會齊聚一堂，參加至聖日講道的研討會。會議室裡散發著焦慮感，而且具有感染性。

主題演講結束後，還有分組會議。同時會就好幾種議題討論。有一年，我實在是難以選擇要參加哪場會議。我心想，要是**我選的這個課程很無聊怎麼辦？要是大廳那邊的人會提出各種很棒的想法豈不很可惜？**我最終還是選了要參加的講座，但卻無法認真聆聽，因為我一直覺得牆另一邊的討論更精彩。

那天結束後，我覺得需要一顆鎮定劑。當我開車回家時，一位拉比朋友打電話來問我：「怎麼樣？妳有得到一些布道的想法嗎？」

「沒有，」我說：「上課時我一直在想我選錯了地方。我參加的是第三場次，但我可以聽到第四場次那邊笑聲不斷。很希望知道第四場那邊的情況。」

我的朋友對我說：「第四場？我就是參加那場。相信我，第四場什麼重要的事都沒有，除了一大堆談話！」他停頓了一下，然後說道：「所以妳聽了一整天，完全沒有得到任何講道的想法？」

這時我有了想法。錯誤的房間、錯誤的課程、錯誤的地方。在生活中，我們有很大一部分的時間都為一種心頭犯嘀咕的感覺所消耗，老是覺得自己沒有在正確的地方。無論我們在哪裡，我們都會錯過什麼。我們不斷被拉扯，往上千個方向，這正在撕裂我們。因而對於我們真正需要感受的那股拉力感到麻木，對我們自己靈魂的拉扯無動於衷。

有太多的力量在拉動我們。

有多少職業爸爸媽媽和我一樣會陷入下面這種沮喪？「當我在家時，我覺得我應該去工作。當我工作時，又覺得應該在家裡。」最後，既不能享受工作，也無法好好享受在家裡的時光。

《聖經》中，該隱殺死他的兄弟亞伯，他的懲罰不是死刑。他的懲罰是：「你將在地球上逃亡和流浪。」他的懲罰是不安，是無法找到一個家。也許這是一種比死亡更糟糕的懲罰。唉！我們都是該隱的後代。我們當中有多少人能夠達到身心安頓的狀態？

有位拉比對《傳道書》的內容這樣做評：「沒有人在離開這世界時能滿足所有的願望，甚至連一半都不到。」我們什麼都想要的問題並不新鮮，它與人性一樣古老。

首先，這牽涉到一絲嫉妒：**我想要她擁有的東西**。**我想要過他的生活**。**那間房子**、**那輛車**、**那份工作**、**那個伴侶**、**那具身體**、**那場假期**、**那個孩子**。

但問題不僅在於嫉妒而已，我們的不安來自於選擇的悖論。一方面想要有選擇的自由，但另一方面卻不想真正做出選擇，因而失去選擇的自由。

我最近讀了羅伊．鮑梅斯特（Roy Baumeister）所寫的《增強你的意志力》（*Willpower*）這本書，在當中我讀到一件有趣的事，「決定」（decide）這個英文單字與「殺人」（homicide）有著相同的字根（-cide）。[1]「決定」這個英文單字，意味著我們必須殺掉所有其他可能的選擇。但我們強烈希望保持所有替代方案的存在，永遠都能改變選項。

在我們內心深處，我們知道不可能全都兼顧。

我們這個時代面臨的挑戰是，科技帶給我們錯誤的希望，讓我們相信可以同時身處兩地，可以不再需要選擇。這是一種狂妄自大，相信我們的多工處理模式不會影響到一切，沒有人會因此而受苦。

但我們的思想在受苦，我們的創造力在受苦，我們的關係在受苦，我們的工作受苦，身體受苦，情感受苦，損及我們的開車技術，我們的性生活。我們的靈魂在受苦。

不久前，我接到一位拉比的電話，他那正值青春期的兒子不再和他說話了。朋友向我承認，他是位疏離的父親，經常找不到人。

他開始啜泣起來，說道：「我現在明白了。我是那個在視線中憑空消失的人，現在我想要接近他，但他看都不看我一眼。」他繼續說道：「奈歐米，我還記得他會拉我，我還感覺得到，我的小男孩，他會說：『爸爸，快來看看！』『現在不行，』我會這樣說。或是說『不要這樣』。現在我失去和他的連繫。」

是誰在拉你？你又忽視了什麼？我相信，我們的靈魂總是以孩子拉父母的方式在拉扯我們。

在你的生命中，你的靈魂一直在拉著你：「看！」靈魂一直試圖向你展示美麗的東西：「拜託，你能停下來看看嗎？」「你可以多花點時間和這人在一起嗎？」「你能研習一下那種智慧嗎？」「你能放慢速度嗎？」但你的自我總是另有盤算，你的身體有更好的事情要做。你的思緒膠著，心煩意亂。

帕爾默曾寫道：只有在安靜的時刻，靈魂才會對我們說話。他說，與靈魂相遇就像在樹林裡遇到一隻鹿。[2] 我們都去過那裡，靜靜地看著這樣一個令人驚嘆的生物。

想像一下，身處在河邊的樹林裡。在黃昏時分，四周放眼所及都是樹木。然後你發現牠，一隻母鹿。

你放慢一切。不論再怎麼樣輕微的聲響也會嚇跑牠。你耐住性子，你凝視著牠的眼睛，靠得更近一點，像嬰孩般前進。你停下來，看著牠。

然後，你會對這次寶貴的相遇充滿感激之情。

這就是要遇見你的靈魂所需要採取的步驟。它有話要跟你說，有東西要給你。但是，如果我們不斷地嚇跑它，怎麼可能與我們自己、他人，或是神聖的靈魂真正相遇呢？

只要我們能看到自己所缺少的，只要我們能看到所有失落的時刻。我曾經讀到一篇拉比的文章，向我們大聲疾呼：「是的，你可以為你犯下的罪感到後悔，但是當你的一生就這樣過去，而你始終昏睡，悔改就無法幫助你。你甚至看不出需要改變的地方。」《聖經》中，神準備讓摩西前往西奈山，接受啟示。神說：「爬上山，朝著我走，然後待在那裡。」「爬山」這點我們可以理解，但為什麼神還要補充「然後待在那裡」？摩西還能到哪裡去？若是摩西已經爬上山頂，為什麼神要說：「然後待在那裡」？

這裡是我對這節經文最喜歡的解釋：神之所以加上「然後待在那裡」，是因為即使站在西奈山頂上，到了神的面前，你的思緒想法可能還留在下方的人世間。

這麼說來，若是連獨自站在山頂，站在神面前的摩西都得努力專注於眼前，不要隨意分心，那麼處於不斷拉扯的我們，又是要如何心無旁騖地面對神聖的存在呢？

不只是靈魂在拉扯著我們。神也在拉扯著。哈西德派的創始人托夫曾這樣教導：神永遠不會停止呼喚我們。每天，神的聲音都從永恆之地迴響而來。在時間中泛起漣漪，拉扯著我們：「回來，我的孩子們。」但悲慘的是，我們對此聽不到。

我們的耳朵聽不到這呼喚聲，但我們的靈魂可以，而這呼喚會回以一點點的拉力。每天，不論我們身在何處，神都會輕輕地拉我們一把，低語道：「回來吧。」[3]

「我睡著了，但是我的心很清醒，我心愛的人的聲音正敲響我的心門。」我非常喜歡《雅歌》中的這段經文，我丈夫和我甚至決定將它刻在我們的結婚戒指內。

我睡著了，但我的一小部分仍醒著，可以聽到敲門聲。愛正在敲門。靈魂正在敲門。神正在敲門。

神的拉力可不僅是日常生活中讓人分心的事。這不是一條推文，這是一條生命繩索，一道呼喚你的聲音，**堅持下去，我會將你抬起，堅持下去，我會讓你看到何以這個世界比天堂更美麗**。

這拉扯是什麼？這不是列在你「待辦事項」清單上的一個項目，這不是應該要做的事，這是我**天生**就要做的。我們常常聽到「我需要什麼？」的聲音，但這份拉力不是來自於「我需要什麼？」而是「哪裡需要我？」

我們要如何回應這些拉力？就像那些珍貴的恩典時刻一樣，大多數時間我們聽到時，就讓它們像白日夢一樣過去。或者我們會說：「不是現在。」我們說：「我沒辦法。」「我不夠強壯，我沒有足夠的天賦，我不夠好。」「我還不夠。」

那你我拉扯別人的方式又是如何呢？你想要吸引別人的注意，但卻沒有辦法真正達成。想要被理解、被愛。你想要受到讚賞，想要長存於他人記憶。你想變得舉足輕重，想要在這個破碎而美麗的世界中發揮一點作用。

也許你已經忘了要如何拉扯。也許你怕得不敢做出要求。也許你記得過去曾做過這樣的拉扯，但卻遭到回絕。也許你害怕被拒絕。也許你害怕想要。也許你只是不知道該說些什麼。

我們其實也在拉扯神，這不就是禱告嗎？

在猶太人大屠殺中喪身的波蘭皮亞塞奇諾（Piaseczno）大拉比卡洛尼莫斯．夏皮拉

（Rabbi Kalonymus Kalman Shapira）留給世人一段關於禱告的的描述，讀來令人驚嘆：

> 有時你會覺得不需要說出禱告的話語，也不覺得有必要向神請求什麼，但你還是會覺得有種難以言喻的感覺，有點像是把自己拋向神討愛，就像一個甜蜜的孩子纏著父親，他不想要任何東西，只是兀自地喊道：「爸爸、爸爸。」當他的父親問他：「你想要什麼，我的孩子？」他則答道：「沒什麼。」但他會繼續喊著：「爸爸、爸爸」……你有時也會有這樣的感覺……這樣的渴望，無須贅詞多言，沒有向神做出任何要求。這只是你靈魂未說出口的頌歌：「宇宙之主、宇宙之主」。[4]

靈魂禱告著：**神，我只需要知道祢在那裡**。這樣就足夠了。毋需言語，只是一種呼喚，一種被聽到的渴望。

我們遭受的一切不安——「我想要這個，我希望我在那裡」，這只是自我在壞事，混淆我們的心靈。我們之所以錯過真正重要的發生，是因為我們太關注那些不真實的東西。

拉扯不僅是你對別人做出的承諾，也是對自己的承諾。靈魂的拉扯**是**你的承諾。

幾個星期前，一個正經歷生命中艱難時期的男人問我：「拉比，妳相信有守護天使嗎？」

我想了一會兒。我不想破壞他的希望，但我也想說實話。我說：「我不相信這世界有能擊退所有危險的保護罩，但我確實相信有鼓舞人心的啦啦隊存在。」

在一篇著名的拉比評論提到：「每一片草葉都有一位在其上方盤旋的天使，對著它低語：『長大吧！長大吧！』」

將這份拉扯想像成你內心深處的靈魂對你的低語：「長大吧！長大吧！」

所以，下次感覺到這股拉力時，不要讓它從你身邊溜走。問問自己，**那是什麼**？去碰觸它，讓它進來。當我們學會如何處理恩典時刻，就能抓住它，就像抓住愛人的方式一樣。專注誦念《雅歌》中的詩句：「我緊緊抱住他，不讓他走。」

為了美好生命，掌握住那些神聖的拉扯。願它們會帶領你走向受到祝福的道路。阿門。

第三十章

# 把弱點轉化成強項

在執行一項任務時，要如何依循你的靈魂？頭腦會理性地告訴你：**發揮你的強項**。你的天賦和你的熱情，也會跟你說同樣的事。但你的靈魂會低語：**也想想你的弱點吧！**你的弱點可能是你這輩子工作的關鍵。

艾倫．拉賓諾維茨（Alan Rabinowitz）博士是全世界備受尊敬的一位動物學家，他千里跋涉，進入地球上最後的荒野，努力保存瀕臨絕種動物的家園。艾倫是「獵豹」（Panthera）這個致力於拯救野外貓科動物，非營利組織的聯合創始人兼執行長。《時代》雜誌稱他是「野生動物保育界的印第安納瓊斯」。[1]

我是在開車時，第一次認識艾倫這個人，他在廣播電台講自己的故事，我整個人被迷住了。我想和他說話，因為我知道他能夠與我分享重要的靈魂課程。

訪談當天，我們都覺得很不自在。艾倫習慣接受國家地理頻道的採訪，為什麼他會在這裡和一位拉比說話呢？

我可以從他嘎然而止的語氣中感覺到，艾倫認為這將是一場非常短暫的談話。但在兩天的訪談中，他和我談了好幾個小時。他告訴我，我們的訪談是他給過最長的一次採訪。事實證明，動物學家也可以教拉比很多靈性智慧。

在這裡我想分享艾倫所教給我的。

我問艾倫：「一個一九五〇年代出生在布魯克林的猶太小孩是怎麼走上這條路，將一生投注在偏遠叢林中，與瀕危的老虎、豹和美洲豹打交道？」

艾倫說：「拉比，小時候我有很嚴重的口吃問題。」他解釋，當時的人不知道如何處理口吃的人。「紐約市的公立學校將我分在特殊班，免得壞了『正常的』學校系統。」艾倫說他的口吃非常嚴重，最後索性不與人交談。

在聽艾倫講話時，我的腦中浮現一個充滿活力但遭到誤解的孩子。

艾倫也提到他的父母，以及他們幫助他的種種嘗試。他說：「我父母試著打好這場仗，但他們只是心思簡單的中產階級猶太人，他們不知道該怎麼辦。」儘管如此，他們還是盡力而為。他說：「他們試著讓我接受心理治療、催眠治療、藥物治療、心理諮詢。有一次甚至讓我嘗試休克療法，認為這可能讓我恢復正常。」但全都沒有效果。

艾倫形容自己是一個充滿憤怒、飽受傷害的孩子，他整天都靜默地待在學校，沒有可以一起玩耍或交談的朋友。

我問艾倫：「沒有人了解你嗎？」

艾倫笑著說：「唯一能讓我表達自己感情的生物就只有我的寵物。」特別的是，艾倫說他跟動物講話時，完全不會口吃，能夠流利地說出完整的句子。就跟超人一樣，艾倫過著雙重生活。白天他是個怪胎，遭到排斥。然後，就像克拉克・肯特（Clark Kent）在電話亭內變身一樣，艾倫會在晚上溜進他臥室的衣櫃裡，展現真實身分。

「在學校我被認為是最怪異的嚴重遲緩兒，但回到家裡我會進入陰暗的小衣櫃，和綠蠵龜、變色龍、倉鼠與蛇——典型的紐約寵物——在一起，和牠們說話。」

艾倫認為動物了解他，他也對牠們抱持深切的同理心。艾倫說：「我意識到牠們也沒有發言權。動物有感情和思想，然而人類對待牠們的方式如同草木。所以有一天我發誓，要是將來我能夠發言，並且學會控制我的口吃，我會把它用在動物身上。」

艾倫的父親試圖幫他解決憤怒問題，會帶他去他最喜歡的地方：布朗克斯動物園（Bronx Zoo）裡那間舊的大貓屋。

我小時候也去過那間貓屋。對我而言，那不是個讓人開心的地方，散發著一股窒息的惡臭。所以我問艾倫：「為什麼你會那麼喜歡大貓屋？」

他說：「在這間荒蕪、醜陋的混凝土牢房中，只有一隻又一隻的大貓。有獅子和老虎，還有一隻美洲豹。老貓屋不只會散發出能量和力量，還有一股封鎖起來的力量，這才是真正吸引我的地方。這股能量不斷乞求，將它釋放出來，但只是困在那裡，遭到俘虜。」

我問道：「口吃男孩會和這產生什麼連結嗎？」

艾倫說：「我只是能夠直接感受到那股能量，因為這與我內心感受到的能量相同，只是我的能量是封鎖在自己的腦中，無法出去。」他繼續說：「我會走到其中一隻大貓旁，靠在欄杆上，盡可能靠近籠子，然後對牠說話，就像跟我家裡衣櫃中的動物說話一樣。我會談談我的感受，以及我是如何得知牠們的感受。」

在他要離開大貓屋時，艾倫會低聲重複：「我會為我們找個地方。我要為我們找個地方。」艾倫對我說：「我不認為小時候的我，真的明白這話的意思。那時我完全沒料到有一天我會成為野生動物學家，在野外拯救像牠們一樣的大型貓科動物。我只知道牠們就像我一樣，我就是想要為我們找個地方。」

最後，艾倫去了紐約州北部的一家診所，接受強化治療，學會如何控制他講話的方式。艾倫十九歲時終於學會說話。諷刺的是，一旦艾倫開始說話，他就意識到他並不真的想跟世人待在一起。他告訴我：「能夠加入正常社會讓我很興奮，但我對多半的人所說的話都不感興趣。」他的動物工作是一種很棒的逃脫方式。他從事動物學和野生動物保護方面的研究。

不久，艾倫就從那個只願意在壁櫥裡跟寵物說話的口吃孤僻男孩，轉變成野生動物保育界的要角。他決心要實現小時候對動物的兩項承諾：「如果我找到我的聲音，我會成為你的聲音」，以及「我會為我們找到一個地方」。

艾倫實現他的承諾。他在中美洲的貝里斯建立世界上第一個美洲豹保護區，又成功的在緬甸協助籌設世界上最大的老虎保留區。艾倫告訴我，他最大的成就是設置美洲豹廊道

（Jaguar Corridor），這是一片巨大的棲地，美洲豹在當中可以自由移動，從墨西哥一直延伸到阿根廷。

我問艾倫：「你可曾將你拯救動物的工作，當成是神的召喚？」

艾倫笑了。他說多年來他一直很氣神。「這麼多年我飽受口吃的折磨，腦子裡想著，**為什麼是我？為什麼上帝會折磨一個孩子？**」

但艾倫告訴我，多年來在最原始的叢林中生活，讓他找到回歸神的路。我請他談一下對神的經驗。他笑著說：「拉比，我知道我若提起這件事，妳一定會要求我說。」

他說：「對我而言，神是一種存在，一種無所不包的能量。我對科學的理解越多，對這個令人難以置信的世界的認識越多，就越覺得自己的無知……那裡有一個我們永遠無法掌握的領域。」

我告訴艾倫，他的故事讓我深受感動，因為這讓我想起很久以前學到的神祕學。當中提到，要是你不明白神為什麼把你放在這裡，一個尋找答案的地方就是你認為挑戰最大的地方，即你生命中遭遇最多阻礙的地方。[2]

然後我問他：「艾倫，現在你回頭看那個受折磨的孩子，你會將你的口吃看成是你受到召喚的關鍵嗎？」

艾倫精神為之一振，他說：「拉比，我不希望口吃出現在任何人身上。但我真的相信這是上天給我的禮物，讓我能夠成為今天的我。要是沒有歷經像口吃那樣刺痛人心的過程，我是絕不會完成這項耗費精力的工作。」

我開始和艾倫談起摩西，他是猶太人中最著名的口吃。我問他，是否曾想過他和摩西之間明顯的相似點。我說：「摩西小時候無法說話，但這位飽受驚嚇的口吃者，最終成為最偉大的先知和演說家。我覺得你和摩西之間有很多相似處。他帶給猶太人自由，你則是解放美洲豹。」

艾倫很震驚。他說：「口吃成為偉大的演說家，在我看來並不奇怪。」

那天我們的對談在這裡結束。第二天我們繼續昨日的討論時，艾倫告訴我，他整晚都在思考我們的談話。他說：「拉比，當我告訴我太太，你把我與摩西相比，她聽了很開心。」

我說：「這是一個很好的比較。」

「實際上，妳讓我想到很多。想到一些通常不會思考的事。像是在我的目標之上是否還有一更高層的目的。」他說，一直以來他都認為他的生命有個使命，但他從來沒有想過這是一項神聖的使命。

我笑著說：「當你跟我說話時，我滿腦子都是這樣想。」

艾倫把他的口吃描述為一種非凡的禮物，這也教會他如何看人。

我問他：「你在人身上看到什麼？」

「當人不說話時，我還是能聽得很清楚，」他說：「我總是在聽言外之意、弦外之音。我是透過他們的停頓與沉默來解讀。」

我對艾倫的話和他的安靜感到震驚。

艾倫補充道：「一般人都認為我猛盯著他們看。我是在嘗試看他們，言語幾乎與我無關。」

我告訴艾倫：「你所描述的，在我聽起來像是靈魂。」

艾倫說：「拉比，語言是你正在使用的一個有限盒子。當你說話時，它並非來自你最深層的自我。你怎麼能用有限的話語來包裹無限的情感呢？」

艾倫告訴我：「你不需要言語，就能接觸到另一個人的靈魂。」

*

追隨靈魂就像追蹤一隻瀕臨絕種的大型生物，很容易就錯過靈魂的無聲吶喊，很容易就忽略它的拉扯和召喚。靈魂在這裡是要引導你，但你永遠不知道是在何時何處才需要你。你靈魂的使命，可能會帶你走向遠離你所期望的去處。如果你在尋找方向時遇到困難，也許就跟艾倫一樣，你必須去你不想去的地方尋找，去最讓你痛苦的地方。

我們的弱點和挑戰可能會損害我們，但如果我們任由它作用在我們傷上，也許它們就能夠塑造我們。我並不希望任何人受苦，但我知道是我的痛苦召喚我，並激勵我安慰他人。為此，我心懷感激。

艾倫告訴我，他過去經常問：「為什麼是我？」但現在他會問：「為什麼不是我？」他說：「挑戰是什麼？這意味著，要是我做得好的話，這就是一件好事。」

也許你未來的關鍵，就隱藏在你正努力解決的挑戰中。

你最大的挑戰是什麼？我們都會陷入困境。你的障礙可能是認識你靈魂使命的關鍵。生命並不公平，生氣是很自然的。我們會很自然地說：「為什麼是我？」這很自然，但我們生在這裡不是順其自然而已，為什麼要對自己抱持這麼低的期待？

在你內部，還存在著你還不懂要如何利用的力量。你的生命有一個目的，一個更高層的目的。把你的恥辱變成驕傲，你可以做到這一點。你可以振作起來。當你抬起自己時，也會提升他人。

> 願你在有生之年把你的詛咒變成祝福，把你的恐懼變成力量。你最大的障礙就是進入最佳契機的入口。阿門。

# 第三十一章
# 讓你的靈魂作用

手機在午夜過後響起，那時我已經快睡著了。在意識還不清楚之際，我聽到一個顫抖的男人聲音：「拉比，凱特試圖自殺。」這是凱特的父親克雷格打來的。他開始啜泣。

凱特是一位雙眼炯炯有神的十二歲女孩，正在和我一起為她的成年禮學習。她喜歡向我提出各種問題，展現她對批評神毫不畏懼。我告訴她，我很歡迎她的問題，並提醒她，以色列這個字的意思是「與神搏鬥的人」。我換上衣服跑到醫院。

凱特被鎖在一間精神科病房。我在走廊遇見她的父母。他們看起來嚇壞了，非常憔悴。她的媽媽蘿倫一直嘟噥碎念著：「為什麼？為什麼？」

我問是否可以單獨與凱特交談。他們都渴望我進去和她說話。在凱特的門口，站著一名穿著警衛制服的高壯男子。他和我一起進入她的病房。他很嚴厲地對凱特說話，好像她是個罪犯。他說：「現在妳不要在這裡做傻事。我是妳的守衛，這個房間裡也沒有妳可以用來傷害自己的東西。所以，請安心待下來，別做傻事。我會一直站在外面。」當這位念個不停的警衛離開房間後，凱特和我都鬆了一口氣。

我走到凱特身邊抱她。我說：「我是為妳而來的。沒事了。」

凱特說：「我不知道為什麼我會這樣做。我真的不知道。我不知道我在想什麼，就這樣發生了。」然後她變得非常靜默。我決定讓她先靜一靜，不想用話語打破這份沉默。

幾分鐘過去，凱特開口說道：「我很害怕。」她拉著我的手。她的手凍僵了。我開始揉搓它們，讓她溫暖起來。沒多久，傳來敲門聲。是另一個警衛，顯然他們交班了。這名男子比第一位警衛更高、肌肉更發達。我開始想，不知這個彪形大漢又要講什麼大道理給我們聽。

警衛來到我們身邊。他坐在凱特床邊，跟她說話。「我叫麥克，善良的神派我來當妳的守護天使。沒事了。我來這裡是守護妳的，確保妳不會受到傷害。這是我的工作，看守妳，確保妳的安全。」

我可以看到凱特的臉上浮現平靜的表情。她的眼睛充滿感激的淚水。她沒想到這個陌生人會這麼仁慈，我也沒想到。凱特的雙手在我手中變暖。警衛站起來說：「我就在門外。如果需要什麼，請叫我。記住，我是麥克，你的天使。」

那天晚上的事，約莫是在二十年前發生的。幾天後凱特回家，並開始接受治療。她變得堅強而有自信，現在她三十多歲，已經結婚，還生了小女孩。

我記得很多那天晚上發生的事，不過最讓我記憶猶新的還是那兩名警衛。第一個男人就是在履行他的職責，但他自以為是地抱持著優越感在行事。麥克則是充滿同情，散發著關愛和光輝。他將他的工作視為一種神聖的召喚，來自靈魂流淌出來的地方，而且一直與之有所連繫。

每個人都有權選擇要如何從事自己的職業。可以專注在工作的完成度，或是也可以將其理解為是在這裡做神的工作。你可以要求尊重，或者你可以贏得敬佩。

你工作時是帶著自我還是靈魂？每天早上醒來，若是懷抱著自己是受神的指派來人世間執行一份神聖的任務，會是怎樣的心情？在希伯來語中，「天使」一詞的意思只是「信使」而已。天使不是一個有翅膀的形體，而是一個知道它何以被放置在這裡的靈魂。

你可以把你的工作視為辛苦的勞動，以威嚇的方式讓人遵守紀律，或者你可以帶著靈魂去工作，明白善良的主是派你去幫助並治療這個世界的某個角落。你可以控制下屬，要他們配合，或是可以從內心發出力量來引導他人，與你一起參與更宏大的服事。

這是你的選擇。你只是想完成工作，還是對未來有想法，明白必須要先播種和耐心等待？營造一種培養熱情、毅力和創造力的合作氛圍，你將獲得豐厚的收穫。你所做的努力會產生一股力量，改變你永遠不會遇到的上千萬生命。

你是否將自己的工作視為一項神聖的任務？

也許你曾經感覺受到召喚，也許你曾經為熱情所推動，但現在你很難記住那種感覺。有時你醒來，可以記住你的夢想，你確定你能記住它，但是當你起床時，已經煙消雲散，它只是滑過你的手指。它在某個地方，你知道在你腦海中的某個地方，但你再也無法觸及，它就像蒸氣一樣消失了。

要是你我只是神的一場夢，怎麼辦？要是神夢見我們，但我們正在滑過神的手指，該怎麼辦？若是神不斷在想：**我夢到的那個人在哪裡？他為什麼還沒成形？她為什麼要浪費時間？為什麼他看不出來他的天賦？為什麼她不能活出靈魂的承諾？**

有一種生命想要透過你而活著。有一種光芒想要透過你而閃耀。有一個夢想要在你身上實現。有一種苦痛想要由你來解除。有一個世界在等待你。

神從伊甸園傳來的召喚聲不斷穿過時間，問著：「你在哪裡？」這不是一個來自冷漠宇宙的空洞呼喚。這是針對你個人。

若是你想要活出你靈魂的使命，你的反應必須是：「是的，我在這裡。」我們必須學會對生命的召喚說**阿門**，成為這流動的一部分，成為良好的渠道。你比你的生活瑣事重要多了，你不僅只是為了要滿足自我對虛榮和讚美的需求。

你甚至比你所禱告的還要多。

請記住：「神的蠟燭是人類的靈魂。」神將我們放置在這裡來照亮世界。

我再也沒有見到那位守護天使麥克，但我確信無論他在哪裡，在此世或更遠的地方，他都會繼續關注我們，正如善良的主所希望的那樣。

中世紀詩人耶胡達·哈勒維（Yehuda Halevi）在他的〈錫安之歌〉（Song of Zion）中寫道：「我是你所有歌曲的豎琴。」這就是我們在尋找人生道路時對神的要求，我們在尋求一雙熟悉每根弦和每個和弦的手來熟練地演奏。

這是關鍵。

讓我成為祢的工具，主啊！撥彈我，我會成為祢的豎琴。夢見我，祢的夢想會繼續在我身上延續。使用我，讓我成為祢的好工具。點亮我，我會發光。演奏我，主啊！我已準備好實現祢的夢想了，祢那召喚我的夢想。阿門。

## 第三十二章

# 擊敗靈魂的對手

安德莉亞在三十出頭，就是一位充滿抱負的紀錄片工作者。她來找我是因為她對自己感到不安。她告訴我，她最近獲得一項資助，能夠實現夢想已久的計畫。但是，安德莉亞非但沒有埋首投入影片拍攝，反而浪費很多寶貴時間。她說：「拉比，我一直按掉我的鬧鐘。我睡到中午，然後上網，在我意識到之前，一整天就這樣過去了。我覺得肩膀上好像有個魔鬼。」

我告訴安德莉亞：「我想你遇到了你的 Yetzer（業責，亦為惡念或邪念）。」

「我的什麼？」她問。

我和安德莉亞談到，我們每個人都必須打的一場永恆戰鬥。

當你越接近實現你靈魂使命的機會，越能活出你的召喚，就越有可能喚醒你靈魂的敵人，它會發出一個聲音說：**這永遠都行不通，為什麼要浪費時間做這個？**

這是誰的聲音？

首先，花點時間思考一下，你真心想要的是什麼。你一直在禱告和渴望的是什麼？嘗試在腦中想像這畫面。看起來如何？你能感覺到嗎？

現在，既然你將自己的靈魂當作是最深層的渴望，那麼再來思考第二個問題：你是否準備好適當的容器，來接收你想要的東西？我曾研究一段哈西德教義，當中提到，要實現你使命的關鍵是在火與裝火的容器間取得平衡，這容器要讓火保持在燃燒狀態。火是熱情，是高張的腎上腺素，是激發你天賜的祝福。容器本身不如火焰來得性感，但這是你必須創造和維護的容器，好讓火焰繼續燃燒。

那麼，你的容器有多堅固呢？你打造出怎樣的空間來迎接這道火焰，讓它繼續燃燒？你有準備好一個地基來控制火勢，免得它失去控制，蔓延開來嗎？

這是一種神聖的平衡：火和它的容器。

在愛的領域，自我占據太多空間嗎？你是否學會要稍微後退，騰出空間，讓他人進來？

就拿你的嘴來說，在克制和衝口而出之間，在一呼和一吸之間，你是如何保持平衡？

事實是，要為火建立一道堅實的基礎就在於穩定一致，要每日以愛心照料，以你的方式來活出你的召喚。有一件事是肯定的：你不能急忙填塞，也無法靠熬夜趕工的方式來達到穩定一致。只有一種方法可以達到穩定，而要是少了這樣堅固的容器，根據哈西德教義，最終你會像口袋裡有個洞的人那樣。[1] 每天你都會收到神聖的禮物、上天的啟發，但它們都會消失，因為你沒有打造一個適當的容器來容納你自己的祝福，存放那些你已經獲得的祝福。

有時你**早已**建立好堅實的基礎，但卻迎來錯誤的客人。你覺得自己已經成為一個舒適居所，讓Yetzer（業責）進駐，這是拉比所談的一種靈力，會不斷嘗試顛覆你的想法，讓你辜負自己的天賦和你生命中的神聖使命。

關於Yetzer，我能告訴你什麼呢？

猶太經文《塔木德》有一條教義，說明每個人天生都有良好的衝動和邪惡的衝動。在我們內部有一個美好的世界，但是希伯來語中的「Yetzer Hara」，即邪惡衝動，會試圖轉移我們的想法，罔顧我們企圖將最高層次的意圖與行動結合起來的心意。

Yetzer是我們的試探，我們的敵人，這聲音一直在想方設法地阻撓我們改善和成長。你一接近實現使命的機會，Yetzer便開始蠢動、甦醒。Yetzer是靈魂的剋星，伺機而動，你才步入帶領你通往人生道路的大門，就試圖把你封鎖起來。Yetzer在尋找你，想要你寸步難行。它會使出種種奧步與伎倆來分散我們的注意力、打擊我們的士氣，讓我們誤入歧途。Yetzer阻撓我們看到所需要的改變。Yetzer讓我們不斷伸展變薄，使我們失去效用。Yetzer對我們的毀滅傾向火上加油。Yetzer以淫蕩的欲望，和對物質財富的渴望來誘惑我們。Yetzer誘發絕望：毫無**希望**，它低聲說道。

Yetzer向我們灌輸一種錯覺，讓我們誤以為與他人是分開的，即愛因斯坦在給拉比馬庫斯的信中所描述的那種光學錯覺。Yetzer欺騙我們進入狹窄的視野，以虛假的真理來餵養我們，讓我們停滯不前，讓人視而不見，聽而不聞。

早在弗洛伊德提出「本我」（id）的概念前，拉比就定義我們與Yetzer的永恆戰鬥。拉比明白，就像本我一樣，Yetzer是驅動我們的引擎。《塔木德》中有一則關於拉比和Yetzer攤牌的故事，可說是高潮迭起，耐人尋味。故事中，眾拉比成功地誘捕並監禁Yetzer。他們很高興，想說這次終於一勞永逸地摧毀Yetzer，讓世界擺脫邪惡力量。但是監禁Yetzer三天期間，拉比們注意到生命趨於停滯，連雞也不再下蛋。他們突然明白，要是真的殺死Yetzer，這個世界將會消失。迫於情勢，最後拉比們還是把Yetzer放了。

這是關於Yetzer的悖論。我們需要它才能生存，但如果我們不加以控制，它又會毀了我們自身和周圍的每個人。Yetzer會和我們敵對，但少了它，我們也活不下去。

Yetzer不見得都具有惡魔般的力量，很多時候它只是發揮笨拙和懶惰的特性，就像在你的腦中進駐卡通《辛普森家庭》中的爸爸荷馬．辛普森，確保你什麼都做不成。所以花一點時間自問：**我是如何給荷馬一個家？**正如拉比所教導的，起初Yetzer只是客人，但一不小心，它可能就會反客為主。

是我們讓Yetzer變得舒服，它翹起腿來，兩手一攤。Yetzer不一定會鼓勵你去欺騙伴侶，甚至是說謊和偷竊，雖然它可能會帶領你走上這條路。大部分的時候，Yetze不會教唆你去偷去搶，除了你自己之外。Yetzer會說：**上網逛一下、看看電子郵件、你的臉書、該買條新褲子。它會說，我太累了，今天陽光太大，今天烏雲太多，今天太熱，今天太冷……**

邁向實現我們靈魂召喚的每一步，都會喚醒Yetzer。它因我們的提升而倍感威脅，我們必須學會看穿Yetzer發送的任何煙幕。Yetzer準備許多招數，如羨慕、驕傲、憤怒、徬徨與沮喪，這全都是設計來絆倒我們。Yetzer試圖讓我們沉睡，以自得意滿來麻痺我們。

我們都知道Yetzer慣用的藉口，也明白我們是如何允許它與我們合作。是的，也許你已經打造一個強大的容器，但它現在成為垃圾桶。我們消費垃圾、傾聽垃圾、閱讀垃圾，這是二十四小時的垃圾新聞放送。

要如何拒當款待Yetzer的主人？當Yetzer阻擋你時，要如何學會繼續待在靈魂的道路上？《塔木德》裡，眾拉比說：若是發現Yetzer正在接管你的生活，那就去研習妥拉（Torah）。如果你設法制伏它，那就沒事；要是沒效，那就進行Shema（示瑪）禱告。若是你設法克服了Yetzer，那就好；若還是沒效，就開始想想你的死亡之日。

我喜歡這則教導。何以思考死亡之日有助於擺脫Yetzer？這是什麼意思？想到死亡，你會害怕天國的審判嗎？我想不是這樣。

下面是我認為這則教導的意思：在思考死亡時，你會檢視你的生活，認識到你的靈魂降臨到這世界是為了來實現其神聖使命，但你卻允許Yetzer阻撓你跟隨你的靈魂。基於此，你就真的有理由把荷馬從沙發上踢下去。

我並不是說要把荷馬踢走，摧毀Yetzer不是一個選項。眾拉比明白，沒有Yetzer就什麼都不會發生。他們說，如果不是因為Yetzer，你就不會蓋房子，或者結婚，或者懷孕，甚至不會工作。那麼為什麼在接近你生命的召喚的真理時，Yetzer會變得如此激動？也許它擔心一旦你不再需要幫助，就會拋下它。

就我所知，唯一解除Yetzer的武裝，與拆除它設下的種種障礙的方法不是將其妖魔化，而是歡迎Yetzer加入你的旅程。與它合作，但要馴服它。讓它知道誰才是當家作主。正如眾拉比所教導的，Yetzer的願望是駕馭你，但你必須學會駕馭它。以謙卑、愛和尊重來掌控，而不是評斷。向Yetzer展現你對它的認同，對它說：「和我一起踏上這趟旅程吧！沒有你，我無法完成我的使命。」[2]

Yetzer不會輕易默許。它將繼續以欲望來誘惑身體，並在你的思緒中填滿混亂和絕望。它會用虛榮的野心來點燃你的自我，試圖引導你遠離靈魂的召喚。

要知道，Yetzer最強大的武器就是一個詞：明天。這看似無害，甚至帶有希望。但是這個比其他任何一個詞彙，都更容易引起麻煩。這可能是活出我們自己良善的最大障礙。「明天」常讓人錯失良機。一天流入另一天，大多數的我們，甚至沒有開始準備要去體驗覺醒這份大禮。

Yetzer說：「我同意你的看法。你可以實現你靈魂的召喚，但明天再開始吧。」

要解決Yetzer的「明天」其實近在咫尺。這答案很簡單但很難實現。「明天」的唯一解藥是「今天」。今天是神給我們的唯一的日子。你必須對你的Yetzer說：你不會有這一天。今天不行。我不會讓你有這一天。

每天你都有機會問：我是否為我的靈魂和所有的祝福，打造一個合適的容器？因為我們最終提出的問題不是：「我想要達到什麼目標？」而是：「生而為人，我是來做什麼的？距離實現我的天賦還有多遠？」

每天都是思考你生活道路的時機，思考你已經習慣了什麼，思考你沒能在日常中感受到的神聖，沒能在日常生活中看到的聖潔，沒能在日常生活中與聖潔一起生活，沒能每天都與靈魂之魂一同行走。

你的靈魂想要教給你一樣它很清楚的事，這和熱情之火無關。打造堅實的基礎非常不容易。我們通常寧願將時間和金錢花在宏偉的建築，卻沒有人關心地基。但正是這個堅固的地基拯救我們，每天都抱持謙遜之心整理出一個地方，為你的靈魂騰出空間來舒展，讓它居住在你的內心。在你所閱讀的，所學習的事物中打造地基，在你的沉默、你的傾聽、你的堅持中建立基礎。不要低估這些微小的正向步驟，因為即使是最小的轉變，也會產生永恆的漣漪。

當我開始動筆寫第一本書時，一位導師從旁引導並照顧我，他說：「奈歐米，不要等待靈光乍現的時刻，要像銀行家一樣寫作，早上起床就坐在那裡寫。這是一份工作，只是一份工作。」當我在高中時，一位老師對我們說：「如果你想學習，首先你必須坐在椅子上。」這是完成任何目標的關鍵：有個願意貼在椅子上的背。

建立基礎不是很迷人的工作，但這當中有其雄偉威嚴之處，也有一股魔力。

身為拉比和納舒瓦靈性社群的創始人，我知道在宗教性的集體生活中有許多崇高的時刻，有高張而緊密的連繫和強大的禱告服事來提升你。但我也知道，要是沒有基礎，就不會有納舒瓦。這些基礎來自於自願提供他們時間和才能的人，當然，還有他們的資金，才能讓我們美好的計畫延續下去；給它一對翅膀，並保持它熱力四射。少了這些微小和看似平淡無奇的努力，就不會有這個社群。

這是我們日常的恆定，那些微小而簡單的做為，可以幫助我們超越所有Yetzer的障礙。每一天都有其使命和力量。

願你活出今天的神聖力量。阿門。

第三十三章

# 知道你是誰：認識你真正的神聖力量

二〇一六年四月，我注意到鼻子長了一個小點，就像一根小針一樣小。看起來沒什麼大不了。我沒管它，想說應該很快就會消失，但它就是沒有消掉。七月九日星期五的早上，我去醫師那裡移除這個小點。這理當是個普通的小手術，但結果發現那顆小點其實只是冰山一角，它下面長了一大片滲透性腫瘤。那天結束時，我失去了一片鼻子。一大片。

這一切發生得太快。而這癌細胞不是長在我的手臂或腿上，而是瞄準我的臉的正中間。我的鼻子不見了，我很需要一個新的。切除癌細胞的外科醫師告訴我，我需要進行整個鼻腔重建。我不明白這話到底意味著什麼，或者該去找誰幫忙。

整件事情實在太瘋狂、太意外了。

而且我很喜歡我原來的鼻子。

我覺得我的鼻子長得很好。沒錯，那是典型的猶太人的鼻子。但是我的名字是奈歐米·尼夏瑪·萊維（Naomi Nechama Levy），看在神的份上，而且我是一個拉比，為什麼不能長一個猶太人的鼻子？它很適合我。但就這樣，噗一聲地，它消失了。

而我想念它。

這真的很奇怪，我這一生花時間想我鼻子的時間可能不到五分鐘，但現在我卻在哀悼這一小塊身體結構。突然間，我意識到我的鼻子是我宗族的標誌，是那個部落的一部分，萊維家的鼻子，看起來像是這麼回事。可以從中看到這家人的相似處。這是印在我臉上的家族印記。

在希伯來語，代表臉的字是「panim」。英語中的face則有臉面的意思，意味著事物的表面，與希伯來語不同，因為panim意味著事物的內在。你的臉展現你的內在，但現在我的臉變得畸形、可怕，好似一場怪物秀。

我一直在想，我們經常脫口而出的「這與我無關」或是「我沒差」（It's no skin off my nose）的這句短語的真正含義，因為字面上是說：「反正我的鼻子不會因此而掉一層皮。」這話的意思是沒什麼大不了的，我應付得來，無所謂。**反正我的鼻子不會因此而掉一層皮**。突然間，我意識到鼻子上少了一層皮膚是件大事。這種情況不會危及生命，但卻充滿生命教訓。

猶太神祕主義中有一種稱為「Rishima」（里斯瑪）的概念。這意味著生活經驗在你身上留下的印記。若是你遭受某事，但之後忘記了，就好像它對你沒有造成任何改變，就好像你沒有從中學到任何東西，那麼這件事等於從未發生過，彷彿你的生命正在你身後消失。但是如果你經歷某些事情，而它對你產生影響：你從中成長、從中學習、從中改變，那麼即使是充滿挑戰的時刻，最後也成為一場受到祝福的教導。記取教訓是為了分享，所以在這裡我想分享我在這場皮膚癌旅程中學到的重要教訓。

在我皮膚癌手術後的那個星期五下午，我的好友海倫娜・羅森褚維格（Helene Rosenz-weig）醫師，也就是我的皮膚科醫師，幫我找可以進行重建手術的外科醫師。海倫娜從她同事那裡拿到一份名單，上面有七位整形外科醫師。我開始高聲喊出海倫娜這份名單上的名字。我決定劃掉名字中有三個以上發出怪聲音節的名字，用這種方式來挑我的醫師。

到星期天下午，我的名單上僅有兩位醫師，也都預約好他們星期一的門診。但那天晚上，我想起一位名叫拜爾黛・理夫森・彭潘（Byrdie Lifson Pompan）的女士，她曾參加我的納舒瓦服事。拜爾黛，當然！我記得拜爾黛的故事。

拜爾黛是創藝公司（Creative Artists Agency）的優秀經紀人，生活步調很快，得處理好萊塢電影的合約。她擁有絕佳的技巧，一邊照料她的客戶，一邊在複雜的談判中披荊斬棘，殺出一條路。當然，每次她旅行時，都可以坐頭等艙。到了晚上，則躺在床上讀劇本。但突然間拜爾黛出現顏面癱瘓的問題，洛杉磯一位備受推崇的名醫誤診為暫時性癱瘓，最後才發現她患有腦瘤。

拜爾黛的生活整個翻轉。更慘的是，沒過多久，醫師宣告她的父親只剩下兩個月的生命。拜爾黛找到一位醫師，承諾可以想辦法延長她父親的生命，從兩個月到兩年，而且是有生活品質的。靠著她的堅持不懈，拜爾黛為她的父親與他所關愛的人提供一段能夠一起度過的美好時光，直到他去世為止。但接下來，拜爾黛的兄弟也被誤診為緊張性頭痛，卻死於腦癌。

經歷這麼多悲痛事件，我想拜爾黛在看待這些痛苦和喪親時會說：「我受到詛咒了」或「神一定是為我準備這一切來試煉我」，或者她會變得痛苦或害怕。

但拜爾黛的經歷並沒有擊垮她，反而喚醒她，改變了她的生活。突然間，拜爾黛發現她可以將她那套好萊塢最佳經紀人的技能，用來擔任病患的顧問。

因此，拜爾黛辭去她在創藝的工作，並開始從事她的新召喚：擔任病患的經紀人，將每位病患與最適合的醫師配對起來，處理他們特定的疾病。現在她將同一套技能用來挽救生命，而不是製作電影。

每當我想到拜爾黛，我都會從神的視角來想像她生命中的弧線。這些年來，神一直耐心等待並說：「是的，我的拜爾黛過著很好的生活，也在幫助別人。但她什麼時候才會明白，我之所以給她這些能力的原因呢？」

我想像神會說：「我給她所有合適的技能，但是她什麼時候才會清醒，將它們用在正途，用來成就我之所以把它們放在她內心的目的呢？」

如今，拜爾黛晚上讀的不再是劇本，而是醫學圖表和期刊，以及最新的臨床試驗報告。拜爾黛也不再坐頭等艙。哦！但相信我，她飛得更高了。

＊

在那個星期天的晚上，當我在想要找哪一位醫師來幫我做重建手術時，我才想起拜爾黛可以幫助我，告訴我該怎麼做。所以我聯絡拜爾黛，告訴她發生在我身上的事。拜爾黛立即給我答案：「奈歐米，整個洛杉磯只有一個人能為妳做手術，就是巴巴克・阿西查迪（Babak Azizzadeh）醫師。」

感謝主，阿西查迪醫師剛好就是我名單上剩下的那兩個名字的其中一個。我已經和他約好隔天早上的門診。

但即使拜爾黛推薦阿西查迪醫師，我仍然想要有第二意見。我就是沒有辦法在不知道第二意見的情況下貿然決定。

星期一一大早，我感到既害怕又焦慮。我的守護天使海倫娜暫停她的醫療門診，只是為了陪我，並幫我做決定。她來接我，然後我們驅車前往位於比佛利山的阿西查迪醫師診所。這是一間漂亮的診所，那裡的每個人看起來都很漂亮，櫃檯的接待人員很漂亮，就連候診室裡的病人都很漂亮。而我就在那裡，整張臉用繃帶包起來，而且沒有鼻子。

有人叫了我的名字，帶我去檢查室。然後阿西查迪醫師進來了，我馬上就能感受到他的善意。

他開始剝掉我的繃帶，檢查我不見的鼻子。我開始感到噁心。我告訴他：「我想我快暈倒了。」他離開一會兒，然後幫我帶一小盒果汁，就像以前給兒童喝的那種，外頭還附著吸管。

我喝了一口，然後告訴他：「聽著，我得告訴你，我完全嚇壞了。而且我非常確定我不想看我鼻子現在的模樣。請不要給我看。」他答應了。

我可以感受到他的同情心。然後他向我解釋我的情況。我開始為自己做心理準備，儘管還是有一部分的我希望他說，我的鼻子會慢慢長出來癒合。

阿西查迪醫師坐在我面前說：「聽著，妳的皮膚癌分布非常廣，在接下來的六週，妳需要進行三項個別手術。」我的心開始跳得很厲害。什麼？他提到我失去的大量組織，溫柔地告訴我，我的舊鼻子所剩無幾。

然後他解釋我的第一次重建手術。他將會取用一塊我的頭皮和額頭，將其整個翻過來，然後縫到鼻子上。而且他也會從我的耳朵取出軟骨，用來重建我的鼻子。

他說，第一次去除癌細胞的手術已經是過去式了，現在我只需再進行三次手術。

我幾乎快要流淚。在接下來的六個星期，從我的額頭到鼻子，會裝上一大塊像樹幹的東西。這將是一個可怕的景象。

但阿西查迪醫師向我承諾，在七個星期後，我又會有一個鼻子。沒有鼻子時，至少你不會打噴嚏。

海倫娜和我記下阿西查迪醫師所說的一切，然後我們向他道謝，離開診所，開車到我名單上的第二位醫師那裡。我們姑且叫他史密斯醫師。

他也備受好評。他早就同意幫我做手術，而且特地移開他日程表的預定行程，好把我安插進來。

他們叫我進去見史密斯醫師。他也非常善良，而且深具耐心。他解釋了他將如何進行手術。

我認真聽取史密斯醫師所說的一切，然後突然間他問我：「妳有沒有諮詢過其他醫師？」

我說：「有，剛剛才去給阿西查迪醫師看過。」

廣受敬重的史密斯醫師看著我，深深吸了一口氣，並沉默一會兒，然後他說：「我想妳還是回去找他。我要妳去看阿西查迪醫師。他比我好。」

我很驚訝。什麼樣的醫師會說出這種話？

那天晚上，史密斯醫師從家裡打電話給我。他說：「請不要誤會我的意思，我很擅長我的工作。我只是想要妳得到最好的，我不希望等妳回想時，後悔自己沒能得到更好的結果。阿西查迪醫師是最好的，這就是我想要給妳的。」

然後他說：「拉比萊維，妳跟我說妳嚇壞了，但那不是我看到的妳。我只是想讓妳知道這一點。」

我很感動。我說：「我真不知道該怎麼感謝你的關心，和你的謙虛。」

他安靜了一會兒，然後說：「阿西查迪醫師知道妳是誰嗎？」

我不明白他的意思。他又說：「妳需要確定這一點。他需要知道妳是誰。」

「好的，我保證。」我說。

但是當我掛斷電話後，我問自己：**我是誰？**

很快我就有這問題的答案了……

*

所以一切都指向一個人：阿西查迪醫師。我決定把鼻子交到他手裡。

那是星期一晚上，我的第一次手術安排在那個星期三。星期二，阿西查迪醫師打電話與我討論手術。他說手術進行時將會全身麻醉，時間約四小時。我記得我問過他：「難道你不能把我舊的鼻子還給我嗎？」他說：「沒辦法，我不能，那是不可能的，我不能把神賜給妳的東西還給妳，但我保證會給妳最好的鼻子。」

我說：「但我能把我舊鼻子的照片寄給你嗎？」

他說：「當然。」

在我們掛電話後，我開始在筆電上找我舊鼻子的特寫鏡頭。有些看起來真的是毫無吸引力。但誰在乎？我又不是要交照片給模特兒經紀公司。我希望他能看到我天生的鼻子。

我想他的許多病人都希望他能改變自己的鼻子，但我只希望恢復原貌。我開始在電子郵件中一張張地附加照片，然後全都寄給阿西查迪醫師。我感到很無助，寄照片是現在我唯一能掌控的作為。

星期二晚上我睡不著覺。我感到很害怕，我的手術直到星期三下午五點才開始。整天都不能進食或喝飲料。這就像是贖罪日的彩排。

星期三早上，我又緊張又想哭，每過一個小時，恐懼感似乎變得更加深沉。我的思緒轉得更負面。失去鼻子的震驚感已不復存在，取而代之的是對即將發生的事的認知。

我能說什麼？我可不是一名堅忍的戰士，我只是來自布魯克林會擔心這、擔心那的小人物。

我來回踱步想要打發時間，難以自已。

最後，終於到了動手術的時間。我抓起了我的禱告書、一本我在二〇〇一年寫的禱告書《與神交談》，還有羅伯，然後我們就開車過去。

在車上，我開始有一種下沉的感覺，似乎無法找到自己的中心。我當拉比有二十六年了，我知道神賜給我的禮物，讓我能夠幫助別人，為別人禱告，安慰別人。但是長時間下來，我不確定那些禱告是否可以幫助我，或者是我可以幫助自己。

我開始覺得自己像是一個冒名頂替者，就像小時候在電視上看的廣告，一位演員說：

「我不是醫師，但我有在電視上演過。」

在這重大時刻，我對於幫助自己完全無能力。我是個受驚的孩子，無助地哭著。我辜負了自己，覺得自己什麼辦法也沒有，我擔心我可能找不到辦法。

**我不是拉比**，我想，**我只是在扮演拉比**。

當我們到達手術中心時，羅伯和我在一起，我的朋友海倫娜和卡蘿也來了。我十一歲就認識海倫娜，十四歲就認識卡蘿。我很感動，她們想過來陪我。

她們坐在候診室，我知道我需要去禱告，所以我帶著禱告書到外頭的庭院，以傳統的用語開始禱告：「我把靈魂交到祢手裡。」

然後他們叫我。是時候了，要進行手術準備，但我還像是一艘沉船。

我換上醫院的長袍，一位護理師把靜脈注射的針放在我手裡。我的心在狂飆。

羅伯、卡蘿和海倫娜和我在一起，儘管有他們在身邊，有他們的愛與支持，讓我得到一份安慰，但我還需要更多東西。我去拿了《與神交談》，翻到治療禱告的篇章。當然，我在二〇〇一年寫這些治療禱告文時，並不是為自己寫的。當然不是！我寫的時候都在想著我代禱的病人，試圖給予幫助，從不認為我自己有一天會需要這樣的禱告。寫這些文字的人，並沒有想過是在為自己禱告。

在準備室裡，我打開書，開始禱告。羅伯、海倫娜和卡蘿圍著我，我開始大聲誦念十五年前自己寫的那些治療禱告文。禱告時，我並沒有在這些禱告文中認出自己的文筆。這就好像是過去的我，以某種方式爬梳出我現在正好需要聽到的詞語。是我在跟我說話。我就像是接受別人的禮物那樣，接受了這些禱告。

我哭了。事情開始變動，就連房間裡的空氣也是。

我對羅伯、海倫娜和卡蘿說：「現在我希望你們把雙手放在我頭上，對我說這段祝福。」我閉上眼睛。在他們誦念我書中的祝福詞時，我可以感覺到他們的手在我身上。

然後我說：「請不要把你的手拿開，我現在需要冥想。」

在這間迷你的準備室外，能夠聽到各種各樣的聲音。這是一家外科中心，有人的話語、腳步聲、門開關的聲音。但就算這樣，也是可以聽到我們所處的這個小房間內一根針掉在地上的聲音。他們都站在我身邊，完全靜默地圍繞著我，雙手放在我身上，我開始冥想。

我們之間有一種電流在動的感覺，它的振動是一種不斷循環的能量。我們所有人都融合成一個禱告，是那樣的緊密、親近而強大。沒有人打破這份強烈的禱告能量，沒有人移動。很快我們就不在那個房間了，不再聽到任何地方傳來的聲音。整個房間只是漂浮起來。我們飛到更高的地方，那裡美麗而明亮。漂浮、上升。我失去時間感，時間只是融化。

就在這時，一名護理師打開門，說了聲：「哇！」她能立刻感受到我們的感受。她說：「這裡顯然有什麼非常強大的力量出現。」然後退後一步，關上身後的門。

我的心仍在胸口猛烈跳動。閉著眼睛，我一遍又一遍地重複希伯來詩句，這是我的頌歌：

視野狹窄的我呼求神時，祂以廣闊的境界開我心眼。備受束縛的我呼求神時，祂用寬敞的空間許我自由。我在人世生命的需要中呼求神時，祂白白賜下救恩，使我不至滅亡、反得永生。

我在腦中一遍又一遍重複這節經文。

突然間，我穿過一條河。從吞噬我的波浪中，進入到我見過最純淨的一灘靜水中。我什麼都沒做，就這樣發生了。恩典。

所有的動盪頓時全都消失了，我感受到的只是絕對的靜止。這樣的靜止非常真實、明顯、純淨、清澈。**祢領我到可安歇的水邊，祢讓我的靈魂甦醒**。

然後……我聽到一個聲音。

在我繼續講下去之前，想先說明三件事：（一）我沒有精神病……至少我認為我沒有。（二）那時候我還沒有進行任何靜脈注射。（三）我不是在打比方，或是以譬喻的方式來說這件事。

我是說，我聽到一個聲音。很大聲、很穩定。它透過我產生回音。那聲音在說：「認識妳是誰。」

**認識妳是誰**。我當下立刻明白這意味著什麼。我不是個冒名頂替者。我不會在電視上演出一位拉比。我不是一個受驚的孩子，我是神的孩子。我是完整而堅持，充滿愛和力量，以及我甚至不知道我所擁有的種種辦法。

我可以當自己的拉比。我突然意識到，在我的靈魂裡，我就是這麼被打造出來的。在我和我是誰之間沒有任何縫隙，我認為直到那一刻我才理解這一點。

突然間，我腦中閃過史密斯醫師在電話裡對我說的那段話，需要確定阿西查迪醫師知道我是誰。史密斯醫師對我說：「他需要知道妳是誰。」

那時，不僅是因為我已超越了恐懼。在身心安頓之處，我也看出來我不僅有能力祝福自己，還有力量，而且在那一刻，突然也很想祝福別人。

當我睜開眼睛時，我知道這是必要的下一步：從我的祝福之地，來祝福我周圍的人。

就在那時，我的護理師進來了。我說：「我想要為妳祝福。」我可以看出來她有點吃驚，這可不是她每天都會聽到的話語，但她想要我的祝福，於是我祝福她。

然後我的麻醉師進來，我說想要為她禱告，我看得出來她以最開放、最美麗的姿態接受它。

然後，阿西查迪醫師走進門。我告訴他：「我才剛為你禱告。」然後我祝福他。我記得我看著他的眼睛說：「我知道你是誰。我知道你不僅是醫師，也是藝術家，我知道你會給我最好的結果。我相信你。我把自己交到神的手中，我把自己交到你手中。我完全相信你，神會為你做的聖工保佑你。神保佑你，感謝你照顧我。」我對這位傑出的人抱持完全的信任。

他拉起我的手說：「拉比，能為妳動手術，我感到很榮幸。」

在那個當下，我能感受到內心深處傳來：「現在我準備好了。」

我在可安歇的水邊。平靜、信任、信仰、美好、神，這一切都與我受到祝福的靈魂相連。手術花了將近四個小時。當我在恢復室睜開眼睛時，我可以感覺到我現在看起來一定像是從地獄來的怪物。我的頭皮釘著釘子，有個粗大的板子將我的額頭與鼻子連起來，我前額的洞很深，甚至可以看到我的頭骨。我的耳朵看起來就像梵谷那樣。

如果那時有人看到我的模樣，可能會說，這人好慘，一定感到很絕望。但是，當我睜開眼睛時，我感覺到的是感恩、興奮，甚至狂喜。

朦朧之中，我看到阿西查迪醫師站在我身邊，我知道我完全不能控制自己並且胡言亂語，但我清楚地記得對他說：「謝謝你。神祝福你。」

他的同事厄爾文醫師，帶著開朗溫暖的笑容走進來。她對我說：「阿西查迪醫師在妳的手術過程中非常謹慎，妳知道他在整個手術過程中都掛著妳的照片嗎？」

前一天晚上，我至少寄給可憐的阿西查迪醫師十五張照片，塞爆他的信箱。我想知道在手術過程中他掛的是哪張照片。她說：「那張的視角很好，妳穿著禱告披肩，把雙手放在妳兒子的頭上，祝福他。」

**知道你是誰**，我低聲對自己說，腦子還處於一片渾沌朦朧。

那天晚上我穿過一條河，奇怪的是，我從未回頭。那是一個我不想離開的地方，一份了然於心的理解，好比是一份繼承。但這不像是來自母親或外婆的戒指，而是來自天堂，我不想失去它。

在這個時刻，我想要做的就是分享這份我所繼承的遺產，並將它轉送給你。

你準備好要接受了嗎？下面就是這份禮物：

知道你是誰！

知道在你內部已經放有資源，讓你能夠做到你甚至無法想像的事情。這就是我為你禱告的，一個大開眼界的變化。

知道你是誰。讓這句話成為你的頌歌。不要把目光放得太低。了解你的能力。你是神的孩子。你很堅強，你受到關愛，你並不孤單。

你為什麼禱告？你想要什麼？你對靈魂之魂最大的疑惑是什麼？神對你寄予厚望。賦予你去到一個極為神聖的地方的權力。所以，看在神的份上，傾聽。去聽那聲音，那聲音會告訴你一些你所不知道的自己。聽聽它。

知道你是誰。這不會是印在文具上的宣言，不會印在你的文憑上，也沒有列在你的簡歷中。這是印刻在你靈魂上，具有清晰且廣泛視野的靈魂。

你靈魂的聲音就是神對你的呼喚。每天，神都談到你，就如同我想像神對拜爾黛說的話一樣：「看看我給你的禮物。什麼時候你才打算用來成就，我之所以把它們放在你心中的目的呢？」

多數的我們都曾有過心裡犯嘀咕的感覺，認為早已錯過自己生活，感覺就這樣昏昏沉沉地度過一生。感覺沒有真正活過生命就這樣結束了，覺得從來沒有為生命奮鬥。那心頭犯嘀咕的感覺其實是靈魂在和你說話，試圖喚醒你。

當我們花時間回顧生活，通常會發現自己會對兩種罪行感到懊悔不已。第一種是我們犯下的罪，後悔自己的行為：撒謊、傷害某人。你仍然還有補救的能力。

第二種罪則較難處理。這些都是你**沒有**做的事；所有你可以做的事，所有你生來當做而未做的事。這要如何修復補救呢？

這裡我指的不是你想要從事的冒險清單。我說的是你從未說出口的道歉、做不到的寬恕、說不出的話、企圖做的所有善事。你希望成為的那個人。你靈魂派到這裡要完成的任務。

面對這些罪是最痛苦的。

一場沒有活過的人生。你要如何修復補救？

什麼樣的夢想或禱告是你一直以來總是冷處理，或害怕談論？什麼樣的嚮往是你一直以來太過恐懼，而不敢追求？你的靈魂在渴望什麼？你想要什麼？你能捕捉到實現它的願景嗎？

我想幫助你實現願景。

我們大多數人所穿的衣服，所開的車，或是攜帶的東西，其上都附有設計師的標籤。我們等於是在為製作我們服裝、鞋子、錢包和汽車的公司當活廣告，好像他們展現出我們是誰。

我想讓你知道，現在你身上也帶有一個設計師品牌。相信我，這不是普拉達或保時捷。它是用大寫字母寫在你的額頭和心上：神（GOD）。

你身上也有造物主的封印，讓它知會你的行為舉止與想法。神的印記就在你身上，在你的本質。你被打造來當你設計者的活廣告。

你是獨一無二，絕無僅有，這世上從來沒有過和你類似的人。知道你是誰。

以上就是我在第一次重建手術中吸取的教訓。這是我收到的傳承，我很榮幸與你分享這個教導：**你所認定的自己和神所認識的你之間，可以存在很大的距離**。

是的，在我前方還有一段為期七週的旅程，還有兩個手術和更多的課程需要學習和分享，但是阿西查迪這位不可思議的醫師修復了我，讓我有能力自豪地重新踏入這個世界。為此，我將永遠心懷感激。

造物主的印記在你身上。神一直在等你使用埋藏在你內部的天賦。一個新的祝福在等著你。知道你是誰！阿門。

第四篇

# 迎接永恆之力：高層認知的關鍵

當我們滋養和喚醒靈魂時，愛之力就會轉化成永恆之力聶薩瑪（Neshama）的寶座，這是靈魂的第三層，是火焰中那道無形之光。

體驗聶薩瑪不是一蹴可及的事。很少人學會進入永恆之力的範圍內生活，它確實難以捉摸，而且很少待在這個寶座上。但是當聶薩瑪在體內發揮作用時，你不太會錯過它。你會意識到你靈魂的神聖合一感，這就類似於愛因斯坦對我們通常視而不見的「整體」的描述。

永恆之力會打開我們的眼睛，讓人瞥見天堂。時間就此融化，進入永恆。死亡變得不那麼可怕，也不再是終點。那時我們可能開始意識到，已故的親人永遠不會遠離我們，或者也許他們從未離開過我們。

# 經驗合一，一嚐永恆滋味

「人類是我們稱為『宇宙』的這個整體的一部分……」

——摘自愛因斯坦致拉比馬庫斯的信

當靈魂的聲音日益茁壯，在內心深處會漸漸地浮現嶄新的認知，那是一種接近預言的覺察，一種萬物彼此相連的啟發，我們得以超越愛因斯坦敦促我們拋下的那份光學錯覺。這是因為永恆之力在你內部翻轉。迎接它，要不了多久，世界可能就開始閃耀著造物主的光芒，而你可能就會了解，每個靈魂都屬於這份合一。

# 第三十四章
# 拉近距離返回家園

小時候，我父親開過好幾台舊的老爺車。它們很臭，人造皮材質的坐墊都裂了，泛黃的填料就這樣露出來。地毯磨損很厲害，而且沒有冷氣，必須用手將窗戶搖下來。

我父親的工作是生產女性運動服，他的工廠在布魯克林一處叫做布希維克（Bushwick）的貧窮社區，當時那裡罪犯猖獗，不像現在是個時髦風潮的區域。當我還小時，在布希維克就算遇到停車號誌，也沒有車子想停下來。

我父親認為，若是他開著一台醜陋的舊車，就不會有人來煩他。好車只會成為下手的目標。

有一年，父親賣掉他的舊車，買了一輛二手的別克（Buick LeSabre）。這不算是一台夢寐以求的車子，但確實是一大提升，看起來可以通行無阻。我父親說這輛車被照顧得很好，他對此感到很滿意，我從來沒見過他對車感到如此開心。

大約是我十二歲的時候，有一天我結束課後唱詩班的練習回家。時間是下午五點半，已經是一個寒冷且黑暗的十二月夜晚。

我從公車站走回家，看到幾個街區外有名男子試圖撲滅他著火的汽車儀表板。**可憐的傢伙**，我心裡這樣想。看上去他是白費力氣了。那名男子試圖用破布扼阻火勢，但顯然是一場失敗的戰鬥。

我一直走著，看著燈光亮起的住家和商店櫥窗。當我靠近時，我可以看到火勢正在增長，而這名男子現在只是站在車外看著。我想，**這太可怕了！**等我走近一看，赫然發現這是我們家那台別克，而那名男子不是別人而是我父親。我立即從心想：**可憐的傢伙！**變成：**不會吧！**這不可能發生在我身上，在我父親身上，在我們家。

我抓住父親的手，心跳加速。隨著火焰竄高，直達上方的路燈，圍觀的人越來越多。人們害怕地向後退步。最後消防車抵達，他們砸破車窗，撲滅火焰。

緊張的心情消退後，父親和我手牽著手一起走回家。回家的路上，我不記得父親到底對我說了什麼，不過我確定他向我保證一切都會好起來，並提醒我要感激沒有人受傷。

這件事最令我難過的是，那天晚上我一直沒能告訴父親，最初在我心中可憐的男人，竟然就是他本人。

直到我走到近處認出父親前，我一直是以旁觀者的心情在尋找自己的父親，以輕鬆的口氣說道：「感謝神，還好事情是發生在他身上，不是我。」

我現在明白，那時的我也陷入愛因斯坦向拉比馬庫斯描述的陷阱，即我們的意識所產生的光學錯覺，讓我們誤以為自己與他人是分開，但實際上我們全都束縛在一起。這種分離的妄想常使我們產生一種毫無根據的優越感和強勢感，使我們對人類的苦難漠不關心。

我不知說過多少次：「感謝神，還好不是我。」在為人諮商建議時，不知遇到多少次，那些面對專業挫折、重病診斷或喪親的人，這樣告訴我：「這不可能發生在我身上。不可能是我。」這樣的事情只會發生在其他人身上，發生在那些不幸、倒楣的人身上。

認為自己和其他人沒有關聯，而是全然分開的，這是自欺欺人之舉，因為我們不想感到脆弱和渺小。但這樣的否認只會把我們做小。這也是痛苦、距離感和冷酷的根源。我們有能力用靈魂來回應受苦的人，我們有能力帶著心靈和慈悲進入我們和他人的生命。如果你發現自己對遭受痛苦的人感到憐憫，就要知道你沒有從靈魂中回應他們。憐憫是自我在保護自己的方式，不願承認其脆弱。但靈魂不需要保護，它渴望連繫。

我們的能力絕對超過「還好不是我」。你的靈魂希望以良知、善良和關懷來引導你，希望你能夠超越你所建立的那道與它保持距離的認知障礙，希望你明白你包含在所有造物中，是集體靈魂中的一部分。所以，請把靈魂帶去見另一個你，那個妨礙你完全投入生命的你。傾聽你的靈魂，讓它向你展示你和他人緊緊相繫的方式，甚至是那些你不認識的人。讓你的靈魂引導你進行無私的行為。讓它引導你發聲、參與、爭取正義。把靈魂投入在感動你想要從事參與的一切。

把自己算進去，說：「這是我。」這意味著體認到自己是人類，是凡人，並且無庸置疑地與全人類連繫在一起。擁抱我們的脆弱是善用智慧的關鍵，換句話說，對自身渺小的認識是讓我們變得偉大的原因。

每一天，我們都有能力迎接深層的靈魂來到這世界，乃至於超越此世。

我最近學到一個字「hobo」，這是「homeward bound」的英文縮寫，意思是「歸鄉情怯」。我們都歸鄉情怯，想方設法地回歸我們的善良，我們的聖潔本質、我們的創造者、我們自己的心靈和靈魂。

靈魂之魂不斷呼喚我們：「回來吧！我的孩子們。」你能聽到嗎？這是一個你的靈魂由衷認識的召喚。

因此，不要說：「還好不是我。」要說：「我也在其中，把我算進去。」好消息是，你所尋求的家園已經在你的靈魂內。人天生就有愛，天生就是慷慨、謙遜，而且懂得給予和接受撫慰，隨時都準備好要幫助與連繫。

你可以連接距離，可以修復破損。

依靠永恆之力「Neshama」（聶薩瑪），這道你靈魂的最高層，這樣很快你就可以進入恩典時刻，進入萬物有條，真理昭彰的世界。你的視界變得更加清晰，思路變得精明。而你的心，其上一層層的汙泥和防禦，都會剝落下來，日益軟化。你的自我一片片地瓦解剝離，直到你過去堅信的一切都開始動搖。你將進入另一種感知的階段，可以在黑暗中看到天光。明白不管距離多遠都可以產生連結。現在還不算太晚！你仍然可以與你所愛的人，甚至你所評判的那些人一起把事情做對。所有苦澀都可以變得甜美。就算在陌生人和敵人之間，也可以架起橋樑，還不到絕望的時刻。

「不是我」，這樣長久以來綁住你的自我打擊模式，可以就這樣瓦解，一沖而散。所有那些模糊不清的都會在你內部成形，所有沉睡的都會甦醒，準備聆聽與回應。

你會看到你標記為「其他」的人，實際上是你的兄弟姊妹。永恆之力來此教導你，渴望向你展示你周遭世界和你身處之地方的完整圖像。你每天都有一個使命要完成，這世界的情況要求你這麼做。去主張並擁有自己人性的真實深度，因為主張你的同理心，就是主張自己的命運。這樣做，你就能活出一個祝福他人的生命，祝福那些甚至你未曾謀面的人。

說：「這是我！」以你所有不盡完美卻了不起的力量來揭示自己。

在自我封閉和能力所及之間架起橋樑，拉近距離。這也是在拉近心智與心靈之間，以及你的靈魂與靈魂之魂的距離。

你不需要去到遠處才能返回，但你需要走到深處。這個寶貴的世界對你有高度期待。

願你開始在另一個人的眼中看到自己的靈魂。你的生命在等著你住進去。我們的世界在等著你修復。願你在祝福和歡樂中進入。阿門。

## 第三十五章

# 感受你靈魂的四十二場旅程[1]

去年夏天，我的丈夫羅伯和我去峇里島度假。那是個美麗且平和的地方。我們在那裡遇到一位高人，他向我詢問我生活中的各種問題。當我們談話結束時，他說：「我看到一些東西。我發現過去的問題仍然存在。」

「非常感謝！」我說。

他說：「但這不算是個大問題。」

之後，我想到他的這番話，想著過去的問題為何從未真正消失。不過，曾經在你身上沉重如一座山的問題，一塊阻擋在你眼前的障礙，有可能變成一座遠山，讓你得以從遠處凝視，當成是一幅遠景。障礙成了你可以看到，但不再阻止你前進的東西。這就是踏上旅程的意義。

在猶太《聖經》的《民數記》（*Book of Numbers*）最後，列出以色列人在他們四十年徒步穿越沙漠時所經過的地方。這是一張讓人目不暇給的地名清單，從下面這一小段，你就能夠了解我的意思：「他們從紅海出發，在汛的曠野紮營。從汛的曠野起行，安營在脫加。從脫加起行，安營在亞錄。從亞錄起行，安營在利非訂……」這就像是在讀電話簿，或是看油漆變乾一樣無聊。經文詳列四十二站。為什麼要一一列出？這對你我有什麼意義？

也許重新細數這場旅程的每一站，對於那批離開埃及的人（Exodus）非常重要，畢竟他們那個世代記得在每個地方發生的事。但是對我們來說，這些連在今日地圖上都不存在的地名，能夠傳達什麼訊息？誰在乎他們去過哪裡？為什麼要關心他們在哪裡停下來紮營？從這份名單中能學到什麼靈性教訓？

我最喜歡的哈西德教義評論，是由拉比索隆·諾亞·貝瑞佐夫斯基（Rabbi Sholom Noach Berezovsky）所寫的《和平之路》（*Paths of Peace*）。拉比貝瑞佐夫斯基分析這段枯燥的《聖經》地名清單後，提出一個詮釋，同時啟發我的思想和心靈。首先，他引用哈希德派的創始人托夫的教導，說這份清單隱藏一個高深的祕密，不僅關乎那一個世代，也涉及每一代人。他說，文本之所以列舉四十二段旅程，是在告訴我們每個靈魂從出生到回到上方世界前，都必須經歷的四十二次旅程。他說，以色列人的旅行和紮營清單是我們生活的藍圖，它告訴我們要如何跟隨靈魂展開一段又一段的旅程。

下面是我對托夫觀點的理解：你可曾覺得自己只是在虛擲人生？或是你在某個地方轉錯方向？或是你生命中的某些階段只是在浪費時間？人生一個錯誤？

也許你錯了。

是的，生活有時會讓人覺得沒有連貫、脫節，但是你所去過的每個地方，經歷過的每道難關，甚至是最糟糕的詛咒，全都能巧妙地提升你的靈魂，引導你前進。

《聖經》的這份地名清單不僅是關於過去那些人的經歷，同時也是永恆的、個人的。這是我們的路線圖，我們的道路。這是由你的生命所組成的故事，當中有你去過的地方、你被擊倒的地方、你起身反抗的地方、感到害怕的地方、獲得信仰的地方、受到欲望誘惑的地方、心碎的地方、勝利的地方、你遇見的人與你愛人和被愛的過程。

在生命的每個階段，都有一項任務在等待你的靈魂去完成。成長的一種方法是透過研讀來學習。另一種方式則是透過體驗生活，在每次的相遇中學習。《和平之路》這本文集，將這些人生課程稱作是「你個人的妥拉」。你的靈魂在你去過的每一個地方，和發生在你身上的所有事情中都有任務要做，體認到這點，就能學到你的個人妥拉。

這趟旅程並不容易，有些試煉會直抵你的核心。

有時你靈魂的工作是教導你的意志力去抵抗，有時它的工作是教你拉近距離，讓你看到自己的心胸有多寬廣，以及你能承受多少痛苦。有時你的靈魂會教你如何接受，而有時你靈魂的工作就是教導你給予，而且是不想要任何回報的給予。

《和平之路》還提到另一種說法，也是關於《聖經》列出四十二個地名的原因，這是來自偉大的中世紀《聖經》釋義家拉什（Rashi）。拉什說，以色列人停留和紮營的地方也稱為「旅程」（journeys）。你的挫折、你的停頓，都是可以提升你靈魂的旅程，只要你願意讓它們帶領你。因此，沒有必要在窒礙難行時責怪自己，愛和學習才是關鍵。

你可曾覺得受到引導？你去到某個地方，或是遇到某個人，或是創造出來的作品，似乎並非來自你本身，而是透過你展現出來？

你能感覺到你靈魂的旅程嗎？花一些時間試著回溯到目前為止的生命足跡。拿一張紙，靜靜地坐著，然後寫下你生命旅程的清單，生命中重大的時刻和挑戰。寫在紙上，可能會看到一個模式、一個方向，一個更大的圖案。什麼都沒有浪費掉。在這一刻，過去的一切會將你帶到對的地方。

現在你為什麼會在這裡？你有注定要給的東西嗎？有注定要見的人嗎？有在這裡要接收的東西嗎？不要讓這個神聖的日子過去，卻沒有找到隱藏起來的祕密，它們在這裡等待這一刻已經很久了。

每當我要寫一篇悼詞，我都會請喪家的家屬與我分享他們所愛的人的故事。有時他們會告訴我一些彼此關聯的事情，一些枝微末節的零碎小事。有時他們只能看到這些點滴。但我總是在尋找故事，一道弧線，靈魂從出生到最後歷經的四十二場旅程。

最近，一位我認識並敬愛二十七年的傑出女性過世了。她的名字叫黛娜．斯涅（Dina Sneh）。黛娜在波蘭和立陶宛邊境附近的一個名叫格羅德諾（Grodno）的小鎮長大。當納粹入侵波蘭時，格羅德諾落入蘇聯手中。蘇聯人將黛娜、她的兄弟姊妹、母親和祖母，驅逐到西伯利亞。西伯利亞，這似乎是當時最可怕的詛咒，那裡冰天雪地，生活條件嚴酷，沒有錢也沒有能夠補給營養的食物。但是當戰爭結束後，黛娜得知她鎮上的每一個猶太家庭都在淪陷時死於大屠殺，而她**因為**被放逐到西伯利亞而倖免於難。

回顧過去的生活，我們會發現一些最艱難的考驗成了智慧的源泉。挑戰可以讓人得知自己的力量，阻礙可以挽救你的生命。每一次的生活經歷，都可能解開等待著你的美好機會的鎖。旅程中的每一步都在等著你，等待獨一無二的你的來跨出這一步。要知道你做的每一件事、每一次的善行、向前的每一步，甚至向後的每一步，都會在宇宙中產生漣漪。

生活中最令人痛苦的一種謬誤是，心中碎念著我們的生活沒有意義，不夠有趣、不夠強烈，不算是「真正的」生活。沒有人想過無意義的生活。我們沒看到的真相是，沒有一條生命是處於一片混亂，沒有意義、結構或訊息。每一天都有自己的故事。透過靈魂之眼，可以開始將你的生命看成是一個和全體人類共享的有意義的故事。

講故事是靈魂的領域，這是一種神聖的交流方式。靈魂喜歡故事、寓言、神話和傳說。心智只能看到當下的快照，但靈魂可以感受到一齣偉大的戲碼正在展開。也許這就是為什麼孩子想要一遍又一遍地聽同樣的故事，也許這就是為什麼《聖經》不是一本法典。偉大的講述者通曉如何說一個好故事的祕密，以此激發靈魂。

你的四十二場旅程在哪裡？讓永恆之力Neshama（聶薩瑪）幫助你看到你生命中真正的弧線，你的靈魂可以幫助你看到你一直錯過的神聖故事，請讓它來告訴你為什麼你現在會在這裡的原因。

我祈禱你將學會把你的生活視為一則有意義的故事。我祈禱你將學會看到你的阻礙是如何引導你前行。願你在每個地方都能完成你靈魂的使命，願你受到祝福來實現它。阿門。

## 第三十六章

# 認識阻礙對你的提升

我鼻腔重建的那七週，絕對是我人生四十二站旅程中的一個大站。第一次手術結束後，在七週內還要再進行兩次手術。我知道有好幾個星期，我會困在家裡，臉上掛著那個可怕的象鼻般的套子。畢竟，看起來像是個象人時要怎樣出門？七個星期。當我第一次意識到我將關在屋子裡這麼久時，感覺就像是被判處入獄服刑。我那時覺得自己一定會發瘋，想像我勢必會每天倒數計日。

但原本看似監禁的狀態卻成了一個意外的全新開始。沒多久我就不再計算日子了，甚至喪失時間感。一開始我想，**我要怎麼度過一天？**然後，我不太確定要怎麼描述，但日子似乎是以最神聖的方式在我身上移動。那是寬裕、可能性和愛的日子。

我接受家人的愛、朋友的愛，我接受納舒瓦靈性社群的愛，和他們的禱告與祝福。我把這些全都深深吸收在我的內心。

我會在早上醒來，禱告和冥想。這就像我在一個遭到扭轉的現實環境中，一個溫和的地方，進行為期七週的靜默修行。通常我冥想時，需要一些時間才能將思緒安定下來。但在這七個星期裡，我很迅速地進入冥想，非常深層，這是我以前從未體驗過的。

日復一日，我變得更加泰然自處，這是一種接受。奇怪的是，我比過去很長一段時間都來得快樂和平靜。

在我腦中有一位新客人來到，陪伴著我。我甚至認不出她的聲音。她人太好了。她說：「沒事的，妳不必做任何妳不想做的事情。睡一下，吃點東西，什麼事都別做，再打個盹。讓妳的身體有機會做它需要康復的事，不要擔心任何事。對自己好一點。」

那是我靈魂的聲音，我很確定，因為她，這段監禁期成了一個解放的場所，時間成了一處空間。

隨著日子過去，我預計會開始出現幽閉空間恐懼症。我的意思是，畢竟人的耐力是有極限的。但是，我非但沒有孤獨感，反而出現令人驚訝的恩典來拉抬我。

這不再是監禁，而是一份禮物。

我很難找到一個舒適的睡姿，所以我會在晚上奇怪的時間醒來。但我一點也不介意。我會研讀猶太人的神祕智慧書《光明篇》（*Zohar*），遙想過去神祕主義者，他們也是在半夜時分當世界一片死寂，所有聲響消失，神祕魔力開始時，才開始進行他們的研究。

在這七個星期，我開始明白原先所懼怕的實際上可以成為珍寶，甚至可以成為你的老師。隨著時間過去，幾週後另一次手術也過去了，我的最後一次手術很快就要到了。真正令我感到驚訝的是，這時我竟不想結束我獨自一人在家的日子。這太奇怪了。你會認為我等不及重獲自由的那一刻。當然，我希望我的磨難結束。但是我經驗到這美麗的地方，這是如此莊嚴神聖，我想盡可能地繼續下去。我不想離開。

我並沒有出現恐懼症。我只是覺得內心發生了這種轉變，我害怕失去它。回到過去的通勤、差事以及生活慣例，我將會失去這份我已經熟悉的層次更高的禮物。

我第一次理解那些拋棄日常生活，決定到山上當僧侶的人的衝動。因為要在現實世界中實踐這樣的生活實在太難。

我一直想著偉大的拉比西蒙．巴爾．約海（Shimon Bar Yochai）。傳說他在洞穴中度過十二年，可不是只有七個星期，然後聽到神親口對他說《光明篇》的神祕和祕密。十二年後，他從洞穴出來，看到一個人在耕田，他對這個貧窮的農民別無他想，只是覺得不屑：

「當一個人明明可以思考神聖的祕密，為何只會在這裡做如此平凡和低下的事呢？」

這時神對他說：「再回到山洞裡，因為你什麼都沒學到！」

他沒有想通！

對我來說，拉比約海的這則故事是在告訴我們，理解天堂的祕密就在犁田。天堂的祕密就是在面對孩子的抱怨、交通堵塞，以及工作需求等重擔壓在肩膀上時，你要做什麼。那裡就是你必須體驗何謂神聖的地方。

當你在田裡犁地時，要維持一顆虔誠的心是非常困難的。

靜水之地的體驗讓我永生難忘，但生命是在一片泥濘中生活，你不能生活在西奈山，你不能，但你可以堅持在西奈山學到的東西，不是嗎？

我一直在擔心：要是我回到昔日生活又故態復萌，我該怎麼辦？要是我又回頭去過心不在焉的生活，那麼我所經歷的和學到的一切，都只是在浪費時間，好像它根本沒有發生過。生活的挑戰不是你**能夠**改變的。真正的挑戰是，你能**繼續維持**這樣的改變嗎？在這個每天都在誘惑你、測試你的世界，要如何在生活中維持長久的改變？

我祈禱神聖的事會發生在你身上。意料之外的事、一個轉捩點、一種覺醒、一顆軟化的心。在腦中出現一陣甜美的聲音。我希望你能找到一個新的地方，一個你預料之外的地方。開放自己去面對所有的可能性。有一股可以真正影響你的力量就在身邊。就像被一道閃電擊中，直抵核心，並改變你。我祈禱你會體驗到一種強大並且充滿神聖和敬畏的經歷。我祝福你，你會找到堅持一顆虔誠的心的方式，它會留在你身邊，留在你裡面。

是的，有可能遇到一種非常強大的神聖體驗，強大到無法將它重新融入在你的正常生活中。也許它在很深層的地方對你造成永久改變，讓你不會再重蹈覆轍。又或者是，你學會把你所見到的事物帶入你的生活，因此不再是和過去一樣的人。

也許持久的變化根本用不到神聖體驗，也許你什麼都不必堅持。你不必去控制它。相反地，只是騰出空間，讓你擁有更多，並允許新客人在你內心安頓下來。

*

二〇一六年八月二十四日，我做了最後重建手術。當我在恢復室醒來，臉上仍綁著繃帶。一週後，我去看阿西查迪醫師，他輕輕地解開我臉上的繃帶。這時，在我腦海中立刻閃過第一天來看診的情景，那時他也溫柔地打開我的繃帶，檢查我那不復存在的鼻子，當時我懇求他說：「別給我看」，因為我確定自己看起來像個怪物。他答應我，絕對不會讓我看到我鼻子的慘況。

但現在七個星期過去，他正在剝除我的繃帶，面帶微笑，看起來很開心。這次他遞給我一面鏡子。我看著我的臉。我有了一個鼻子！

我真的很感激。這是全新的一天，我整個人都深受憾動。我的心快跳出來了，眼眶泛著淚水。我一直對他說：「謝謝你！謝謝你！謝謝你！」離開後，我發訊息給他：「願神保佑你，對你的感謝我難以言喻！這是來自我靈魂深處的感激之情。我將永遠感激你，永遠。」

一週過去了。阿西查迪醫師說我現在傷口都已癒合，可以用化妝品來隱藏所有的傷疤——但我對化妝所知甚少。

所以我去一家百貨公司，遇到正在化妝品櫃檯工作的加百列爾。他人非常好。他對我說：「親愛的，妳怎麼了？」

面對這個站在化妝品櫃台前的人，我的情緒開始升起，告訴加百列爾我所遭遇的一切。他感動得熱淚盈眶。

我指著我的鼻子對他說：「這不是我的鼻子。這是我的頭皮、我的額頭和耳朵。」他開始驚訝地檢查我的臉。

我說：「加百列爾，你能告訴我要如何掩蓋這些傷疤嗎？」

我繼續說道：「你有什麼辦法能讓這個又肥又醜的鼻子，變得更精緻和窄一點嗎？它看起來好胖、好醜，有好多結節和隆起。」

這就是我對醫師「永遠」的感激之心所能持續的時間。七天！這就是那善良溫柔的聲音，那個進入我腦海的新客人所待的時間。

天啊，請原諒我，阿西查迪醫師，請原諒我。

就在這時，我拿出我的iPhone，給加百列爾看我的舊鼻子的照片，然後我說：「你看，我的鼻子以前有多麼挺、多細緻。」

加百列爾對我說：「首先，把那張照片拿走，它已經是歷史了。第二，妳現在擁有的鼻子更柔軟，更適合妳，因為妳是一個柔軟的人，那個舊鼻子都是骨頭。無論如何，這是妳的奇蹟鼻子。妳看不出來嗎？所以讓我們忘記那個老骨頭，好嗎？而且，親愛的，我們要讓妳變得很時尚。」

這個在化妝品專櫃工作的人，竟然提醒一位拉比她所受到的祝福。然後我的天使加百列爾拿起一把刷子，三秒鐘後我的所有傷疤都消失了。

當我從加百列爾那裡開車回家時，我想起那段關於四十二場旅程的教導：「是的，即使是倒退的步伐，也可以當你的老師。」我肯定離我那片感恩和良善之地已經很遠了，而這只不過才一星期而已。

這就是為什麼下次我看到阿西查迪醫師時，我跟他說：「我得請你幫我一個忙。」

他說：「我能為妳做什麼？」

「我想看看你幫我拍的照片，」我說：「第一次見你的那個我。我希望看到我沒鼻子的樣子。」

「妳確定準備好了嗎？」他問道。

「是的，我已經準備好了。」

他站起身，在桌子後面坐下，從電腦裡找到我的照片。

「好了……妳準備好了嗎？」他問。

我立刻走向他的電腦。在那一刻，他的電腦突然當機。螢幕整個變黑，死當，什麼都看不到。

天可為證！

實際上，我根本不需要神當我的見證人，因為阿西查迪醫師就可以當我的見證人。

我想：**哦！我的天啊！這是一個徵兆嗎？**

醫師這時也說：「也許妳注定不應該看到……」

但我說：「不，我**注定**要看的。」

在那一刻前，我一直害怕不敢看，我擔心我的臉會像恐怖電影中的怪物一樣。但隨後阿西查迪醫師在他的iPhone找到我的照片，我則在為自己做好心理準備。擔心我可能會哭，或者可能會覺得噁心，甚至在辦公室裡吐出來。我擔心我可能會對即將看到的影像感到後悔。我可以撐過去嗎？這個影像會一直困擾我嗎？但我看了那張照片後，我鬆了一口氣，在腦中找到那甜美溫柔的聲音，我靈魂的聲音，再次與我同在。因為雖然我失去一大半鼻子，但是當我拿起我的臉部照片，我看到完整的我。非但沒有因此產生反感，我還在她眼中看到一片善意，而我對她唯一的感受就是憐憫。

我對阿西查迪醫師說：「神保佑你。謝謝你給我看那張照片。我需要認識這個奇蹟故事的真正弧線。」

這個故事的真正弧線在哪裡？

這是我們**所有**故事的弧線：你是受到祝福的，只是有時你看不出來。但是你內心的靈魂現在就在幫助你想起來，就像我的天使加百列爾一樣。

你腦中有一種和善的聲音，她會一直在那裡照顧你、教導你。她是你的靈魂，她總是指引你通往你真正的召喚和你神聖命運的道路。你的靈魂具有崇高而強大的力量，讓她來幫助你、提升你，並且改變你。願你學會聽她的。

那些你希望永遠不會降臨到自己身上的可怕經歷，也會讓你感到驚訝，它們以最難以想像的方式照亮你的生活，而你的靈魂希望你能夠理解這一點。

你獲得的愛比你所知道的還要深，你不知道你生命中的人和你的造物主有多愛你。你不知道這份愛有多麼深、多麼強，而你的靈魂是在這裡幫助你感受這份愛，並讓它進入你。

每一天都會有一道新的光線照在你身上，一道之前從未照射下來的光。願我們都值得這光，願我們都有這樣的特權，願我們都幸運地沐浴在這光芒中。阿門。

# 第三十七章
# 看到你的未來世界

不久前，我夢到母親。在一家咖啡館裡，她坐在我旁邊，我低聲問她：「媽媽，天堂看起來怎麼樣？」起初，她假裝沒有聽到我的話，但我還是繼續問：「拜託，媽媽，告訴我吧！」

她說：「諾米，浴室超豪華的！」

「就只有這樣？」我說。

她說：「華麗的浴室。」

我說：「那天氣怎麼樣？」

她說：「和這裡一樣。」

我說：「這裡和天堂有什麼不同嗎？」

她說：「浴室啊！太奢華了！」

夢到這裡就結束了。

也許我媽媽無法告訴我這個世界與未來世界的區別，因為我們本來就生活在天堂裡。悲哀的是：我們看不到。我們無法看到可能性，也看不到我們所能動用的一切。

新年那天我和一位很好的朋友共進午餐，我問她：「妳有許下什麼新年新希望嗎？」她說：「我不想談論這個，因為我的願望從來沒有實現過。」

我大笑起來，她也跟著笑。我不是在嘲笑她，我是在笑這想法本身。這是很長一段時間以來我聽過最有趣的笑話。新年希望並不像面對生日蛋糕時吹蠟燭許願一樣。

我們經常把禱告、夢想、新年希望與願望搞混。願望是對精靈說的，你不是在這裡與精靈交談，你是在這裡，站在你的造物主之前，祂知道你真正的能力。

《聖經》中我最喜歡的人物是夢想家約瑟。約瑟明白，夢想不是願望。他知道，即使連自己的兄弟都背離他而去，也必須堅持夢想。即使在坑洞中，約瑟也堅持他靈魂的高遠視野。

眾拉比說，夢想是預言的六十分之一，它是種子。這話是什麼意思？先知並不是看到未來或預測未來的人。先知是有夢想的人。但你可能會說，我們每個人都有夢想。確實如此。我們都可以瞥見我們的生活可能性，瞥見世界的可能性，但我們讓這些夢想消失。

先知看到世界的可能性，而且不會就這樣任它而去。先知準備為夢想冒險，勇敢面對危險，願意忍受並承受那個夢想的傷疤。

我們都有過夢想，都瞥見過天堂，但大多數時間，在急迫感過去後，我們又回到一般的日常生活。這就是我們的新年新希望沒有實現的原因。

但新年新希望並不是會發生**在**你身上的事，而是**透過**你所發生的事。在《塔木德》經文中，我最喜歡的祝福是：「願你在這個世界看到你的未來世界。」你的靈魂一直試圖教你這個真理。

每隔一段時間，你就能感覺到造物主在你身邊工作。你演奏一首曲子，就知道你的手受到引導。你放聲歌唱，就可以聽到天使的回音。你拿起筆寫字，就意識到這些話並非來自你，你只是在這裡聽寫。但後來我們失去這種感覺，忘記我們的夢想和決心。奴役不僅是對身體的束縛，也是在催眠你的精神，直到再也看不出來你不見得只能維持現狀，你變得習慣於謊言：**「我不夠強壯，我不夠好。」**

那麼，要怎麼樣才能從綁住我們的一切中釋放出來？這需要一場撼動你的大災難，需要從內心發出隆隆作響的震動，一場能夠撼動你所知、所接受的一切的震動。突然間，限制你行動的高牆和束縛你的鐐銬就此崩解，你看到一個新的真相。

獲得自由的關鍵只有一個字：「veyadatem」，意思是：「到時候就知道了」——在你的骨子裡、在你的心裡、在你的靈魂中、在你生命的深處，你會看到，你會知道！

到底你會知道什麼？你是神的孩子。和眾生一樣平等，不會受到奴役。

這就是金恩博士在〈我有一個夢想〉中所傳達的意思。這是一道如雷射光的視線，穿透所有謊言，直抵不可否認或不能妥協的真理。夢想是看到此世的天堂。

金恩博士也明白，夢想必須以行動作為後盾。這就是為什麼他說：「最危險的無神論不是無神論的理論，而是無神論者的作為，這才是最危險的。而在這個世界上，甚至是在教會裡，都充斥著開口閉口都是神，但卻不願為生命服事的人。」[1]

偉大的領袖是那些在這個世界看到天堂的人。他們看到種種可能性，他們需要將其呈現出來，勾勒出那個世界的圖像，好讓其他人也可以看見。他們需要不斷教導世人，直到成真。

在檔案室，我發現拉比馬庫斯曾經在一次布道中提過這個想法。他在七十多年前就講過這些話，但在今天仍非常貼切實用，就跟他講道的那個時代一樣：

在這世界，沒有人不曾夢想過更公平的世界、更美麗的宇宙……沒有人在夢想某個快樂時刻之時，沒看到至高存在的承諾。但這一刻很快就過去了，所以夢想也跟著消失。我們得努力應付生活的經濟需求……所以我們的夢想世界消失了，我們又一次看到真實但缺乏美麗和色彩的宇宙。

然而，有些人比一般人擁有更大的視野……他們的眼睛能看得更透徹，並且持久觀察事物……他們有能力重塑和再造這個轉眼即逝的短暫時刻，將其重新打造成持久且有意義的形式。先知就是有遠見的人……[2]

拉比馬庫斯明白，要將夢想轉變為持續的願景，但並不是靠靈光乍現就足夠，也不會在一夜之間就發生。這是一場鬥爭，是每天的鬥爭，是為做正確的事情而戰。

預言是神透過人的作工，是一種從潛意識轉向意識的經驗，讓人嚐到可能的味道。

我們為自己打造的每個夢，都只是神對我們的夢想的反射。

神在你靈魂裡面擺放了什麼？神如何透過你來作工並祝福你？開始看看你的過人之處，超越你的侷限，看到你成長的力量。

我這樣說是要告訴你，只要睜開眼睛，就會看到生命完美，而且神無所不在嗎？並不是如此。生活可能會把你擊敗，神可能感覺起來永遠都在很遠的地方。我們生活的條件，我們世界的條件，會讓人覺得離天堂很遠。試煉和磨難可能會讓你感到失望，挑戰可能會讓你難以承受，但你絕不能任其主宰。

我曾讀過一篇評論，當中提到地獄並不是一處充滿鬼火和痛苦的地方。地獄就是當神打開你的眼睛，向你展現你的偉大，以及你離你的潛能有多遠。如果那是地獄，那天堂是什麼？天堂是神打開你的眼睛，而你看到現在的可能性。

你在努力爭取什麼？

大家提出的新年新希望，大多數是關於健身和節食。若是你能看到你的修復能力，以及實現抱負的可能性；若是你能了解你天生就有看到天堂的能力，得以實現你崇高願景，得以提升這個世界。

要能夠一瞥未來世界，重要的是要有對未來世界的願景。你對天堂的看法是什麼？

有篇拉比的文章警告我們，要是你無法看到未來的世界，那麼在未來世界你只會是張替補的椅子。我不是說你將會坐在未來世界的板凳上。[3] 你真的只會**成為**一張板凳。你真的想成為一張板凳，讓未來世界的其他人坐在你頭上嗎？

你有能力捕捉天堂的景象。

應許之地不是一個遙遠的地方。天國不是為死人保留。天國就在這裡，等著我們發現它並進入其中。

若是想要學會如何在這個世界看到未來世界，可以問問自己以下較深層的問題：

這世界對你有什麼需求？神對你有什麼要求？你的天賦對你有什麼要求？你的靈魂想要你做什麼？

哪些謊言你一定得坦承？哪些障礙你必須突破？阻擋你面對這個真理的面紗是什麼？

有什麼障礙是你長久以來渴望克服和掙脫的？就跟約瑟一樣，人天生就具有作夢的力量，將你靈魂的遠見與現實合一，高舉這個世界。

你的夢想是什麼？能夠與你的靈魂和諧共鳴的那個夢想？

天堂就在這裡。願你在這個世界看到你的未來世界。阿門。

# 懂得時間與永恆的深層含意

「……受限於時空的一部分。」

——摘自愛因斯坦致拉比馬庫斯的信

愛因斯坦強調我們都是整體的一部分，但他了解我們有限的知覺經常會阻礙我們理解這個真理。沒有人能清楚地看到萬物的合一性，我們渴望認識永恆，但卻陷入自己的時間感之中。突顯出靈魂與身體、合一與分離的一件事，就是死亡。

永恆之力Neshama（聶薩瑪）等著向你展現，如何以一雙新眼睛看待時間與永恆，如何在天地之間搭起橋樑，如何看到我們所屬的那個整體，那個環繞一切造物的整體。

## 第三十八章

# 珍惜永不消亡的祝福

我生長在一個充滿食物、關愛、笑聲、音樂和故事的家庭。我是四個孩子中最小的，我們家族在布魯克林形成一個部落，叔叔奈特一家人住在我們樓上，另一個叔叔露比一家住在隔壁，我的祖父母則住在他們樓上。沒有人會敲門，也沒有人需要鑰匙。每個人總是泰然自若地闖進別人家。

我的父母是靈魂伴侶。他們總是和聲歌唱，手牽手一起走路。在成長的過程中，我的兄弟姊妹一個接一個搬出去上大學。很快地，只剩下媽媽、爸爸和我。家裡變得安靜許多，但很美。

前一天生活還很美好，後一天我的父親被殺了。現在只剩我和媽媽。你可以想像，我們倆變得不可思議地親近，兩顆破碎的心必須在一起面對這問題。

上高中後，我努力讀書，從不哭泣，不想加深母親的悲傷。於是我全心投入學習，變成一個好學的孩子，一個書呆子。考試前我總是會陷入困境，然後在考試那天我會去找媽媽，說：「媽媽，在考試前給我一個祝福，還要祝福我的筆。」她會說：「我親愛的小諾米，妳知道我是個厲害的女巫嗎？我知道會怎麼發生，而且我也知道結果。」我會拿起我的幸運筆，趕緊去學校。

然後我上大學了。老實說，我不知道她是如何找到力量讓我離家。當家裡什麼人都沒有，只剩下過去的生活回憶時，要如何把你的第四個孩子送走？

我不知道我是怎麼離開的，但是我走了。

而我討厭這件事。

從東正教的猶太高中到康乃爾大學，我遭遇相當大的文化衝擊。學校裡散發著貴族氣息。我這輩子還沒見過這麼多的頭帶和帆船鞋。他們一直說，理想的康乃爾人是學者和運動員，有點希臘理型的論調。但我既不是運動員，也不認為自己是個學者。所以我開始每天晚上打電話回家給我媽，歇斯底里地哭著說：「我想回家。我不喜歡這裡。」

她很堅強。她會說：「我希望妳留在那裡。相信我，我是一個好女巫。」然後她會為我即將到來的考試祝福我。

她是對的。

經過六個月的時間和長胖十五磅後，我真的學會熱愛大學生活，結識新朋友。我喜歡學習，雖然我還是沒愛上運動。

我母親看對很多事。在我明白之前，她就知道我的丈夫羅伯是適合我的人。「相信我，」她說：「我是一個好女巫。他是個守護者。」在我們的婚禮上，她帶我走過地毯。只有我們倆。我和我的媽媽，攜手共進。再一次，她把我送走了。讓我離開，住得離家很遠，對她來說不是件容易的事。

然後這位心碎的寡婦變成一個慈悲的奶奶和外婆，行事曆上寫得滿滿的，要見朋友、孫子，要去當志工和學習。她在八十歲時才舉行她的猶太教成人禮。

在她七十歲的慶生會，就在我們以為她要講話時，她轉過身對我說：「親愛的諾米，我希望妳能祝福我。」

當拉比這麼多年，我一直在祝福別人，而這麼多年來都是她在祝福我，我從來沒有祝福她。於是我把手放在媽媽的頭上，祝福她。我該如何描述後來在我們之間發生的？從那天起，這成了我們的儀式。她每天晚上都打電話給我，要我祝福她。她難以入睡，所以我會祝福她。我會說：「媽媽，願妳平靜，我祝福妳整晚好眠，有個甜蜜的夢。」

她疾病纏身，從她的眼睛、她的腿、她的腳、她的哮喘到她的胃。我會打電話給她說：「媽媽，妳的內臟們過得怎麼樣？」

她會笑，我們會聊上幾句話，然後她說：「我需要我的祝福。」

我會祝福她。「媽媽，願妳平靜，我祝福妳整晚好眠，有個甜蜜的夢。」

我發現自己保存她所有的語音留言。很多人不斷跟我說，我的語音信箱滿了，但我就是無法刪除母親的甜蜜訊息：「Shabbat Shalom」（安息日平安）、「生日快樂」、「母親節快樂」。

我估計，我們每天通電話約六次。她想知道我生活的種種細節。如果是納舒瓦星期五，她會先打電話祝福我，祝我好運，然後問我：「妳今晚要講什麼？」之後，還會有追蹤電話：「那場納舒瓦怎麼樣？進行如何？妳的講道怎麼樣？受歡迎嗎？有多少人來？」

要是我出外演講，我會在去機場的路上從計程車裡打電話給她。我們會聊個不停，然後我會說：「我得掛了，媽媽，我要過安檢。」她會說：「好的，到另一邊再打電話給我。」然後我會再打給她，繼續聊天，直到要登機。

我會說：「媽媽，我得掛了，他們要關艙門了。」

她會說：「好的，等妳降落時再打電話給我。」

我們在前往旅館的計程車上繼續聊：「告訴我，妳旅館的房間怎麼樣。不錯嗎？妳今晚要談什麼？」然後是後續電話：「怎麼樣？進行得如何？妳講些什麼？受歡迎嗎？人多嗎？」她非常喜歡這些後續電話，有時讓我不得不撒些小謊：

「聽眾多嗎？」

「很滿！」

她會說：「座無虛席？」

我會說：「是的，媽媽，全都滿了！」

「妳很受歡迎嗎？」

「是呀，媽媽，跟明星一樣！」

「很讚嗎？」

「絕對是。」

有一次我受邀參加一群拉比的靜修活動，在當中有一場關於禱告的演講。演講結束時，我說：「我想教你們如何互相祝福。我們拉比一生都在為別人祝福，但誰能祝福我們呢？」

我的同事問：「妳在說什麼？我們要怎麼互相祝福呢？」

「我和我母親每個晚上都這樣做，」我說：「你們也可以做到。」於是現場所有年長的男男女女把手放在彼此的頭上，感動得流淚，真希望你也看到這場面。

結束後，媽媽會打來問我情況。「怎麼樣？這些拉比聽的怎麼樣？妳受歡迎嗎？大受讚賞嗎？坐滿了嗎？」

然後，她進入生命末期。對於一個緊密參與孩子的生活、孫子女的生活，以及朋友生活的女人來說，我真的不知道她是怎麼找到讓我們離開的勇氣。我對她說：「媽媽，祝福我。」她說：「我親愛的諾米，妳早知道該怎麼做。妳只需要按部就班地去做。」

然後我祝福她。「媽媽，妳需要給的一切，妳都已經給了。妳現在可以走了。」我輕輕撫摸著她的頭髮，說：「願妳平靜，我祝福妳好眠。」然後我唱一首搖籃曲。在她陷入昏迷後，我低聲對自己說：「通過安檢後，打電話給我。」

＊

當你所愛的人去世時，要重新訓練自己很多反射動作。擺桌子時，你會擺上三個人的，然後才想起來，**哦，現在只要擺兩人份**。

對我來說，則是要訓練自己停止去拿電話。一天有十次，我會伸手去打電話給我媽，然後不得不提醒自己，**哦！不能打電話了**。每次想到要告訴她的事，就得管住自己的手。有納舒瓦服事時，我發現會自問一些問題：**怎麼樣？進行得如何？大受讚賞嗎？坐滿了嗎？**

隨著時間過去，漸漸淡忘了。我母親去世時，我的一位拉比導師對我說：「奈歐米，妳在四月份誦念的卡迪什（Kaddish）哀悼祈禱文，與十一月的不一樣。」

我的一個朋友無意間聽到這段話，於是她問我：「不同月份，真的有不同的卡迪什嗎？」

我說：「不是的，卡迪什是一樣的，但你在不同的地方。」

起初它是一個痛苦的卡迪什，是一處尚未癒合的傷口，是一個空洞的疼痛，不過隨著一個月一個月的過去，它就會呈現不同的色調和顏色。

有時候我就像機器人那樣誦念卡迪什，有時候我覺得很沉重。但有些日子，則有一種甜蜜的感覺，在晨禱服事中坐著，裹著我母親在她成年禮上穿的禱告披肩，為她誦念卡迪什。

當親近的人去世時，世界會對你說：「恢復正常。」但我們心知肚明。不是的，你不正常。你的靈魂知道你需要時間來治療，接受它。時間確實可以治療。而且不知怎的，漸漸就學會不再依靠逝者所提供的智慧和安慰，學會站在自己的雙腳上。我們學會照顧好自己，我們學著排解：「這時他會說什麼？」「她之前告訴我要怎麼做？」不過當節日來到，舊傷口又會打開。我們想念這個應該和我們在一起的人，應該和我們一起坐在節日餐桌旁的人。

世界可能期望我們變得堅強，但我們不必一直堅強。你不一定總是要站在自己的雙腳上。你的靈魂在這裡允許你尋找救援，感受牽絆，想起甜蜜回憶。

我們不需要遏制自己，不需要迴避向外求援。我們可以放手去感受需要感受的一切。我們可以說出需要說的話，聽到需要聽的。我們可以為美好的回憶騰出時間。為了記住那些關心我們的人，那些愛我們、感動我們、教導我們的人。他們都來到我們這裡，那些我們所愛和所失去的人，他們的靈魂和祝福永遠不會離開。

*

二〇一一年的八月二十五日是我母親的生日，如今不能幫她祝壽，我獨自一人在她的公寓裡收拾打包，裝滿一箱箱我將運回洛杉磯的食譜、書籍和小玩意兒。我發現即使是最不起眼，毫無價值的物品也很難割捨。每個手提包、每條手帕都充滿她的特質。我像狗一樣，嗅著每件毛衣，尋找她的味道。那天晚上我自己一個人睡在那裡，塞進小時候的小床，抱著我媽媽在我九歲時為我編織的毯子。夜裡，她出現在我夢中：

我走進我母親的家，她就在那裡咳嗽。我整個人很傻眼。我不想侮辱她，提醒她，她已經死了。她似乎對此一無所知。

我試著把哥哥丹尼拉到一旁，要他解釋一下。但我不想讓她聽到。我一直對自己說：「但我們埋葬了她，我看到了。」她不是一個靈或幻象，她是有形的，有骨有肉。然後她煮飯、談話和接待我們所有人，她很樂在其中。

在對街，我過世的阿姨蘇菲和一名男服務生在一起。她也不知道自己死了。她只是看起來很老，生病了，我不知道她是否會再死一次。

我把丹尼偷偷拉到一旁，問他這要怎麼用醫學和科學解釋。他是個醫師。他對我說：「諾米，有時靈魂不知道它已經死了。」

我看著他說：「這是一個拉比的答案，不是醫學的答案。」

然後我想了一會兒，對他說：「但她的身體在這裡，不僅僅是她的靈魂。是她的身體！它有血有肉。」

丹尼開始想一些解釋，一些理性的說詞。

我努力想找到方法來告訴媽媽，早上我已經請搬家公司來收拾她留給我的所有東西。但是我說不出口，不敢告訴她，她已經死了。我感到內疚，拿走她的財物。

我一直說：「媽媽，我有事要問妳。」我想問她是否可以幫她拍照，但我沒有問。

然後她來找我，她說：「怎麼了，我親愛的諾米？妳要問我問題嗎？」

突然間我不想要這些照片，我只想抱著她。我一直沒碰她，因為我太害怕了。乍然間，我只是在她懷裡融化，開始抽泣。而她只是抱著我。

就在那時我明白她知道自己已經死了。我哭得很厲害，她抱著我，安慰我，讓我哭泣。

願我們所愛和失去的人，在我們的夢裡和每一天造訪我們。願他們的記憶、遺澤，他們的愛和他們的光芒永遠照在我們身上。阿門。

# 第三十九章
# 生活在靈魂時光

我們的孩子還很小的時候，有一天早上我的丈夫羅伯匆匆忙忙地顯得特別慌張。他先開車，把早上輪到的那班拼車解決，我們把孩子放入汽車座椅，羅伯就開走了。幾分鐘後，他從車上打電話給我，說：「諾米，想辦法幫我弄點時間。」我為他感到難過。我想要幫他。但就在那時，訊號變差，我聽不到他的聲音。

我在想，**我可以打電話給誰？我可以幫他重新安排哪些行程？**最後我還是等羅伯重新打電話。「羅伯，我能幫你做什麼？我該怎麼幫忙？」

他說：「只要給我一點時間。」

我說：「好啊！好啊！但要怎樣給你？我能做什麼？」

羅伯說：「諾米！時間（Time）！在農夫市集啊！你知道的，西洋芹、鼠尾草、迷迭香，幫我買一些百里香（thyme）！」

我笑了起來。然後去威尼斯農夫市集，跟賣香草的人進行一段深刻的哲學對話。我對他說：「時間在哪裡？」

他答道：「時間在那邊。」

我問他：「時間要多少錢？」

他說：「嗯，看妳想要多長的時間。」

我說：「我想要很多時間。」我一直都買不起。

＊

時間……

它總是脫離掌控。每逢新年我都會聽到有人對我說，妳能相信嗎？又是另一年了？時間去哪裡了？一年一年的歲月不斷流走，一週接著一週。我們的日子正在消失。

不過就在昨天，孩子們還坐在汽車座椅上，在後院的鞦韆上搖擺，穿著可愛的睡衣在房子裡嬉戲。我才眨了眨眼，現在他們都離家遠行。我打造的巢都空了。這是怎麼發生的？

每年迎接猶太新年前夕之前，每天晚上我都恐懼地盯著月亮。在「以祿月」（Elul，猶太曆的最後一個月）的最後一個滿月高掛天際時，我知道我有麻煩了，因為我腦子裡沒有一點可供布道的想法，而十五天之後就是猶太新年。一夜又一夜，我盯著那顆缺口越來越大的月亮，這時我說出《聖經》中的話語：「太陽，在天空中凍結！月亮，靜止不動——不要動！」但月亮中的那個人不斷縮小，朝著我微笑。

《詩篇》對於時間的流逝有一段精彩的描述：「我們的日子就像一陣飄過的陰影。」拉比當然需要解析這段話，所以他們問：那是什麼樣的影子？是一面牆投下的影子嗎？還是樹的陰影？答案是：都不是，那是一隻鳥飛過上方造成的陰影，倏地一聲，就消失了。

要如何讓時間慢下來？我們有能力做到嗎？讓時鐘走慢一點，我們才有更多時間，與我們所愛的人在一起？

幾年前，我和其他三十位拉比一起進行沉默靜修，這時我開始思考這個問題。是的，拉比和沉默看似相當矛盾。但我去那裡，度過沒有言語的一週。起初這一整片的安靜讓我焦躁不已，我想要和老朋友聯絡。但後來我讓沉默進駐，我讓自己臣服於沉默。

這時我注意到自己呼吸的方式不太一樣，緩慢且均勻。品嚐食物的方式也不同，一切都充滿味道。就連房子裡的光線在我眼裡也變得不一樣，這是我這輩子第一次理解知名建築師路易斯・卡恩（Louis Kahn）的話，他講過「自然光具有不斷變化的特質，因此一個房間在一天中的每一秒都是不一樣。」[1]我聽到從未留意的大自然聲音，唧唧喳喳的聲音，呼嘯而過的沙沙聲。我經歷了長久以來沒有感覺到的事：一天好像有一個星期這麼長，甚至像一個月，這不是因為我感到無聊，盯著我的手錶倒數可以再度開口說話的時間。一天感覺像是一星期，這是因為我突破了另一個維度，觸及到所謂的永恆。時間於是暫停。

那天晚上，我得到一個啟示。突然間，《詩篇》的一節經文出現在我腦海，我終於對它有全新的理解。這段經文是：「Orech yamim asbiehu」，這句話通常譯為：「我會用很多時日來滋養你」，意思是：「我會祝福你有一段長壽的人生。」

但是現在，就在那一刻，在那個一天感覺起來像是一個月的日子，我終於明白這些文字的真正含義。神並沒有向我們許諾一段長壽人生。許多偉大、聖潔的人都沒有活得很長。神真正向我們保證的是：我將用**漫長的日子**滋養你。「orech yamim」即指漫長的日子。

這不是盯著時鐘，等不及工作結束的灰暗日子，而是有顏色和形狀的漫長時日，是感覺豐富、感受深刻的日子，感受活著與愛。那是我們感到完整且滿足的地方。就像我們真的**活過**這一天，並與我們想要連繫的人連繫在一起，而不是平白錯過一天。

我們都有經歷過這樣的時刻，瞥見那樣的瞬間。在這一刻，時間似乎停滯，這一天感覺起來豐富且值得。在這個時刻，時間會讓位給永恆，你會在這個世界看到你未來的世界。是的，我們可以在這裡，在這個世界穿越我們短暫的存在，體驗天堂的滋味。

*

我母親不會開車，但她喜歡坐汽車。每當她到洛杉磯看我時，她一定會說：「我親愛的諾米，開車帶我去逛逛。」

我會說：「妳想去哪兒，媽媽？」

她會回答：「沒什麼特別的地方，就帶我出去走走。」我們就這樣開車，不去什麼特別的地方。很難解釋這樣的開車情況。我們真的只是漫無目的地開著車，享受彼此的陪伴。這些兜風旅程非常神奇。我們會聊聊天，然後我們會沉默下來，只是看著沿途美景。我們會聽音樂。然後我們再聊聊其他的……

母親去世前最後一次來洛杉磯時，我可以看出她顯得虛弱無力。有一部分的我，不願相信她會永遠離開。她的靈魂仍然容光煥發，也許比以往任何時候都還閃耀，但我痛苦地意識到，我們在一起的時間是多麼珍貴。

在那次她來看我的期間，母親說：「我親愛的諾米，我們開車出去走走吧。」那時我很忙，但我還是排開行事曆，和媽媽一起開車出去，就像電影《末路狂花》中浪跡天涯的吉娜．戴維斯和蘇珊．莎蘭登。我們聽著芭芭拉．史翠珊（Barbra Streisand）唱著：「沒有什麼會傷害你，只要我在你身邊。」我想，我至少播放那首歌十次以上。

我漫無目的地開上太平洋海岸公路，一路開去聖塔巴巴拉。我們在一家咖啡館前停下來，但決定不在那裡吃飯，母親說：「我們去野餐吧。」於是我們買了一些外賣三明治、一大包巧克力餅乾和鮮榨橙汁，然後我們在貼著令人眩目的藍色瓷磚的那棟氣派法院大樓前的草坪上野餐。我母親太累，無法爬樓梯到鐘樓，但我們有最好的景觀。對於一位母親來說，還有什麼風景比她自己的女兒的臉龐更好看？

她看著我，我看著她。時間暫停，空氣清澈透明。陽光、草地，一切看起來生機盎然、充滿活力。

母親想要沿著海岸開一段路。但我覺得，與其開車，倒不如騎自行車。問題是母親無法騎自行車，所以我們租一輛協力車，沿著自行車道踩著，周圍是海水、沙灘和群山。開車回家的路上，我們剛好在日落時分開上太平洋海岸公路，看著太陽灑在海面上鮮豔的奼紫嫣紅，再加上史翠珊的歌聲：「沒有什麼會傷害你。」

那是一個完美、漫長的一天，在此世，一嚐伊甸園的滋味。

那一天，還有許多其他漫長的日子，都持續一直陪伴著我。即使母親離去，那些漫長且永恆的日子還是會來到我身邊，安慰著我。

我可以說的是，在我生命中的遺憾，不是錯過那些在我擔任拉比生涯中得以晉升的機會。我的遺憾是我不知道我是否與我的孩子度過足夠的漫漫長日。即使他們現在都長大了，我還是禱告神讓我有機會與他們共度更漫長的日子。那種化剎那為永恆的日子。

過去，有一位偉大的哈西德拉比在垂死之際，門徒圍繞在身邊時開始哭了起來。他的門徒問他：「拉比，你為什麼哭？」

拉比回答：「我的一生在我面前閃過，我突然明白——我弄錯了！我誤解了！我以為生命中非凡的時刻實際上極為普通，而我認為那些稀鬆平常的時刻才是最精彩的。我希望我能早點明白這一點！」[2]

最神聖的日子不是最光鮮耀眼的日子，不是畢業典禮，甚至不是婚禮當天。最神聖的時刻是那些意想不到的平凡時刻，當你放鬆，讓神奇魔力進入的時刻。只要坐在草地上，無所事事的和你的孩子在一起。只是牽著某個人的手。

我聽過有人說，殺時間實在是很糟糕的行為。難道我們不該充分利用每一分每一秒嗎？但是，隨著年歲增長，我漸漸了解**殺時間的必要性**。敲碎時鐘。拋棄你的時間感，讓你有空去做一些你無法規畫的事情，等待神聖和驚訝的時刻降臨。

我喜歡意第緒語中的「schmoozing」（閒聊）這個字眼。你問一個剛剛與親人談話的人：「怎麼樣？你們剛在聊什麼？」他們會回答：「沒什麼，我們只是閒聊而已。」只是閒談一陣。」

我們需要更常閒聊。

我們每天都需要騰出多一點時間多愛一點。重新愛上我們所愛的人。愛我們的朋友。愛我們的工作。愛上一個完全陌生的人。愛神。

我們的自我需要目標。我並不是建議你要浪費生命，或者忽略你的責任和野心。但相信我，你的靈魂渴望漫無目標的相遇。在沒有「要求」的情況下，遇到某人。

拉比稱這種生活方式為「利希瑪」（lishmah），意思是：為愛而做。沒有別的動機，是一段無條件的時光。我祈禱你給予自己與你所愛之人，一段漫漫長日作為禮物。

無條件的時光，這是你所能擁有和分享的。我們可以把時鐘停下來，與我們所愛的人一起徜徉在伊甸園。穿越時間，進入永恆。殺時間！

*

二〇一二年，我一位住在印度的朋友艾梅到洛杉磯來拜訪。在安息日的晚餐時，她發現自己坐在著名的猶太演員和歌手西奧多・拜克爾（Theodore Bikel）對面。他的故事和他極富吸引力的存在都非常迷人。哦！還有他的聲音。但他們見面的時機不太好。西奧多那時還在哀悼亡妻塔瑪拉，而艾梅住在印度。然後是他們的年齡問題。況且，艾梅五十歲，西奧多八十八歲。但有時錯誤的時間就是正確的時間。時間和永恆的交叉點，我們可以看到。

他們彼此吸引。

他們的關係顯得**讓人摸不著頭緒**，但是又**合情合理**。艾梅說：「神在我面前放了一件禮物，上面寫著我的名字。我要當作沒看見？遠離它？還是打開它，說聲：感謝主。」

艾梅搬到洛杉磯，幾個月後她和西奧多結婚了。這是一場天旋地轉的羅曼史。他們的面孔散發著光芒，靈魂交織在一起。

艾梅和西奧多確信，他們過去曾是靈魂伴侶。他們相信，在他們出生前靈魂已協議好，要在最需要彼此的時候重聚。而那個時候到了，他們全心投入這段生活。

一個安息日的晚上，艾梅和西奧多來到我們家吃飯。西奧多那時已經病得很重，但他還是努力撐著，講故事、唱歌給大家聽。艾梅充滿愛。他們倆都是。

在我心中，西奧多的地位就跟披頭四的保羅．麥卡尼（Paul McCartney）一樣，他竟然會來我家晚餐。我很想請他在我的唱片上簽名，但實在不好意思開口。我不想讓自己看起來像是追星族，但我就是他的粉絲。我是聽西奧多的意第緒和希伯來歌曲長大的。他的音樂對我來說就像是母親的乳汁。

*

在我和媽媽一起在聖塔巴巴拉度過那個完美的一天後沒多久，我飛去波士頓看她。在她的病床邊，媽媽對我說：「我親愛的諾米，放一些意第緒歌曲給我聽。」那時我放的就是西奧多的專輯。

真希望你能看到西奧多的聲音如何讓她在病床上的臉再度散放光芒，幫助她承受一切病痛。她閉上眼睛，微笑著，我可以看出她正在回憶中旅行，回到那些漫長的美好日子，和父親牽著手，一起齊聲歌唱。

艾梅說，西奧多臨死時也需要聽音樂。他想聽他最喜歡的音樂家，就是西奧多！當西奧多離開艾梅準備去另一個世界時，他們一同立下一個神聖的誓言，要在下一段生命中很快找到彼此。

在西奧多的葬禮，艾梅提到地圖的製作，也就是製圖學。她說，測量海岸線的原始方法是以一英里為單位。不過這樣做會錯失很多。若是以碼為單位，就會看到海岸線的彎曲和輪廓。若是以公釐為單位來測量相同的海岸，就是連最微小的轉折看起來也會變得熟悉、親切。

艾梅說：「所以西奧多和我決定以公釐為單位來測量，盡力讓我們的海岸線延伸到無限遠。」

當艾梅說出這些話時，我知道她說的正是神賜予我們這股力量，讓我們將這一生的短暫停留轉變成漫長的日子。

我們有能力做到這一點。過著充實、豐富有輪廓的日子。這時我們與喜愛之人相處的短暫時間會以慢動作播放，並印刻在我們的記憶中。日子不會混合在一起，也不會消失。我們有能力消磨時間，進入永恆，在此生看到我們未來的世界。

我們可以學習如何生活在靈魂時光裡。

每天我們都會獲得一個特殊的開口，在這裡我們可以進入時間和永恆之間的通道，體驗恩典時刻，這段恩賜的甜美時刻。

愛因斯坦去世前不到一個月，他最好的朋友米歇爾·貝索（Michele Besso）去世了，愛因斯坦寫了一些話來安慰米歇爾的家人：「他比我早一點離開這個奇怪世界，這不會造成什麼差別。對於我們這些有信仰的物理學家來說，過去、現在和未來的區別，只是一種固有的幻象。」[3]

在靈魂的領域中，過去、現在和未來是一體的。

我們的靈魂每天都在這裡提醒我們，時間和永恆不會相互隔絕。這是一種非分離的分離。你的靈魂想讓你看到一直以來你所錯過，但是在你的生命中仍然可以擁有的：一段能夠滋養你的漫長日子。無論這些日子有多麼短暫，即使只是像一隻鳥飛過頭頂時所留下的影子。

每一個受到祝福的日子都具有改變我們的神奇力量，若是放下我們的理性思維，交由靈魂來觀看，就能感受到。

靈魂可以教導我們，要如何祝福每一天。每一天我們都獲得數不清的機會來拉下簾幕，觸摸到另一個維度並祝福它。上天賦予我們，與我們失去的人取得連繫。

現在我想請你和我一起做件神聖的事。我想請你閉上眼睛，歡迎他們。想像你所愛過和失去的人共度甜美時刻。試著想像他們就在你身邊的畫面。看看他們的眼睛。讓時間停止。和他們閒聊吧！看看他們穿什麼。你能看到他們的笑容嗎？

握住他們的手，靜靜地坐在那裡。吸氣。看看你是否能記住他們的氣味。

與他們分享永恆的時刻。記住他們教給你的。

當你準備好的時候，請求他們給你祝福。

現在換你來祝福他們。告訴他們，他們對你的意義，你為何感謝他們，他們所教你的，以及你永遠都會記在心上的。

下面是一段我寫的紀念祈禱文，這是一段可以用來與你愛過或失去的人的對話。祝福他們，願他們的祝福永遠映照在你身上。

紀念祈禱文：

我沒有忘記你，儘管已經有好一段時間我沒有看到你的臉、摸到你的手，和聽到你的聲音。但你一直和我在一起。以前，我以為你離開了我，但我現在明白了，你會回到我身邊。有時是在轉瞬即逝的時刻，我感覺到你的存在。但我仍然想念你。沒有一樣事物，沒有一個人，沒有一種歡樂，沒有一項成就，沒有一種轉移，甚至連神也無法填補你的缺席留在我生命中的空洞。儘管對你的感情中參雜著我的悲傷，但我很高興認識你。我要感謝你所分享的時間，你所給予的愛，以及你散發的智慧。感謝你帶給我的精彩時刻，還有那尋常的普通時刻。我們的簡約中有美，樸實無華的日子裡也有神聖。我會將你教給我的銘記於心。你的生命已經結束，但你的光芒永遠不會熄滅。即使在最黑暗的夜晚，它仍然照在我身上，照亮我的路。滿懷對你的崇敬與回憶，我點燃這支蠟燭。願神祝福你，一如你用關愛、恩典和平安祝福我。阿門。

# 第四十章
# 體驗合一

傑瑞八十七歲時，我才二十六歲，而我是他的拉比。就算一開始他不知道要怎麼和這個「女孩拉比」相處，但沒過多久我們就變得非常親近。不久後，傑瑞還推薦我去他所參加的老人中心，即以色列萊文中心（Israel Levin Center），帶領每週五下午的安息日服事。他說：「老人確實需要一臂之力。」

雖然他也是他們的一份子，但傑瑞的身體相當硬朗健康，看起來比他同年的長者年輕幾十歲。然後，傑瑞又請我帶領提供給長者的逾越節的塞德（Seder）服事。那時我有一群會眾要服事，這已經超過一個全職工作的量，但傑瑞的老人圈還是成了我的第二群會眾。

當羅伯和我結婚時，我們邀請我的會眾來參加典禮，傑瑞受邀後，決定把這個消息傳給整個以色列萊文中心。於是，我們的婚禮有超過七百人出席，每次我們播放婚禮錄影帶時，看到母親和我得想辦法穿過在紅地毯上跳舞和鼓掌的那些以色列萊文中心的女性，就覺得很好笑。

婚禮不久後，傑瑞的健康狀況開始惡化。他不再去猶太會所，也不去以色列萊文中心用午餐。我過去拜訪他，也會通電話交談。他總是很開心和樂觀。

有一天，當我去拜訪他時，傑瑞拉起我的手，急迫地捏著。他很瘦，皮可見骨。他問道：「拉比，我可以叫妳奈歐米嗎？」

「傑瑞，當然可以，」我說：「這是我的名字。」

他說：「我一直都喜歡奈歐米這個名字……**無論你去到哪兒，我都追隨你……**」他繼續說道：「奈歐米，我害怕死亡。我原以為離死亡越近，我會越懂得與它和平相處，但是沒有。我想要有尊嚴地離開，但我很害怕。」

我握著傑瑞的手說：「我從來沒有見過任何人能心平氣和地迎接死亡。即使是一百二十歲的摩西，也懇求神給他更多年月留在人世間。」

傑瑞說：「這我倒是不知道。」

我說：「在一則拉比的故事中，摩西乞求天地日月幫他打動神。他也請求山與海，但沒有一方能幫助他延長壽命。」

傑瑞說：「聽這故事是種解脫。」

我繼續說：「是的，就是連摩西都希望要有更多時間。」我看到傑瑞對拉比解釋的反應。我說：「如果你願意，我下週來的時候，可以和你分享一些我最喜歡的猶太教義，教人如何面對死亡，我從中得到很大的撫慰。」

「好啊！這聽起來不錯。」傑瑞說。

於是我開始收集猶太教義中，那些讓我感到平靜和鼓舞的死亡教導，它們分別來自《詩篇》、《塔木德》，和一些神祕主義作品。我將其剪貼好，影印出來。

隔週的某個午後，我到傑瑞的公寓。我打開床頭櫃上的燈，開始和他談靈魂。我們聊到靈魂如何從永恆之地而來，原本不願意進入這個世界，但神說服她下凡的種種經過。我們談到靈魂之所以下降是為了要提升，以及進入我們這個分離世界是為了要實現其神聖的使命。

然後我讀一段《光明篇》中，關於靈魂對身體依戀的經文給傑瑞聽：「對靈魂來說，沒有什麼比與身體分離更困難的事了。沒有人在死亡之前能看到神聖的存在，正因為對這神聖存在的深切渴望，靈魂才會離開身體去迎接它。」[1]

傑瑞想要更了解關於靈魂不願離開身體的事，於是我回到那篇拉比的故事，那則關於摩西之死的故事。我告訴他，神拒絕延遲摩西的死亡，堅持表示每個生命都有一個界限。一旦神說服摩西同意離開人世，神還得說服摩西的靈魂。這也是一大挑戰。神把摩西的靈魂召回家時，對她說：「我的女兒，來吧！是離開的時候了，不要拖延。我會帶你回到最高層的天堂。」但靈魂拒絕離開。

她說：「神啊！我知道你是所有靈魂的主人，但我愛摩西。請不要讓我離開他。」[2]最後，神得親自將她從摩西身上拉出來，並讓靈魂與他吻別，靈魂才出來。只有到那時她才同意回到上面的世界。

傑瑞開始微笑。他說：「所以害怕死亡也許並不是軟弱或信仰不足。可能是我的靈魂現在陷入兩個世界，正在天人交戰？」

「沒錯，」我說。

幾個星期後，我告訴傑瑞另外兩則讓死亡變得不那麼可怕的猶太臨終教導。第一個來自《光明篇》：「在一個人去世之際，就可以見到另一個世界的親戚和同伴。」[3]

傑瑞說：「妳相信這個嗎？拉比，我的意思是，奈歐米，妳覺得在我走之前會看到佛羅倫絲的臉嗎？」

我說：「這一點我不能跟你保證，但我可以告訴你，這種經歷和視覺經驗是可能的，這是我們傳統的一部分。」

然後我又向傑瑞講了一篇，在生命末期視野得以擴展的文章。我告訴傑瑞，垂死的人會得到額外的靈魂。[4]我解釋說，收到這個額外的靈魂時，我們會看到這一生都無法掌握到的合一性。在我的想像中，我們會見到長久以來在尋求的更高視角，一個天堂的視角，帶來全然的幸福感。一種解脫和釋放的感覺。一旦你看到這光芒四射的合一，你就準備好進入下一個世界。

傑瑞深受這觀念的吸引，一個垂死之人能看到一生中都視而不見的東西，以及這種新視角帶來的解放。

我們這場關於死亡的討論持續好幾個星期，傑瑞的體力也持續衰退。他開始接受臨終的安寧照護。有一天，我去看傑瑞時他問我：「死會痛嗎？」

我在他的臨終照護護理師格洛麗亞面前說：「我不是醫師也不是護理師，但我可以告訴你在《塔木德》中是如何描述關於死亡的感受。」

傑瑞說：「《塔木德》中有提到死亡感覺起來怎麼樣？」

「是的，」我說。我看得出來格洛麗亞對我們的討論也很感興趣。她是福音派基督徒，於是我們邀請她一起聽。

我與傑瑞分享一個超現實的塔木德故事。過去有一位名叫拉瓦的拉比，在他朋友拉比納赫曼臨終前坐在他身旁。拉瓦對納赫曼說：「你死後要來拜訪我。」所以在納赫曼死後沒多久，他就在拉瓦身邊顯靈。

拉瓦問他死去朋友的靈魂：「告訴我死亡是怎麼回事，痛苦嗎？」

納赫曼說：「死亡的那一刻就像從一杯牛奶中撈出一根頭髮那樣，輕鬆而簡單。」不過他補充道：「但是，如果神要我回到活著的世界，我一定會拒絕，因為對死亡的恐懼是非常駭人的。」

聽到這裡，傑瑞流下淚來。他說：「原來害怕死亡並不是軟弱的表現。妳不知道，認識這一點對我來說意義有多麼重大。」

我說：「傑瑞，你並不軟弱。我也害怕死亡。」

他說：「但妳還有一段大好人生。」

「很難說，沒有人能保證這一點。」我告訴他。

傑瑞想了一下，那則塔木德故事的場景，然後問道：「奈歐米，妳相信死者能回來與生者交流嗎？」

「是的，我相信。」

接下來的那個星期，我向傑瑞說了一則哈西德傳說：

當拉比布南去世時，他的一位門徒來安慰拉比悲傷的兒子。兒子在門徒面前哭泣：「現在還有誰能教導我？」

門徒是這樣安慰拉比的兒子：「你的父親總是穿著一件外套來教你，現在他只是把外套脫掉而已，他還是會繼續教你。」[5]

傑瑞說：「我從來沒有想過把我的身體看成是我靈魂的外套，這是一個很好的畫面，我喜歡。」格洛麗亞高興地拍打大腿，說她也很喜歡。

幾個星期後，我再去看傑瑞，他躺在床上，臉色蒼白且虛弱。格洛麗亞這次離開了，讓我們獨自談話。她臉上露出憂鬱的神情。傑瑞低聲對我說：「奈歐米，猶太教對轉世有什麼看法嗎？我一直深受輪迴的想法所吸引，我想知道，抱持這種想法是否褻瀆了神？」

「傑瑞，這不是褻瀆，」我說：「猶太神祕文本中，確實提到靈魂的輪迴。這些教義甚至出現在我們的日常祈禱中。在希伯來語中的『gilgul』，有輪轉之意，在英語中我們則稱為輪迴（transmigration）。」

傑瑞問：「在我們每天的禱告中，哪裡有談到輪迴轉世？」

「在每天入睡前的Shema（示瑪）禱告中，這和人過世時所誦念的禱告文一樣。每天晚上我們都會誦念：『宇宙之主，我在此原諒任何激怒或反對我的人，或是冒犯我的人……無論是在言論、行為、思想還是觀念上；**無論是在此生的輪迴，還是下次的輪迴……**』。」

傑瑞說：「哦！我的天哪！我在讀希伯來文學校時，他們怎麼沒教我這個？原諒在另一世中錯待你的人？」我可以看到傑瑞很激動。他在腦中開始建立種種連結，開始在思緒中連繫和跳躍，將不同的想法和經驗融合在一起。

幾天後，格洛麗亞打電話告訴我：傑瑞大限將至。我趕緊過去，傑瑞看來很平靜，他的臉很放鬆。他在意識之間擺盪。當他睜開眼睛時，看到我在身邊，低聲說道：「拉比，我準備好和妳一起說最後的示瑪禱告。」我看得出來他準備好了。

正如傑瑞想要的那樣，他很有尊嚴地離開。他似乎找到他一直在尋找的平靜。我們一起讀了最後的懺悔和示瑪祈禱文：「以色列啊，你要聽！耶和華我們神，是唯一的主。」那一刻，在那個房間裡的一切似乎都融化了。時間停止了。我能聽到傑瑞的呼吸聲，我能感覺到他的憂慮已經消散，唯一剩下的就只有愛而已。

*

下面是我與傑瑞分享的教導：

願你靈魂的合一視野進入你，讓你平靜下來，啟發你。願它在你內心占有一席之地。願你看到你自己的永恆。阿門。

# 第四十一章

## 為靈魂帶來樂趣

羅伯和我舉行婚禮前約一個月，我邀他一起前去紐約。他很興奮，想著，**太棒了，我們會去吃紐約披薩、看看家人，再去百老匯看表演**。

我說：「我之所以想要和你一起去紐約，是為了邀請我父親參加婚禮。」我一直對於父親不能陪我走紅毯耿耿於懷。羅伯聽了只是呆呆看著我。那時，我父親已經過世十三年。

「你在說什麼？」羅伯問。

我說：「邀請已故親人參加婚禮是猶太傳統。」

羅伯說：「好的。」

於是我們飛往紐約，租一輛車，從尖峰時段車水馬龍的曼哈頓開往紐澤西，經過一大片郊區住宅，直到擺放著一排排墓碑的墓地，那裡埋葬著我父親。

我們默默地站在父親的墳墓前。然後我鼓起勇氣，深深吸一口氣說：「嗨，爸爸，這是羅伯。我愛他。我相信你也會愛他。我們將於四月十四日結婚，想邀請你參加婚禮。我們希望你能來。」

*

有時，當我在靈性社群納舒瓦帶領禱告服事時，我會想到《聖經》中的男女族長，從亞伯拉罕、以撒、雅各、莎拉、麗貝卡、雷切爾到利亞。我覺得他們在看顧我們。我想知道，當他們看到二十一世紀依舊熱情擁抱他們遺訓的猶太人時，會感到多少的「nachas」（納哈斯），用白話文來說就是：他們會多麼以我們為傲。當他們發現我們至今仍然記得他們時，必定感到很自豪吧！一定有很多nachas。在今日的祈禱中，我們甚至還提到他們的名字。

我和一位天主教朋友聊天時，對她說我的孩子帶給我很多nachas。她帶著疑惑的表情看著我。「什麼是nachas？」

什麼是nachas？在英文中沒有一個字能傳達這樣一種神聖的經歷。要怎麼把nachas轉變成文字？

nachas是父母從**孩子**身上體驗到的獨特喜樂，或是老師從學生身上，阿姨姑姑或叔伯從外甥、侄女或侄子身上，祖父母從孫子孫女身上。

但是nachas不僅僅喜樂而已。這是一種自豪，一種榮幸，一種滿足感。這是一種靈性感受。是在人世間品嚐到天堂的滋味。

意第緒語中的nachas實際上來自希伯來文的「nachat ruach」，意思是「靈的緩和」。

個門徒。

nachas是靈魂感覺完整的那一刻，是完成任務後的愉悅，好比說養大一個孩子，或是教好一

nachas也是感嘆、放鬆，並且同時感到一陣平和、興奮和驕傲。

正如我們所知，有時父母會拒絕否認靈魂給的nachas禮物，因為他們不接受他們孩子的本質。因為這一點，他們從來沒有體驗到更深一層的nachas，那份他們孩子擁有的美麗獨特靈魂。

當然，不是每個人都會為人父母，或是體驗當父母的nachas。但我們每個人都曾是孩子，都有機會給出nachas。給父母nachas非常容易，只需要展現一點珍惜之情，一點愛、一點關懷。身為孩子，我們太常把一切都視為理所當然。

我還記得兒子還是嬰兒的時候，和他一起度過多少個無眠之夜，抱著他來回走動，在腦海裡跟他說話。**我現在為你做的許多，你永遠不會知道。你永遠不會知道你在我心中的份量，我對你的犧牲和擔憂。**

身為孩子，很容易就忘記。

要給父母nachas很容易，但有時我們對此非常吝嗇。

我向天主教朋友解釋這一點，她眼眶泛淚的看著我，問道：「奈歐米，父母**死後**還能帶給他們nachas嗎？」

這是一個經常會出現的問題。有多少次我也想問自己？我希望母親能夠看到我的成就，

希望我的父親能夠看到我承繼他教給我的猶太文化。我希望他認識羅伯，我希望他能在他孩子的婚禮上跳舞，希望他的膝蓋上因為有十一個內外孫坐著，而感到很多的nachas。

不知道有多少人向我表達這樣的渴望：我希望我祖母能在這裡，與我分享這個時刻。我希望我的母親能看到我分娩。我希望我的父親能夠認識他的孫子。要是爺爺能在這裡看到。要是……

我看著天主教朋友，對她說：「我相信我們可以帶給死者nachas。」她就這樣哭了出來。她告訴我，她母親在世時，她無法自在地給母親關愛。現在她感到非常遺憾。

我對她說：「nachas會超越墳墓。」

透過追憶，你能夠帶給已故親人nachas。告訴他們，你為他們所給你的一切，所做的一切犧牲，滿懷感激。透過實踐灌輸給你的價值，透過珍惜他們傳承給你的生活遺產，通過分享他們教給你的智慧，你可以給予他們nachas。透過自豪地保持和繼承你的家庭傳統，你能給帶他們nachas。

有許多拉比的著作和神祕教義文本，描述過這種靈性世界的混合。這些拉比描述的是一種充滿靈性流動的氛圍。那裡存在著一個我們的意識心智無法觸及的世界，與我們自己的世界交織在一起。這些領域離我們並不遙遠，仍和我們在一起。我們的心智無法感知它們，但我們的靈魂知道，而且看到一切。

對我來說，最能代表這股統一萬物的精神流動的就是梵谷的畫作。在腦中想像一下那幅《星夜》（*The Starry Night*）。看到那些筆觸了嗎？看到那些旋轉的線條是如何連接天地的嗎？那些向下、向上的流動線條，永遠在旋轉、流動，下降和上升。

有些事物我們的眼睛看不到，耳朵聽不著。斯人已遠，但他們永遠伴隨我們，看不見卻可以感知。

也許這就是為什麼，我的母親在我兒女的成年禮結束後，對我說：「我想讓妳知道，爸爸今天感到非常開心。」

我對她說：「我知道。」

這就是為什麼，猶太人在婚禮前會為亡故的父母誦念一段特別的紀念祈禱文，因為在猶太傳統中，父母的亡靈會來參加他們孩子的婚禮，在搭好的帳篷下體驗到nachas。

這就是為什麼，羅伯和我會在婚禮前一個月站在父親的墳墓前，邀請他來參加我們的婚禮。羅伯告訴我，最初他本能地對這件事有點抵抗。他不相信。他不期待會發生任何事。

但是在我們婚禮當天，當我的母親和我自豪地手牽著手踏上紅地毯，走向婚禮的花台時，羅伯感覺到一個隱形的存在，滿是nachas在流動。在我的靈魂深處也感覺到了；我的父親來把新娘送走了。

＊

所有愛過又失去的人都知道，沒有什麼可以填補這巨大的空洞。節日餐桌上的空位、擁抱、親吻，以及那些我們希望再次聽到撫慰人心的溫柔話語。但我全心全意地相信，我們所愛的人從未遠離。每天他們都在祝福我們，指引我們，並以我們為樂。

我們擁有天賜的力量，能夠為靈魂提供禮物。允許它在此世與彼世，給予和接受nachas。讓你的靈魂教你如何珍視你的孩子和學生，讓你的靈魂以他們為樂，珍惜他們的本質。

若是你的父母、祖父母和導師還在世，不要隱瞞你的心意。即使他們會讓你尷尬，甚至讓你難堪。與他們分享你的快樂，分享你的成就，分享你的感激之情，分享你的愛。給他們的靈魂一些nachas。

如果你的親人在永恆的領域找到一個家，請謹記在心，nachas是會超越墳墓的。

願你有幸得到並接受神聖的靈魂之樂nachas。阿門。

# 第四十二章
# 牽起連接線

三年前，因為偶然發現愛因斯坦的一句話而讓我放下手邊的工作，因為這句話捕捉到我所信仰的一切，以及我所知道的人際間密切相連的方式。

然後是拉比馬庫斯，這位救助許多孩子性命，卻無法挽救他十一歲兒子傑伊的男人，他的生命竟也成為我旅程的一部分。在他心碎的時候，寫信給愛因斯坦尋求安慰，幫助他來面對喪子之痛。最後，他獲得愛因斯坦關於這世界合一的精彩見解。

過去三年，我一直在世界各地尋找布亨瓦爾德男孩，希望他們能提供我，在一九五一年去世的拉比馬庫斯的任何消息。

不過，我最想訪談的布亨瓦爾德男孩，是我心目中認為可以真正提供拉比馬庫斯的故事脈絡的人：艾利．魏瑟爾。

我非常想要採訪艾利。我寫信、打電話、寫電子郵件，他的助理總是回覆我他的行程全滿了。

一位認識艾利的朋友告訴我，他健康狀況不佳，他的思緒可能不像以前那麼清晰。也許艾利已經不記得拉比馬庫斯，也許這就是為什麼我一直聯絡不上他的原因。

不過，我還是不死心地每隔幾週就會發一封電子郵件，要求採訪他。

等了三年，然後有一天，我收到回覆，艾利願意跟我說話。採訪他的那個下午，我感到非常興奮，心臟砰砰直跳。

我還是擔心艾利可能不會告訴我關於拉比馬庫斯的資訊，但光是能夠和他說話，就讓我感到非常感恩和榮幸。

於是我問了第一個問題：「你還記得拉比馬庫斯嗎？」

艾利說：「我還記得嗎？」

他說：「我看到一名士兵出現，他的軍裝上縫著大衛之星。」艾利解釋：「這顆星在當時有很多象徵意義。在他出現前，對我們來說，大衛之星是死亡的標誌。突然間，這成了自由的標誌！」

那不是你忘得了的。

艾利告訴我，拉比馬庫斯在布亨瓦爾德集中營領導他們做第一次禱告時的情景，那一刻產生了不可思議的力量。「我們一直在布亨瓦爾德禱告，」艾利說：「但這是不同的。那是非常大的幸福，非常驚人。可以和他一起禱告，這對我們來說是件了不起的大事。」

艾利告訴我，他對拉比馬庫斯滿懷敬畏之意。他說：「奈歐米，我們這些男孩與拉比馬庫斯可說是天差地別，我們之間的差異就像地球到太陽的距離那樣。」七十年過去了，但他那段時間的記憶並沒有消失。

然後我和艾利談起重獲自由後，負責孤兒院的年輕女子朱迪絲。我問艾利：「你最記得朱迪絲的什麼？」

他說：「她的笑容。」

我問他：「你能感受到她的自信嗎？」

「哦！是的，」他說：「當然，我們都感受到了。她來自一個安全和幸福的地方，她為我們創造一個安全的地方。朱迪絲知道我們需要什麼。」

艾利很仁慈地允許我探究，他們和朱迪絲一起度過的那段日子。我問他：「你知道當你們第一次到達艾庫伊斯時，你和所有男孩都被診斷為身心嚴重受創，無法復原嗎？」

艾利用充滿痛苦但理解的聲音回答：「是的，我知道這一點。」

艾利告訴我，朱迪絲重新分配房間的那一天。「那是一個重大的時刻，」他說。

我問艾利是否記得妮妮。原來他當時也迷上美麗的妮妮。

然後我和艾利談到男孩爭論，是否應該為他們的家人念誦哀悼祈禱文卡迪什（Kaddish）的那一天。艾利也留下來為亡故者背誦祈禱文。他告訴我，即使過了七十年，他還是覺得難以談論那一天。

我對艾利說：「朱迪絲告訴我，她看到男孩又開始懷抱希望。朱迪絲帶給你們希望嗎？」

艾利說：「『希望』是一個很強的字眼，我不確定我會用這個詞。」

「那你會用什麼詞？」

「希望我會找到它。有一天我會找到它。」

在談話即將結束時，我詢問艾利一直很想問他的問題：他是否知道拉比馬庫斯在他兒子傑伊去世後，曾寫給愛因斯坦一封信。艾利告訴我，他不知道。我把愛因斯坦寫給拉比馬庫斯的信讀給艾利聽，然後問他：「是什麼幫助你度過這些難關？最重要的是什麼？」

艾利毫不遲疑地回答：「是友情……毫無疑問，是友情。」

是的，友情，當然！在艾利說話時，我看到這之間的連線，這是一種甚至可以和陌生人成為朋友的方式。拉比馬庫斯是如何為艾利而前往那裡，還有愛因斯坦為了拉比馬庫斯而存在。陌生人超越了自身，拉抬並拯救其他人，擺脫那份「分離的光學錯覺」。

我們都是整體的一部分。你永遠不會知道一個陌生人會如何進入你的生活，拯救你、拉抬你，讓你擺脫自己是孤獨一人的錯覺。

在那一刻，我正打算說謝謝並掛上電話，但後來我才意識到自己還欠艾利一份道謝；並不是因為他同意接受採訪，而是多年前他的善意對我產生的影響，他甚至不知道這件事。我需要感謝他，而且之後我可能再也沒機會了。

因此，在和艾利掛斷電話之前，我猶豫了一下，但後來我鼓起勇氣，因為我知道我得告訴他，我的生命是如何因他而得救。

我對艾利說：「我需要告訴你一件事。我猜你已經聽很多人這樣說，說你是如何幫助他們，但我需要告訴你，在我生命中你為我做了什麼。」

「你無法想像我現在有多感動，」艾利說：「請告訴我，發生什麼事。」

所以我開始說：「我是在布魯克林長大，從小我的父親就教我讀《妥拉》和解經的文章，以及如何禱告。每次安息日，他都會帶我去猶太教堂，我會坐在他旁邊，玩他的禱告披肩。」

我告訴艾利，父親在我十五歲時遭到殺害，我成了一個憤怒的孩子，非常生氣、失落和悲傷。我說，我沒有結束生命的計畫，但也沒有任何生活的計畫。

我那時才十五歲，但我覺得已經走到生命盡頭。父親走了，母親不再是同一個人。安息日不一樣。我也不一樣。至於禱告呢？禱告怎麼可能還是一樣？神有什麼好？

我說：「那時我處在生命的最低潮，有天我母親看到你要來演講，於是要我跟她一起去。我不想去，但她鼓勵我，所以我還是去了。那是一個寒冷的十二月夜晚，我們從博羅公園一直坐地鐵到第九十二街。」我說：「我走進一間充滿老人的大禮堂，我真的很不想待在那裡。我們坐在倒數第二排，我很後悔答應和母親一起來。但突然間，燈光熄滅了，你走上舞台，坐在桌子旁，聚光燈照在你身上，你開始說話。起初，你講話的時候，我好像在做白日夢，但隨後你的言語開始滲透到我充滿防禦的內心。是的，你的話語，以那仁慈的聲音，正在穿透我的心防。而你的雙手，在黑暗中彷彿表演某種芭蕾舞，就好像它們成為你話語的一部分。我還記得，我被你的雙手迷住了，並且意識到這是自父親去世以來，我第一次體驗到美麗。」

「我為你著迷。看著你，聽著你，看著這樣一個曾經去過地獄又回來的人，為世界帶來美好，讓我也獲得一些希望的火花。那天晚上，你就這樣為我打開一扇門，讓我走進去。那天晚上是開始，是許多步驟中的第一步，它一點一點地引導我走出我深陷其中的悲傷深淵。許多年過去了，我經歷過許多歡樂時光。我想要感謝你的教導，讓我相信未來還有希望，我有理由慶賀和感謝。」

我對艾利說：「站在有兩千位聽眾的禮堂前，這個男人不知道他正在為一個傾聽他，並全盤接受他所講的十五歲小孩打開一扇全新的門。」

艾利對我說：「妳無法想像我有多感動。」

*

要掀起分隔兩人之間的面紗，並不需要太多力氣。你無法看到它，也無法理解它，可能需要一輩子的時間才能讓你意識到，我們每個人都是緊密交織在一起。

在我動完重建手術，處於復原期的那個夏天，我讀到一則新聞，當中的故事恰好體現愛因斯坦所謂的人際網絡，展現我們所有人是如何交織在一起。

這個故事是關於一位父親去世的年輕新娘，在婚禮當天沒有人陪她走紅毯。讀到這裡，讓我想起我對自己婚禮的期待。[1]

我稍微瀏覽這篇文章，就開始哭泣。所以我決定聯絡這位新娘，想要親自了解她的故事。在我為我們的談話做準備時，我決定再好好讀一遍《紐約時報》的文章，之前我只是概略讀過。突然間我開始顫抖，因為之前我不知道自己的生活故事，竟然與這位珍妮・史戴平恩（Jeni Stepien）的故事那麼接近。

十年前，在她二十三歲時，珍妮的父親麥克在一次搶劫中遭到殺害。他是在一條小巷裡遭到槍擊，在雨中離開人世。

當我們第一次說話時，我不想告訴珍妮，我父親也是在遇到搶劫時被殺，我只想聽她的故事。所以我問她：「妳能形容一下妳的父親嗎？對妳來說他是怎樣的人？」

珍妮對我說：「我父親是一個非常慷慨、有魅力的人，總是向人們伸出援手。他很有吸引力，會和每個人交談，是非常社交型的人。他喜歡運動，充滿活力，他的心臟很強。」

當珍妮的父親快要去世時，她看到他的駕駛執照上標記著他願意做器官捐獻，因此家人決定與一個名為「核心」的組織，也就是器官回收和教育中心（Center for Organ Recovery and Education）聯絡。

珍妮說：「我父親死得這麼沒有意義，我們想以幫助別人的方式來紀念他。很快地『核心』的人通知我們，有人能接收他的心臟。」

她告訴我：「在悲痛中得知我父親的器官可以挽救一條生命，讓我們安慰許多。三四天後，我們知道有個男人接受我父親的心臟。」

就在珍妮的父親麥克遭到槍殺的同一天晚上，有一個名叫亞瑟．湯瑪斯（Arthur Thomas）的人，他是一名大學輔導員，與他的妻子南西結婚後，生了四個孩子。大家都叫他湯姆。那時湯姆的情況很糟。我也訪談過他。

湯姆告訴我：「拉比，我的心臟已經衰弱到充血性心力衰竭的程度，我連十步路都走得很累，需要停下來喘口氣。」

當他去看他的心臟科醫師時，醫師解釋：「湯姆，你得進行移植。你的心臟不能正常運作。」

湯姆知道他的情況很危險。他說，他度過好幾個可怕的夜晚，害怕死期將至，他只能在那裡等死。

湯姆告訴我：「所以他們安排我住院。我的其他器官也開始衰竭……然後有一天，當我躺在床上時，醫生來了，對我說：『好消息！我們為你找到一顆心了。』」

接下來他只知道，進了手術室，那顆心臟是從匹茲堡飛來的。手術十分順利。

湯姆告訴我：「拉比，你不會相信，但在四十八小時內，我就可以四處走動，與人交談。」

他說：「移植後兩週，我寫一封感謝信給史戴平恩一家人。然後我又回去工作了。我獲得一張全新的生命契約。」

湯姆補充道：「六個月後，我甚至還去滑雪！」

珍妮告訴我，她父親去世那年的平安夜，她的家人收到一封信。她說：「那段日子很難熬。那是第一個沒有父親的聖誕節。當我們打開信時，我讀到：『你好，我名叫湯姆，我收到你的心臟，我只想感謝你。我病了很久，一直在等一顆心臟。』」

珍妮說：「顯然湯姆花了很多時間斟酌他想說的話。」

她接著說：「我一邊讀信一邊哭。很高興知道這個接受我父親心臟的人，現在活得很好。」

我請湯姆描述他寫這封信時的感受。

湯姆對我說：「他們失去家裡的一位重要成員，處於最深沉的痛苦，但在這個時刻，他們決定捐出麥克的心，給一個他們不認識的人。」

珍妮告訴我，收到這封信後不久，湯姆和她媽媽之間展開一段美好的友誼。他們開始每個月通電話，在她的生日和重大節日時，他會寄信、卡片和鮮花。

珍妮說：「湯姆非常感謝他能撿回一條命，非常非常感謝。」

我問湯姆，接受麥克這顆心臟十年來對他有什麼意義。

他說：「拉比，我從麥克一家人那裡收到的心臟，讓我有能力和家人一起長大，看著我的孩子高中畢業，然後大學畢業，並活著看到我的兩個孩子結婚。而且我還能去滑雪！我過著正常的生活，要是他們沒有這麼慷慨，這一切都不可能實現。我覺得有義務過著充實的生活，善待他人。我感覺活著真好。」

湯姆告訴我：「當它跳動時，我確實感受到我的心臟。我曾經把它當成是**我的**心臟，但現在我知道這是**我們的**心臟，我會說，我們的心臟表現得很好。」

然後珍妮遇到她的靈魂伴侶保羅。他們墜入愛河，很快就訂婚了。

我問珍妮：「當妳意識到妳父親不會出席妳的婚禮時，有什麼感受？」

她說：「我在準備婚禮時，想到我爸爸無法陪我走紅毯，就感到很難過。」

她解釋：「每次去參加婚禮，我都有一種遭到遺棄的悲哀。有人偷走我的幸福。我嫉妒那些爸爸還在身邊的女性朋友。」

珍妮告訴我：「我有一個想法。要是湯姆可以來參加我的婚禮，帶著我父親的一部分前來不是很棒嗎？我想邀請他，請他陪我走紅毯。」

珍妮不想讓湯姆為難，於是她寫了下面這封信給他：

湯姆，我是麥克的女兒珍妮。你有我爸爸的心臟。我很高興你參與我們的生活。我最近訂婚了，我想知道你是否願意參加我的婚禮，願意帶我一起走紅毯。

她把信寄出去。兩天後湯姆收到信。

湯姆告訴我：「當我收到珍妮的信時，真的是大吃一驚。我真的需要坐下來平復一下心情。那真的好美。在讀她的信時，我就知道我想要這樣做。與人一起去到對的位置，是一種美妙的感覺。這很完美。這意味著，她的父親也會參加婚禮！」

他說：「我很開心，我不知道到時是否能控制淚水。」

婚禮前一天，珍妮與湯姆第一次碰面。珍妮和她的妹妹以及她的母親柏妮絲，和湯姆與他的妻子南西約好要先會面。

珍妮說：「當我看到他的時候，百感交集。我無法停止哭泣，講不出話來。」

她補充說：「這段時間，我一直在想他是個怎麼樣的人。我讀過他的信，但親眼見到活生生的他又是另一回事。這次會面的每一片刻都讓我震驚不已。有種排山倒海而來的衝擊感，難以抵抗。」

湯姆告訴我：「那次與珍妮碰面，讓我激動不已。我牽起她的手，放在我的脈搏上，好讓她感覺她父親的心跳。」

珍妮也跟我描述這個時刻：「突然間，他問我是否想要感覺一下他手腕上的脈搏。我感受到他的脈搏……然後我伸出手，把手放在他的心臟位置。」

她說：「這就像是一個奇蹟，一場實現的夢，填補了被奪走的這許多，讓這一切塵埃落定，我無法自已地抽泣。」

然後是婚禮當天。一個充滿慶賀和歡樂的日子。當湯姆挽著珍妮的手臂，驕傲地走紅毯時，所有的一切都融合在一起。

珍妮說：「我真的感覺到我的父親就這樣微笑著，我感到非常平靜、開心，就像一個夢想婚禮的小女孩。我和湯姆一起跳著父女舞。」

他們選的是一首潔西卡．辛普森（Jessica Simpson）的歌〈你不必放手〉（You Don't Have to Let Go）。

她說：「我是為父親選這首歌的。」

珍妮說：「奈歐米，我覺得父親一直非常活躍，他需要更多時間，而現在他還活著。他有遠大的目標，他知道自己注定要做更多事，而他現在有了第二次機會，還能繼續活下去。」

珍妮繼續說：「我從這當中學到很多，你永遠不知道何時會有人以怎樣的方式進入你的生活。所以對待每個人應當就像家人一樣。」

當她說這話的時候，我想到愛因斯坦的「整體」，當那些造成分離的牆在我們眼前崩落，而你發現那道牆根本不是牆壁，只是「光學錯覺」時，這是多麼美麗、動人和療癒。

就在我們對話進行到那一刻時，我說：「珍妮，今天早上我仔細讀了《紐約時報》的那篇文章，才知道妳父親是遭到殺害。我只是想告訴妳，我的父親也在一起搶劫事件中遭到殺害，我只是想讓妳知道。」

「哦！我的……我要哭了，」珍妮說：「妳是我遇到第一個了解我感受的人。我也有失去父母的朋友，但他們都是病逝，我總是覺得沒有人能理解我所經歷過的事。」

我說：「珍妮，我明白。」

她說：「妳不知道這對我的意義有多大。」

然後她說：「故事會在你最需要的時候找到你。」

是的，故事會找到你，然後突然間你會看到、你會認識，這個神希望我們看到的世界。你內心的靈魂明白，這道分離的面紗只是錯覺。它在這裡是為了向你展示你所看到的牆根本不是一片真正的牆壁，將人與人區隔開來的界限可以用最療癒的方式降下來，讓我們彼此撫慰，強化彼此的力量，彼此拯救。

在猶太神祕文本《創造篇》（*Sefer Yetzirah*）中有提到：**「他們的結局暗藏在他們的開始中，而他們的開始則在結局之中。」**[2] 如果你願意在心中騰出空間，如果你允許你的靈魂指導你，你就可以看到世間萬物全都位於一個大圓圈之中，以彼此撫慰的方式交織在一起。

當我和珍妮對談時，我仍處於重建手術的恢復期。那時我可能還沒看清楚之間的關聯，但很快地我就明白，前面分享的那段關於我罹患皮膚癌的經歷，還有尋找幫我復原醫師的故事是如何連接起來。

就在我做完最後一次重建手術後一個月，那天早上六點半，我與外科醫師阿西查迪分享一個禱告時刻，為他做好動手術的準備。但這一次，他是即將接受手術的病人。當我和他說話，並且祝福他獲得治療時，我心裡想著，隔離我們的障礙確實降了下來。所有的標籤也是如此：醫師、病人、拉比，一切都包含在這個圓之中。

而剩下的，剩下的就是……靈魂了。

＊

今年六月下旬的夏天，我和女兒諾亞一起搭飛機回家。不知為何，我們竟然被升等到商務艙，我們都很高興，獲得像皇室一樣的禮遇。我們覺得非常舒適，接著很神奇地我們展開母女連心的談話。

我們開始回想我的媽媽。突然間，諾亞變得非常情緒化，她告訴我：「媽媽，自從外婆死後，我覺得我不再是同一個人。少了她，我感到很失落。」她開始哭泣。我也是。

我說：「但你知道，她其實一直和妳在一起，不是嗎？」

不過我也不想剝奪她感傷的權利，所以我告訴她：「我知道妳很想念她。我也想念她。沒有她的日子很空虛。」

在那次飛行後兩週，我的鼻子和第一次重建手術帶來意想不到的故事。

手術後我回到家，感覺自己像是地獄出來的人，頭上戴著粗大的護具，額頭上開了一個大洞，還有血液滴入我眼中。

那天早上諾亞過來了，她是我的孩子。無論她年紀多大，我還是想要保護她。沒有一個女兒會想要看到她媽媽這幅鬼樣子，我擔心這對她來說可能太超過。

諾亞走進我的臥室，爬到我床上。她的個頭已經比我高，所以我只是躺在那裡，抬頭看著她。她在照顧我，用那麼多的愛和關懷輕輕拍掉滴在眼裡的鮮血。就在那時，我們的角色似乎逆轉了。那一刻她是照顧我的母親。

我轉頭對她說：「妳知道嗎？諾亞，我覺得妳不用再想念外婆，我想外婆已經爬進妳心裡。」

我們都哭了。

邊界可以融化。將我們與神分開的那道面紗，與逝去親人以及每個人彼此分開的面紗，那些面紗都會落下來，突然間我們就看到大家連繫在一起，在一個偉大、受到祝福的神奇合一中。你的靈魂在這裡向你展示，它想要幫你看到我們交織在一起的所有方式。湯姆說：「我曾經把它當成**我的**心，但現在我知道這是**我們的**心。」你不需要進行心臟移植手術就能感受到「我們的心」，在你體內跳動。我們都是一體。愛因斯坦告訴拉比馬庫斯，將自己視為整體的一部分，這能為心靈帶來平靜。這就是艾利．魏瑟爾在我問他，是什麼讓他度過最艱難的日子時試圖解釋的「友情」，他提醒我：「毫無疑問，是友情。」

*

可惜艾利．魏瑟爾在我們那段親密談話後不久就去世了。我會永遠珍惜他與我分享的寶貴智慧，以及我們彼此交談的最後幾句話：

他說：「奈歐米，妳找到了自己的出路。」

「你是一個祝福。」我回答。

「妳也是，」他說：「別忘了這一點。要相信這一點。就會有越來越多的祝福。」

願你得到越來越多的祝福，艾利，在此世與之後。

願你也得到越來越多的祝福，我的讀者。願你看到連結，願你尋求連結。這是團結我們所有人的神聖連線。阿門。

# 圓滿：那封信

愛因斯坦的這封信，讓我踏上這段探索靈魂運作的旅程，以及我們如何學會迎接更高層次的靈魂。

拉扯我靈魂的是那封拉比馬庫斯寫給愛因斯坦的信，這封遺失的信。我想要知道他在信中問了愛因斯坦什麼。我渴望得知他所問的問題，可惜遍尋不著。也許我永遠找不到那封遺失的信，無法揭開其中的神祕。我告訴自己，我需要與我的問題和平共處。

我沒有想到這個故事會有圓滿結束的時候，就像我在孩子小時候，第一次教他們的那鍋受到祝福的燉菜一樣。

你在尋找什麼樣的開口？永遠不要放棄希望。門總是在你最意想不到的時候打開，故事會在你最需要的時候找到你。

*

我想我是找不到拉比馬庫斯寫給愛因斯坦的那封信了，我以為我已經接受這樣的事實。我以為我對拉比馬庫斯的認識已經足夠。我以為我可以放下這個題目，繼續前進。唉！但我想錯了。我無法讓他脫離我的腦海。這感覺好像他還在拉扯我，叫我繼續深入查訪。

要搜尋這封信並非易事。我聯絡不到拉比馬庫斯的孩子或妻子。我打過電話給世界猶太人大會，但與我談話的人告訴我，沒有人記得這個在一九五〇年代去世的人。

但後來我發現一條線索。

當我在網路上搜尋拉比馬庫斯的照片時，發現一位名叫弗雷德·卡恩（Fred Kahn）的留言。他提到，他在一九四四年秋天於比利時解放後曾遇見拉比馬庫斯。他將拉比馬庫斯描述為一位「無名英雄」。

不久，我就和弗雷德通了電話。弗雷德是當年倖存下來的孩童，他在十二歲重獲自由時遇到拉比馬庫斯。弗雷德告訴我關於拉比馬庫斯的仁慈，以及他對那些孩子的照料和保護。他說，直到今天他還保存拉比馬庫斯給他的幾樣文具。

我問他：「弗雷德，你知道拉比馬庫斯曾寫過一封信給愛因斯坦嗎？」

弗雷德說：「是的，愛因斯坦有回信給拉比馬庫斯，但原來的那封信，沒有人知道拉比馬庫斯寫了什麼，也沒有人知道那封信的下落。」

不過弗雷德透露一些新資訊給我。他說，拉比馬庫斯去世時，他的妻子費伊懷有七個月身孕，在他去世後兩個月，這名女嬰誕生了。他們以他父親的名字來為嬰孩取名，叫她羅貝塔。

弗雷德說，他和羅貝塔有聯絡過，他給了我羅貝塔的聯絡方式。我的心興奮地跳著。我們掛斷電話的那一刻，我立即開始用她的名字來搜尋。我可以看出她是她父親的女兒。就跟她的亡父一樣，羅貝塔一生致力於照顧他人。我讀到一些文章，看來羅貝塔也是投身社會正義的工作。

第二天，我在羅貝塔的電話中留下一個語音訊息。

在等待羅貝塔的回電時，我自己則想像拉比馬庫斯寫給愛因斯坦的內容，我想知道他的想法和感受。他一定是寫了一封強而有力的信，才會激發愛因斯坦做出如此精闢的回應。我想愛因斯坦應當是個大忙人才是。

因此，在我等待羅貝塔回電時，我試圖聯絡一位名叫愛麗絲．卡拉普萊斯（Alice Calaprice）的女士，她曾在高等研究所（Institute for Advanced Study）的愛因斯坦檔案館（Einstein Archive）工作，並撰寫幾本關於愛因斯坦的書。我在電話簿中找到她的名字，並在她的電話裡留了一段訊息：「我不知道您是不是我要找的愛麗絲．卡拉普萊斯，我是一位拉比，正在尋找那位研究愛因斯坦的專家，因為我有問題想要請教您。」

一小時後我接到一通電話。「拉比，我是愛麗絲．卡拉普萊斯，有什麼能幫妳的嗎？」

我告訴愛麗絲拉比馬庫斯的故事，她說：「哦！是的，沒錯，愛因斯坦曾寫一封信給他。」

「是的，」我說：「我知道那封信。我想要找的是那封拉比馬庫斯寫給愛因斯坦的那封信」。

「好的，我來找找看，」愛麗絲說：「我會盡快回覆妳……」

第二天，我收到愛麗絲的電子郵件：「拉比，我們很幸運。」

就在那裡，我眼前出現拉比馬庫斯寫給愛因斯坦的信。我將它印出來開始讀……

突然間，一切都變得清楚。為什麼愛因斯坦會寫出那封信，又為何這些文字能夠撫慰一位悲傷的父親。

當我在讀那封信的時候，我接到一通電話。是羅貝塔打來的，那位拉比馬庫斯去世後才出生的女兒。

我們開始對話。我告訴她，我一直在研究她的父親——願他安息——以及我深受他的無私奉獻所感動。她告訴我，他是一位了不起的人，她很遺憾沒有機會見到他，還有不幸病逝的傑伊，那位讓父親傷心欲絕的哥哥。

她說：「我的父親死於心臟病，但我只能想像他是因為心碎而死。他失去一位前程似錦的美麗孩子，這樣的損失是無法彌補的。」

然後她對我說：「拉比，我想知道我父親在信中寫了什麼給愛因斯坦。」我開始顫抖。我說：「我找到妳父親的信了，我正好拿在手中。妳要我以電子郵件轉寄給妳嗎？」

「不，」她說：「請讀給我聽。」淚水沿著我的臉頰流下來，我開始讀。我一邊讀，一邊想像拉比馬庫斯的聲音穿過墓地而來：

親愛的愛因斯坦博士：

去年夏天，我十一歲的兒子死於脊髓灰質炎。他是一個特殊的孩子，是個深具潛力的小男孩，懷有強大的求知欲，想要做好準備，造福社群。他的死動搖了我自己的存在，我的生命變得幾乎毫無意義，只剩一片空虛，我所有的夢想和願望都與他的未來和他的奮鬥牽扯在一起。過去幾個月，我一直想辦法安撫我自己這顆痛苦的心，想要找到一種慰藉來幫助我承受失去這樣一個比自己生命還珍貴的痛苦，這樣一個無辜、負責又有天賦的孩子，他是殘酷命運的受害者。唯一能撫慰我的，是我相信人類具有不朽的靈，我相信我的兒子如今活在一個更高等的世界裡……

要是靈會隨著身體滅亡，那麼它存在的目的會是什麼……我對自己說：「這是科學定律，物質永遠不會被毀滅；事物發生變化，但是其本質依舊存在……我們應當說物質存活而精神消失了嗎？難道低階的會比高等的更持久嗎？」[1]

我問過我自己：「難道我們該相信那些在童年就離開人世，無法安享天年的孩子，就這樣進入為世人所遺忘的黑暗中嗎？難道我們該相信那些為了真理而犧牲的殉道者，那些忍受迫害痛苦的數百萬人就這樣煙消雲散嗎？沒有永生，沒有不朽，這世界就陷入一片道德混亂……」

我之所以寫信給你，提及這些問題，是因為我剛讀到你的《我眼中的世界》（*The World As I See It*）。在第五頁你提到：「我無法理解人在他的身體死亡後能夠存活下來……這類觀念是為了迎合虛弱靈魂的恐懼，或荒謬的自我主義。」在這裡，我滿懷絕望地想要探問，在你眼中，這一切的發生中完全沒有足以撫慰，或慰藉人心的希望嗎？難道我該相信我那美麗可愛的孩子，這樣一顆迎向陽光的含苞待放的花蕾，被一場無情風暴折斷後，就只能永遠與灰塵結合在一起，在他內部沒有任何東西能突破墳墓，超越死亡的力量？難道這世間沒有什麼可以減輕，我對親愛兒子的這股難以抑制的想念、強烈的盼望，以及無盡的愛所帶來的痛苦？

可以回覆我你的想法嗎？我非常需要幫助。

——羅伯特．馬庫斯　敬啟

我能聽到羅貝塔的哽咽。我能感覺到她在電話那一頭流淚。

然後她說：「謝謝。因為一通陌生人的電話，那一塊不見的拼圖現在回到原來的位置。」

她補充說：「這正是我認為我父親會寫的。」

我答應她，我會和她保持聯絡，她則允諾要寄一些她父親的手稿給我，我們就掛了電話。

我在顫抖。

我一直在心中重溫拉比馬庫斯的信。這個保護和看管這麼多孩子，卻無法保護自己孩子的男人。這個為這麼多失去信仰的人重建信仰，為許多失去希望的人恢復希望，最後卻找不到自己希望的人。那時的他，已經找不到回歸希望的路。

他是一個處於精神危機中的拉比。據我所知，當時他並沒有向任何一位拉比求助。身為世界猶太人大會的政治主任，他有機會接觸二十世紀最偉大的拉比。也許他確實有向拉比導師請益，尋求智慧，但卻找不到他所尋求的安慰。

所以，他轉向他那個時代最偉大的科學家，並且要求：「告訴我，有一個永恆的靈魂。告訴我，靈魂是真實的。」他需要知道靈魂會存續下去，死亡無法支配靈。**別告訴我要相信，別要求我要懷有信心，我需要知道這是一項事實，一個科學事實。**

在他親眼見證這一切，在目睹所有的死亡後，只有科學家的保證才能給他帶來安慰。

就在這時，我轉過身再看一次愛因斯坦寫給拉比馬庫斯的慰問信，我再一次為自己大聲朗讀出來：

親愛的馬庫斯博士，

人類是我們所稱的「宇宙」這個整體的一部分，是時間和空間有限的一部分。他經驗到他自身、他的思想和感情，將其視為與其他一切分開，這是他意識的光學錯覺，努力擺脫這種錯覺是一個真正的宗教問題。不是要滋養這錯覺而是試圖克服它，才能讓身心安頓，獲得平靜。

我衷心祝福你。

——艾爾伯特・愛因斯坦　敬啟[2]

這是愛因斯坦寫給拉比馬庫斯的慰問信。這真的只是回覆給他一個人嗎？不，不只如此。這意味深遠嗎？過去三年我都在想著這封信。

愛因斯坦提供給拉比馬庫斯和我們所有人一種視野，得以看到人間天堂。愛因斯坦的話語為拉比馬庫斯破碎的心帶來安慰嗎？我想要相信，拉比馬庫斯確實從愛因斯坦的話中得到慰藉，但關於這點我們永遠不會知道。我覺得拉比馬庫斯若是真的想要更直接的安慰話語，他大可和他的拉比導師和朋友聯絡。但他轉向一個科學家求助，一個在尋找統一場理論但一直沒有成功找到的人，但也從未對萬物的合一性失去信仰的人。

當你向愛因斯坦這樣的人求教靈魂時，一定會得到一個與眾不同的答案。

*

就在我和羅貝塔談話兩天後，她把我介紹給她的姊姊塔瑪拉，就是一九四四年八月費伊生下的那個小女嬰。塔瑪拉是位六十多歲的嬌小女性，但她內心卻熱力十足。她告訴我，她兩歲時第一次見到她的父親。她提醒我，她父親去世時她只有六歲，她對他只有模糊的記憶，但在她眼中，他就像神一般。

我問她，對父親最深刻的記憶是什麼，她告訴我，他會抽雪茄，晚上下班回家後，他會用雪茄上鍍金的紙環做個戒指給她，逗她開心。通常，就是這些關愛的小動作存留在記憶中，而不是那些光鮮亮麗的禮物。一個價值不到一分錢的紙環，卻印刻在女兒心上。

我看得出來，塔瑪拉也繼承她父親的特質。她在紐約大學取得古典文學博士學位，在紐約市杭特學院擔任古典文學系主任。儘管她專注於學術和理性思考，但塔瑪拉向我轉述下面這個故事。

她說，她的母親費伊後來住在養老院多年，但那時她的思緒依舊敏銳。有一天，塔瑪拉去看她，費伊非常清楚地告訴她：「傑伊今天來看我。」

塔瑪拉問：「他說了什麼？」

費伊回答：「他說：『我在等妳，媽媽。』」

*

六十五年前，一位深陷痛苦的猶太教徒向愛因斯坦這位科學家，尋求靈性智慧和慰藉。他想要尋求科學家解決深層靈性危機的方法。我們要如何理解無意義的悲劇？我們的宇宙是個冷漠的地方嗎？真的存在希望嗎？我們的安慰是什麼？當我們覺得陷入絕望的真空中時，能夠做些什麼呢？靈魂會繼續活下去嗎？

我偶然發現一位拉比，他認為宗教與科學並沒有相互矛盾，也沒有受到科學為世人提供的見解所威脅。他是服事神的人，卻向那時對宇宙運作認識最多的人請教。這個人改變我們對時間和空間的理解。正如愛因斯坦貼切地點出：「沒有宗教的科學是蹩腳的，沒有科學的宗教是盲目的。」[3]

愛因斯坦對拉比馬庫斯的回答，既不溫暖也不含糊。全文中甚至沒有寫到：「我對你的喪子深感遺憾。」他並沒有解決父母失去孩子，或是年輕生命早夭的痛苦。事實是，在我一遍遍讀著愛因斯坦的信時，我從不將他的想法視為哀悼之詞。我把它視為一種啟發，一種看待世間萬物相連的方式。

我自己想像，要是我父親遭人殺害時我收到愛因斯坦的信，可能會怎麼反應？他的話會安慰我嗎？能夠幫助我克服喪父這樣的巨大傷痛嗎？可能不會。在他的信中，愛因斯坦從不談論愛。他也沒提到死者。沒有討論虛空、空虛和失落。他從不談論記憶，或是死亡帶來的傷害。這將是一封令人不安的哀悼信。我想我可能會感到失望和不安。

我想到，當我父親去世時，我確實收到許多令人困擾的安慰。面對這樣的悲劇時，多數人真的無言以對。他們會講些陳腔濫調，說些空話。沒有什麼能讓死亡變成一件好事。沒有。我在探尋這封愛因斯坦的信的研究過程中，學到一件事：他是一個人道主義者，但卻難以建立親密關係，難以和愛他的人建立連繫，甚至是他自己的兒子。他生活在他的頭腦中，而不是在他心裡。

幾天後，我再次想到愛因斯坦寫給拉比馬庫斯的這封信，我明白我之所以一開始就為它所吸引，是因為這讓我在面對多年前父親毫無意義的遭到殺害一事時，感到安慰。這樣的信，不是在我父親去世後幾天，幾週或幾個月內，我就能理解。但在三十七年後的今天，在我自己的生活架構中，在我認識到的更大整體中，我看到愛因斯坦所說的話。我現在可以理解，我的父親從未離開過我。當時我看不出這一點，現在我可以看到永恆的暗示，但當時我完全無法觸及。我在二十六歲時成為拉比，到現在我當拉比已經二十六年了。到目前為止，我生命中有一半的時間是在祝福靈魂進入這個世界，在婚禮的花棚下祝福靈魂相聚，祝福靈魂進入未來的世界。我嚐過伊甸園的滋味。我很飽足。這些年來我所遇到的靈魂、愛過的靈魂，還有失去的，全都在我身上留下印記，我的靈魂學會更熱情地談論永恆和合一。我的心軟化了，我的雙手敞開著接受生命每天送給我的東西。我知道我是誰。

我喜歡愛因斯坦的那句「真正的宗教」。我幻想有一天，全球各地的人都會聚集在一起，不是因為否認我們獨特的信仰、儀式或傳統，而是透過團結一致的舉手和聲音。分離的光學錯覺正在撕裂我們的世界。我們必須學會打破這道認為彼此是陌生人的認知高牆，從中解脫出來。這牆讓人對身處困境的陌生人毫不關心。我每天都在祈禱，我們可以學會關心、行動，並擴大我們的同情心。我祈禱你會加入我的行列。在一起，我們可以破除這份分離的錯覺，創造一個在我們的時代得以實現的世界，如同《聖經》的預言經文：「在那一天，神將成為一體，神的名字將成為一。」我們所有人都是這整體的一部分。

我想像拉比馬庫斯打開愛因斯坦那封信的情景，理解他心愛的傑伊永遠不會離他很遠，因為萬物相連，合而為一。即使與我們所愛和所失去的人分離，他們其實比我們想像的更近。時間會讓位給永恆，生與死之間只不過是一條模糊的界限。

我祈禱拉比馬庫斯能夠明白傑伊過去和他在一起，未來也永遠和他在一起。

然後我發現另一封信……

*

我知道拉比馬庫斯任職於世界猶太人大會期間，寫過許多文章和演講稿，這些都存放在辛辛那提的美國猶太人檔案館（American Jewish Archives）。在應邀到俄亥俄州演講時，我順道安排去那裡一天，瀏覽拉比馬庫斯的著作。我原本只想篩選幾個檔案，但圖書管理員推來一大台裝滿箱子的兩層推車。我只能埋頭苦幹，我只有一天時間在這裡。時間不斷流逝。

我不是學者，也不是歷史學家。這是我生平第一次做這種類型的研究，而且我有氣喘，布滿灰塵的紙張在我手中顫抖著，讓我喘不過氣。不過，除了這份恐慌之外，能夠拿著拉比馬庫斯親手寫的紙張，我仍然感到自己的渺小與榮幸。我以手指輕拂他的手稿來閱讀。

我想檔案館的主任對我感到有點抱歉。她開始一起瀏覽文件，幫助我清除重要的東西，留下值得參考的文件。她找到一份夾滿信件的檔案夾，然後說：「我想妳會想看這個。」然後她留下我一個人，和這份檔案夾。

我站在那裡一頁一頁地翻閱。這裡有拉比馬庫斯寫給政治人物的信，給《紐約時報》，也有寄給拉比和同事的信。在這些官方文件中，我發現一張抬頭處沒有地址，也省略敬詞的信。信是這樣開始的：「今天是感恩節，我的兒子，我們第一個沒有你的感恩節，你離開我們三個月了……」[4]

讀到這裡，我全身開始顫抖，淚水沿著臉頰流下。我坐下來繼續讀：

今天，我們全部的人，甚至連小塔瑪拉，都很想念你，我的寶貝。坐在餐廳裡，我們感受到你的存在，去電影院看《伊老師與小蟾蜍大歷險》(*Ichabod and Mr. Toad*)，覺得你就坐在我旁邊……

在每座我經過的湖中，我看到你在當中游泳，聽到你從遠處呼喚我的聲音，要我去找你……

從你離開我以來，我親愛的孩子，我花了好多時間在思考，究竟什麼是不朽……

……我一直抱著希望，安慰自己，將來我們會在某個地方再次相遇。我的兒子，我對你無盡的愛是不朽的；它直接來自神的源泉，永遠不會乾涸；它必在永恆中得到滿足；在死亡打開通往高層生命的大門後。我相信這一切，傑伊我的寶貝……

……親愛的，我們將在永恆中相聚。願神從墳墓中拯救我的靈魂，就如同祂接待你一樣，我的寶貝，我知道祂將你接入永生的家園，為你注入永生的氣息。

獨自一人坐在檔案館，為拉比馬庫斯的手稿和教誨所包圍，手裡拿著這封令人動容和心碎的信，忍不住淚流滿面，我知道我的這場探索之旅到了終點。我同時感到一陣空虛和滿足。這時我明白，拉比馬庫斯對於他向愛因斯坦提出的靈魂問題的答案。他知道「上層世界的祕密」，神早已放置在他心中。

我又想起充滿神祕主義的《創世篇》（*Book of Creation*）中的神聖話語：**他們的結局暗藏在他們的開始中，而他們的開始則在結局之中。**[5] 一切都圓滿了。

幾十年來乏人問津的拉比馬庫斯信件，現在找到了新生命。我可以聽到他跨越時間來分享他的教導：在我們內部有一個永恆不朽的靈魂。一個來自造物主的充滿智慧和愛的靈魂。一個將我們連繫在一起，永遠不會消亡的靈魂。

我坐在那裡，整個人難以動彈，這時我明白寫了三年的這本書的每一個句子，似乎都找到合適的位置。即使是一本書也有靈魂，有些訊息永遠不會消亡。在我們闔上書本，把書放回架上後，有些文字會滲透到我們內心，穿透心防，長存我們心頭。

拉比馬庫斯知道，他正在尋求的永恆靈魂的答案。什麼樣的答案是你一直在逃避的？你已經知道哪些？也許你一直在尋找的，是某樣你沒有失去的東西。在你的靈魂中有一真理在等待它的時刻到來，渴望透過你來展現它。歡迎它。願你可以傳播你的智慧和愛。

是的，拉比馬庫斯知道他正在尋找的永恆靈魂的答案。而且很快地，他自己的靈魂也將回歸其源頭。將這些話寫給傑伊的十四個月後，當拉比馬庫斯四十一歲時，便與他心愛的兒子，在更高的領域，即永生之家重逢。

願他們安息，願他們的愛在永恆中得到滿足。

*

讀到愛因斯坦這句描述人類全體彼此相連的名言後，這句話引導我找到一位了不起的拉比，他的英雄事蹟需要傳頌下去。而這位拉比的故事，以及他和愛因斯坦的通信讓我想到你。正是靈魂的故事將我們全體團結起來，永生不死的靈魂。

親愛的讀者：

我相信，在我們每個人內心都有一處神聖的空間，一個純潔和智慧的空間，甚至連死亡也無法支配。我們都可以造訪這個空間。這是我們每個人內在的一張神的座椅。是給我們力量做夢的神，是向我們每個人保證，**你並不孤單，我和你在一起**的神。

我要感謝你和我一起尋求靈魂。你的靈魂為你而來。善用它、聆聽它、歡迎它。生之力、愛之力和永恆之力都存在於你的內心，想要引導你看到合一的視野，看到已經安置在你內心的生命。若是你已準備好，若是你已滋養你飢餓的靈魂，將其從休眠狀態中喚醒，它就會起來，在生活、愛情和工作中滋養你。你有機會得到神祕的提升，讓你瞥見一處比天堂更美麗的世界。

我相信我們都是這鍋宇宙燉菜的一部分，是咫尺也是天涯，從過去、現在到未來，而時間會在其中自行崩毀，我會在合一之中與所有生者和死者連結在一起，那些曾經愛過我們與我們曾經愛過的靈魂，他們照亮了我們生命，點亮天堂。我們可以記住並連繫它們，迎接它們進入我們的意識之中，進入我們的心靈和靈魂。

我全心全意相信還有一個更高層的世界，不僅是存在於來生，在我們身處的現世也可觸及。認識自己的靈魂，與靈魂保持一致的步調，追隨靈魂，就是進入人間天堂的關鍵。你有能力體驗廣闊的視野，你可以從自己打造的監獄中解脫出來，你可以夢想並找到行動的力量，你可以學會愛、原諒、聆聽和遵從你靈魂的召喚。你可以看到你一直視而不見的合一，超越你的分離錯覺。

讓你的靈魂成為你的嚮導。

願你體驗「我之內的我」，願你得到祝福，擁有一雙看到你靈魂渴望向你展示的合一的眼睛。知道你是誰。造物主的印記在你身上。願你在此生看到你的世界。願你體驗充滿意義的漫長歲月，並且願你的生活為夢想你成形的造物主帶來「納哈斯」（**nachas**），那深層的靈魂樂趣。

也願神在看到你的靈魂完成它的使命時微笑，並且因欣慰而深深地感嘆，發出純然喜悅的笑聲。阿門。

# 謝辭

我的經紀人紐柏格（Esther Newberg）在過去二十年一直是我的支柱、我的守護者、我的偶像和我的擁護，我很崇拜她，也一直很信任她，沒有她就不會有這本書。我要感謝我的出版商米勒（Bob Miller）從一開始就堅定不移的支持我，感謝他的指導以及對這項計畫的信任。我得感謝我的編輯弗里克（Whitney Frick），感謝她的洞見和鼓勵，並且明智地引導我，直抵靈魂深處。感謝資深副主編福斯蒂諾（Jasmine Faustino），感謝她不可或缺的投入和幫助。特別感謝我親愛的朋友阿德勒（Dan Adler）多年前將我介紹給米勒，他總是用他那神祕又神奇的力量和關愛來支持我。

我對雷內爾（Roberta Leiner）和格林（Tamara Green）博士與我分享她們的家園、心靈、故事，和寶貴的記憶的感謝實在難以言喻。她們摯愛的父親是一個偉大的人，為人懷念。他的生平和教誨每天激勵著我。我祈禱他的遺澤，他對社會正義的熱情奉獻，並願他發自內心的言辭激勵和照亮許多人的生命。

這份謝辭，若是不感謝愛因斯坦就顯得不完整，他寫給拉比馬庫斯的信為我帶來深刻且持久的安慰。這封信引導我踏上三年的旅程，並且激勵我寫出這本書，願他安息。我對愛因斯坦在建構統一場理論所付出的努力所知甚少，但他對這合一世界的盼望每天都帶給我希望。

我很感激布亨瓦爾德的男孩，他們慷慨地為了這個計畫和我分享他們的故事。我對魏瑟爾騰出時間與我分享他的心和他的記憶，永懷感激之心。可惜魏瑟爾和勞拉維在本書出版之前相繼去世，願他們安息。我要感謝奧斯特（Henry Oster）、許爾曼（Perry Shulman）、恰斯基爾（Szaja Chaskiel）和威斯曼（Robert Waisman），以及布亨瓦爾德屯墾自治區 / Kibbutz Netzer Sereni的成員，在本書出版前去世的亞惠米亞（Avraham Ahuvia），願他安息，以及（David Rosen）、Tzvia Shoham、Kibbutz Archivist、Simcha和Neomi Appelbaum、Mali Lamm和Shmuel Goldstein Sarah（Feig）Goldstein的丈夫，願他安息。

感謝所有與我分享在本書中他們動人故事的人，包括我的守護天使們：雷內爾和格林博士、Carol Taubman博士和Helene Rosenzweig博士，以及拉比Stuart Geller、Alan Golub、Ibolya Markowitz、Laurie Goldmith–Heitner、令人驚嘆的朱迪絲（Judith Feist Hemmendinger）、Alan Rabinowitz博士、Scott Tansey、Ruth Westheimer博士、Elaine Hall、Neal Katz、Byrdie Lifson Pompan、Babak Azizzadeh 博士、Naomi（Salit）Birnbach、Jeni Stepian Maenner、Tom Thomas、瑞秋、傑瑞（願他安息）、Aimee Ginsburg Bikel和偉大的Theodore Bikel（願他安息）、Louis Sneh和他心愛的Dina Sneh（願他安息）。我還要感謝

Fred Kahn，是他引領我找到雷內爾。

感謝我親愛的朋友拉比Stewart Vogel，他好心地閱讀本書草稿多個版本，並在我猶疑的時候給我建議與鼓勵。還有我的學習夥伴拉比Toba August。她也讀了這份草稿的多個版本，並分享給我她的智慧和關愛。

下列的朋友和同事讀了本書草稿後提供寶貴的意見：Rabbi Burton Visotzky、Teresa Strasser、Rabbi David Wolpe和David Suissa。Ginger Clark博士聽讀許多章節，總是引領我往更深處探詢。令人驚嘆的Don Was與我一起沉思音樂和靈魂的層面。Rabbi Moshe Re'em特別斟酌愛與靈魂。我的侄女Sari Thayer和我一起在學習和靈魂上進行腦力激盪。Barry Michels引導我穿越作家的障礙，願主保佑你，並且保佑我的影子。

感謝IJS的Hevraya和我的老師Rabbi Jonathan Slater、Melila Hellner-Eshed博士和Rabbi Sheila Peltz Weinberg。

下列人士在我的研究過程中提供不可或缺的幫助：Michael Berenbaum博士、Patricia Glaser和Sheri Kaufer。艾爾伯特．愛因斯坦檔案館學術主任Hanoch Gutfreund教授、館長助理Chaya Becker、Barbara Wolff，和愛因斯坦檔案館館長Roni Grosz博士。令人感到不可思議的加州理工大學名譽理論物理學教授Kip Thorne，美國猶太檔案館Jacob Rader Marcus中心執行長Gary Zola博士，AJA執行編輯兼學術助理研究員Dana Herman博士和檔案管理專員Elisa Ho。西蒙維森塔爾中心（Simon Wiesenthal Center）的檔案管理員Margo Gutstein、美國大屠殺紀念館（United States Holocaust Memorial Museum）William C. Connelly、Karin Dengler和Yad Vashem的Timorah Perel、Mikve Israel的Miri Hakim。非常感謝幫我找到拉比馬庫斯寫給愛因斯坦的信的Alice Calaprice。以色列國家檔案館檔案管理員Yossi Cohen、艾利・魏瑟爾基金會的Marie Poock。Magen David Adom尋人服務的Susan Edel、Allgenerations.com的Serena Woolrish、HIAS的定位專家Sherly Postnikov、美國猶太歷史學會檔案管理員Eric Arnold Fritzler，和國家猶太福利委員會軍事牧師記錄（National Jewish Welfare Board Military Chaplaincy Records）。YIVO檔案管理員Gunnar Berg。社會工作者Sima Borsuk、長者和大屠殺倖存者計畫人員（Geriatric and Holocaust Survivors' Programs）的Pesach Tikvah。《紐約時報》的Eve Kahn。祕密猶太移民資訊和研究中心（Clandestine Jewish Immigration Information and Research Center）Atlit拘留營的Yael Kaufman。帶領我找到幾位布亨瓦爾德男孩的Jonathan Kirsch、Baruch Weiss、Chana Kronfeld博士、Esther Dreifuss-Kattan博士、Barry Fisher、Kenneth Waltzer教授、Alex Grobman博士、Ted Comet、Albert Weber和Tom Sawicki。Martin Barr、William and Gladys Barr和Phyllis Lasker願他們安息。我要感謝Rabbi Amichai Lau-Lavie和Joan Lau-Lavie。

非常感謝圖書醫師Arielle Eckstut和Alexandra Romanoff，他們提供寶貴的編輯建議。

我的納舒瓦靈性社群，及其中的組長對我來說是真正的祝福。和你們在一起，猶太教鮮活了起來，我們共同創造一些非凡的東西。

特別感謝Brett和Rachel Barenholtzà、Helene Rosenzweig博士和Richard Bock博士、Carol Taubman和Norman Manrique、Carin和Mark Sage、Andrea Kay、Julie Drucker、Jon Drucker、Dina Shulman、Jennifer Krieger和Lauren Krieger博士、Laurie和Stan Weinstock、Ed Greenberg和Jane Kagon、Holly和Harry Wiland、Lori Brown和Tom Beaulieu、Phil和Brenda Bubar、Laurie Berger、Bill和Ethel Fagenson。還要感謝納舒瓦樂團，你們恢復我的靈魂，並用獻給神的美妙音樂和祈禱來充實我的生活：Jared Stein、Justin Stein、Andrea Kay、Ed Lemus、Bernadette Lingle、Fino Roverato、Jamie Papish、Alula Tzaddik和Avi Sills。

永遠和我在一起的我的父母，喬治和露絲，願你們安息。感謝主引領我、相信我、支持我，及日復一日地教導我的父母。他們的愛、他們的遺澤、他們的智慧和光明永遠照在我身上，照亮我的路。感謝總是能讓我依靠的兄弟姊妹：Miriam Levy博士、Daniel Levy博士和David Levy。我的姻親Sari和Aaron Eshman為我的生命帶來真正的啟發，每天都在提供他們的愛、支持和驚人的能量。我感謝我的兄弟姊妹和所有的姪女、姪子和堂表兄弟。想到我的親人，我總是充滿感恩和愛。

我的丈夫羅伯是我的靈魂伴侶。早在我們約會前，母親第一次見到羅伯時便告訴我：「他是一個守護者。」我聽了她的話，把他留在身邊二十五年，願神賜予我們更多健康、樂趣和笑聲，更多在祝福和愛中的年歲。羅伯是這本書的第一個編輯，也是最後一個，在寫作期間提供無數次的服務。他對本書的影響無所不在，每讀一遍他都會提升我，和這本書。他給我他的心、智慧、耳朵、批評、不斷的鼓勵、耐心和愛。在我們生命中的每一天，他仍然為我提供美味佳餚。

當生活到某個階段時，你可以向你的孩子尋求幫助、支持和建議時，這是多麼美好的事。我們的孩子艾迪和諾亞是神給我的禮物。他們是我的明燈、我的導師、我最大的祝福和安慰。他們都讀了這本書，提供了他們的見解和更動，讓這本書變得更好。他們總是讓我變成一個更好的人。

整體和完整，這本書是我對主、靈魂之魂，和萬物的創造者的禱告。

——普珥節。猶太曆五七七七年亞達月十四日

西元二〇一七年三月十二日，加州，威尼斯

# 注釋

## 第二章

1「人類是我們稱為『宇宙』這個整體的一部分」：愛因斯坦寫給羅伯・馬庫斯的信，一九五〇年二月十二日，耶路撒冷希伯來大學艾爾伯特・愛因斯坦檔案館，編號：AEA 60-426。

2「親愛的兒子」：拉比馬庫斯在本章中的來信，以及大部分的生平資料均來自拉比馬庫斯的個人資料。感謝羅貝塔・雷內爾和塔瑪拉・格林博士提供。

3「你自由了！」：朱迪絲轉述給我的。

4「在布亨瓦爾德找到一千位猶太兒童」：Judith Hemmendinger, *Survivors: Children of the Holocaust* (Bethesda, MD: National Press, 1986), 13.

5「淚水從他臉上流下來」：Margalit Fox：Margalit Fox, "Rabbi Herschel Schacter Is Dead at 95; Cried to the Jews of Buchenwald: 'You Are Free,'" *New York Times*, March 26, 2013.

6「他們有牛」：拉比馬庫斯的個人文件。

7「我將這些孩子帶到」：Reports, 1944–1945, World Jewish Congress Records, MS-361, Box B39,

File 4, American Jewish Archives (AJA), Cincinnati, Ohio.

8「新年在清澈的地中海天空下與激動人心的禮拜中展開」：1950, World Jewish Congress Records, MS-361, Box B39, File 8, AJA.

### 第三章

1「勢必有什麼深深隱藏在」：Walter Isaacson, *Einstein: His Life and Universe* (New York: Simon & Schuster, 2007), 13.

### 第五章

1 靈魂的三個層次，請參閱Isaiah Tishby and Fischel Lachower, *The Wisdom of the Zohar: An Anthology of Texts*, vol. 2, trans. David Goldstein (Portland, OR: Littman Library of Jewish Civilization, 1989).

### 第六章

1「就算將世上所有美好的事」：C. G. Montefiore and H. Loewe, eds., *A Rabbinic Anthology* (Philadelphia: Jewish Publication Society of America, 1960), 314.

## 第七章

1 一個感覺自己完整的人：Adin Steinsaltz, *The Thirteen Petalled Rose: A Discourse on the Essence of Jewish Existence and Belief* (New Milford, CT: Maggid Books, 1980), 99.

## 第十一章

1「我們能體驗到最美好的事」：Alice Calaprice, ed., *The Ultimate Quotable Einstein* (Princeton, NJ: Princeton University Press and the Hebrew University of Jerusalem, 2011), 330.

2「當一個人從這樣的冥想中返回」：Rabbi Nachman, *Outpouring of the Soul: Rabbi Nachman's Path in Meditation* (Jerusalem: Breslov Research Institute, 1980), 50.

「宇宙之主」：Translated by Rabbi Shamai Kanter.

## 第十三章

1 喬治・哈里森說：The Beatles, *The Beatles Anthology* (San Francisco: Chronicle Books, 2000), 339.

2「你看，這是一本科學書的手稿」：Viktor E. Frankl, *Man's Search for Meaning* (Boston: Beacon Press, 2006), 14.

3「應該要如何解釋這種『巧合』」：Ibid., 115.

**第十五章**

1「亞倫是拉比馬庫斯的布亨瓦爾德男孩之一」：這是朱迪絲告訴我的故事，這則故事也收錄在：Judith Hemmendinger and Robert Krell, *The Children of Buchenwald: Child Survivors of the Holocaust and Their Post-War Lives* (Jerusalem: Gefen, 2000), 76.

**第十六章**

1 七十年後，《紐約時報》報導這則故事：Eve M. Kahn, "A Pilot and Holocaust Survivors, Bound by War's Fabric, Are Reunited in Brooklyn," *New York Times* , November 8, 2015.

2 愛因斯坦喜歡到那裡，遠離人群，沉澱在他的思想中：關於愛因斯坦對卡普斯的描述，請見：Isaacson, *Einstein* , 359–360.

3「帆船，一望無際的視野」：Ibid., 360.

4「我們所能體驗到最美好的情感就是神祕」：Ibid., 387.

5「他仔細觀看了他所珍愛的家園」：Ibid., 401.

6「因為希特勒的緣故」：Ibid., 403; and Albert Einstein Archives, AEA 50-834.

7「生命是一張大掛毯」：Calaprice, ed., *The Ultimate Quotable Einstein* , 230.

## 發現行動的力量

1「沒有靈的身體只是一具屍體」：Abraham Joshua Heschel, *Moral Grandeur and Spiritual Audacity: Essays* , ed. Susannah Heschel (New York: Farrar, Straus & Giroux, 1996), 112.

2「我們的腿會歌唱」：Scott A. Shay, *Getting Our Groove Back: How to Energize American Jewry* (New York: Devora, 2007), 247.

## 第十七章

1「我緊緊抱住他，不讓他走。」這裡的靈感取材自一位拉比的解經：Rabbi Sholom Noach Berezovsky, *Sefer Netivot Shalom* [Paths of Peace], vol. Devarim, in Hebrew (Jerusalem: Machon Emunah Ve-Daat Yeshivat Bet Avraham Slonim), 78.

## 第二十三章

1「每個人身上都會發出一道直抵天堂的光芒」：Anita Diamant, *The New Jewish Wedding* (New York: Simon & Schuster, 1985), 109.

## 第二十六章

1「上方世界的祕密？」：見：Berezovsky, *Sefer Netivot Shalom* [Paths of Peace], vol. 182–184.

2 但靈魂對高尚聖潔的事物有所領會：我對靈魂本能的想法是受到一則Rav Kook教導的啟發，請參見：Chanan Morrison, *Gold from the Land of Israel: A New Light on the Weekly Torah Portion from the Writings of Rabbi Isaac HaKohen Kook* (Jerusalem: Urim, 2006), 142.

## 第二十七章

1「我們最強大的天賦」：Parker J. Palmer, *Let Your Life Speak: Listening for the Voice of Vocation* (San Francisco: Jossey-Bass, 2000), 52.

2「志業」（vocation）一詞源自於：Ibid., 4.

3「我最親愛的，在戰場上度過艱難的一天，回到基地」：Rabbi Robert S. Marcus personal pa pers.

## 第二十八章

1 明白自己就是合適人選：本章的資訊來自於我和朱迪絲的六次訪談，以及Hemmendinger and Krell, *The Children of Buchenwald* .

2 觀察這些男孩的專家宣布：關於艾庫伊斯（Ecouis）男孩的描述，請見：ibid., 28–32.

3「他將靈魂還給我們」：Ibid., 31.

4「這些男孩天生就有精神病」：Ibid., 33.

5 處理男孩的食物問題：相關描述見：ibid., 35–36.

6 阻止波蘭男孩和匈牙利男孩在房間裡打架：朱迪絲重新安排房間的描敘，請見：ibid., 35.

7「為他們讀這樣的祈禱文實在太可怕、太可恥了」：Ibid., 37.

8「但你自己一直在奧斯維辛集中營」：Ibid.

9「要是你的父母會怎麼做？」：Ibid., 70.

10「我的兩個兄弟待我很好」：Ibid., 81–82.

11 你能想像那次重聚的畫面嗎？：關於這場重聚的相關資訊請見：ibid., 91–94.

12「今晚的聚會是昂布盧瓦那場哀悼服事的延續」：Ibid., 92–93.

13「親愛的朱迪絲」：Ibid., 10–12.

## 第二十九章

1「決定」（decide）這個英文單字：Roy F. Baumeister and John Tierney, *Willpower: Rediscovering the Greatest Human Strength* (New York: Penguin Books, 2011), 86.

2 與靈魂相遇就像在樹林裡遇到一隻鹿：Palmer, *Let Your Life Speak* , 7.

3 我們的耳朵聽不到這呼喚聲：這想法的靈感來自於：Berezovsky, *Sefer Netivot Shalom* [Paths of Peace], vol. Vayikra, 12–15.

4「有時你會覺得不需要說出禱告的話語」：Rabbi Kalonymus Kalman Shapira, the Piaseczno

Rebbe, *Hachsharat Avrekhim 9:3* . Translation from Yitzhak Buxbaum, *Jewish Spiritual Practices* (Lanham, MD: Jason Aronson, 1990), 484–486.

**第三十章**

1 《時代》雜誌稱他是：Bryan Walsh, "The Indiana Jones of Wildlife Protection," *Time,* January 10, 2008.

2 你生命中遭遇最多阻礙的地方，參見：Berezovsky, *Sefer Netivot Shalom* [Paths of Peace], vol. Devarim, 127.

**第三十二章**

1 你會像口袋裡有個洞的人那樣，參見：Berezovsky, *Sefer Netivot Shalom* , holiday vol. B, Shavuot, 352–354. 220

2 「和我一起踏上這趟旅程吧！」：當我受困在嚴冬之中，我從亦師亦友的貝瑞．米歇爾斯（Barry Michels）那裡學到這一點。

**第三十五章**

1 感受你靈魂的四十二場旅程：本章關於四十二場旅程的分析是根據：Berezovsky, *Sefer*

*Netivot Shalom* [Paths of Peace], vol. Bamidbar, 175–184, and vol. Shemot, 280–281.

## 第三十七章

1「最危險的無神論不是無神論的理論」：*A Knock at Midnight: Inspiration from the Great Sermons of Martin Luther King, Jr.,* ed. Clayborne Carson and Peter Holloran (New York: Warner Books, 2000), 15.

2 在這世界，沒有人不曾夢想過：Speeches, 1937–1946, World Jewish Congress Records, MS-361, Box B39, File 9, AJA.

3 在未來世界的板凳上：這個觀念我得自：Berezovsky, *Sefer Netivot Shalom* [Paths of Peace], vol. Bereshit, 260.

## 第三十九章

1 我這輩子第一次理解知名建築師路易斯・卡恩（Louis Kahn）的話：Michael Kimmelman, "Decades Later, a Vision Survives," *New York Times,* September 12, 2012.

2「而我認為那些稀鬆平常的時刻才是最精彩的」：on ibid., vol. Bamidbar, 198.

3「他比我早一點離開這個奇怪世界」：Isaacson, *Einstein* , 540.

## 第四十章

1「對靈魂來說，沒有什麼比與身體分離更困難的事了」修改自：Tishby and Lachower, *The Wisdom of the Zohar,* vol. 2, 851.

2「神啊！我知道你是所有靈魂的主人」修改自：Hayim Nahman Bialik and Yehoshua Hana Ravnitzky, eds., *The Book of Legends, Sefer Ha-Aggadah: Legends from the Talmud and Midrash,*trans. William Braude (New York: Schocken Books, 1992), 104.

3「在一個人去世之際」：Simcha Paul Raphael, *Jewish Views of the Afterlife* , 2nd ed. (Lanham, MD: Rowman & Littlefield, 2009), 290.

4 垂死的人會得到額外的靈魂：Ibid., 287.

5「你的父親總是穿著一件外套來教你」：Martin Buber, *Tales of the Hasidim: The Later Masters* (New York: Schocken Books, 1947), 269.

## 第四十二章

1 一位父親去世的年輕新娘：Katie Rogers, "Bride Is Walked Down the Aisle by the Man Who Got Her Father's Donated Heart," *New York Times* , August 8, 2016.

2 他們的結局暗藏在他們的開始中：Aryeh Kaplan, *Sefer Yetzirah: The Book of Creation; In Theory and Practice* , rev. ed. (Boston: Weiser Books, 1997), 57.

**圓滿：那封信**

1「親愛的愛因斯坦博士」：Robert S. Marcus to Albert Einstein, February 9, 1950, Courtesy of the Albert Einstein Archives, Hebrew University of Jerusalem, AEA 60-423. With permission from Roberta Leiner and Dr. Tamara Green.

2「親愛的馬庫斯博士」：有些愛因斯坦專家可能會對愛因斯坦的信比較熟悉，那封信的開頭與這封完全相同，但最後則是談到要擴大我們的慈悲心。有一段時間，我以為這封信是第一封的假造版本誤傳。但是在耶路撒冷的艾爾伯特．愛因斯坦檔案館的芭芭拉．沃爾夫（Barbara Wolff）向我解釋，愛因斯坦實際上將這第二封信寫給另一位悲傷的父親，「剽竊」自己。事後發現，在拉比馬庫斯寫信給愛因斯坦之後的十九天，還有另一位父母因為失去孩子而寫信給愛因斯坦。巧合的是，第二封信的作者也是一個悲傷的拉比。像拉比馬庫斯一樣，拉比諾曼．薩利特（Rabbi Norman Salit）是紐約市一位知名的拉比，還獲得紐約大學的法律學位。拉比薩利特的十六歲女兒米黎盎（Miriam）在拉比馬庫斯的兒子傑伊去世一個月後死於腦炎。拉比薩利特想盡辦法要安慰他十九歲的另一位活下來的女兒，但他似乎無法提供她需要的撫慰。是她要求她的父親代表她寫信給愛因斯坦。後來我找到拉比薩利特那位活下來的女兒。她的名字是奈歐米．伯恩巴哈（Naomi（Salit）Birnbach）。於是兩個奈歐米約在曼哈頓相見。我們找了間咖啡館坐下來，我請這位奈歐米和我談談她對她父親的要求。她說：「愛因斯坦是那時全世界最聰明的人，我對我妹妹米黎盎的病逝感到困惑不已。」她告訴我，愛因斯坦是她心目中唯一能回答她妹妹這樣無意義死去的人。

3 「沒有宗教的科學是蹩腳的」：Isaacson, *Einstein* , 390.

4 「今天是感恩節」：Publications, 1932–1933; 1943–1950, World Jewish Congress Records, MS-361, Box B41, Folder 2, AJA.

# 參考書目

Baumeister, Roy F., and John Tierney. *Willpower: Rediscovering the Greatest Human Strength.* New York: Penguin Books, 2011.

The Beatles. *The Beatles Anthology.* San Francisco: Chronicle Books, 2000.

Berezovsky, Sholom Noach. *Sefer Netivot Shalom* [Paths of Peace]. Jerusalem: Machon Emunah Ve-Daat Yeshivat Bet Avraham Slonim.

Bialik, Hayim Nahman, and Yehoshua Hana Ravnitzky, eds. *The Book of Legends*, *Sefer Ha-Aggadah: Legends from the Talmud and Midrash.* Translated by William Braude. New York: Schocken Books, 1992.

Buber, Martin. *Tales of the Hasidim: The Later Masters.* New York: Schocken Books, 1947.

Buxbaurm, Yitzhak. *Jewish Spiritual Practices*. Lanham, MD: Jason Aronson, 1990. Calaprice, Alice, ed. *The Ultimate Quotable Einstein.* Princeton, NJ: Princeton University Press, 2011.

Carson, Clayborne, and Peter Holloran, eds. *A Knock at Midnight: Inspiration from the Great*

*Sermons of Martin Luther King, Jr.* New York: Warner Books, 2000.

Diamant, Anita. *The New Jewish Wedding*. New York: Simon & Schuster, 1985. Fox, Margalit. “Rabbi Herschel Schacter Is Dead at 95; Cried to the Jews of Buchenwald: ‘You Are Free.’” *New York Times*, March 26, 2013.

Frankl, Viktor E. *Man's Search for Meaning*. Boston: Beacon Press, 2006.

Hemmendinger, Judith. *Survivors: Children of the Holocaust*. Bethesda, MD: National Press, 1986.

Hemmendinger, Judith, and Robert Krell. *The Children of Buchenwald: Child Survivors of the Holocaust and Their Post-War Lives*. Jerusalem: Gefen Publishing House, 2000.

Heschel, Abraham Joshua. *Moral Grandeur and Spiritual Audacity: Essays*. Edited by Susannah Heschel. New York: Farrar, Straus & Giroux, 1996.

Isaacson, Walter. *Einstein: His Life and Universe*. New York: Simon & Schuster, 2007.

Jacob Rader Marcus Center of the American Jewish Archives (AJA) World Jewish Congress Collection (MS-361).

Kahn, Eve M. “A Pilot and Holocaust Survivors, Bound by War's Fabric, Are Reunited in Brooklyn.” *New York Times*, November 8, 2015.

Kaplan, Aryeh. *Sefer Yetzirah: The Book of Creation: In Theory and Practice*. Rev. ed. Boston: Weiser Books, 1997.

Kimmelman, Michael. "Decades Later, a Vision Survives." *New York Times*, September 12, 2012.

Rabbi Robert S. Marcus personal papers courtesy of Roberta Leiner and Dr. Tamara Green.

Montefiore, C. G., and H. Loewe, eds. *A Rabbinic Anthology*. Philadelphia: Jewish Publication Society of America, 1960.

Morrison, Chanan. *Gold from the Land of Israel: A New Light on the Weekly Torah Portion from the Writings of Rabbi Isaac HaKohen Kook*. Jerusalem: Urim, 2006.

Rabbi Nachman. *Outpouring of the Soul: Rabbi Nachman's Path in Meditation.*

Jerusalem: Breslov Research Institute, 1980.

Palmer, Parker J. *Let Your Life Speak: Listening for the Voice of Vocation.* San Francisco: Jossey-Bass, 2000.

The Papers of Albert Einstein. Albert Einstein Archives. Hebrew University of Jerusalem.

Raphael, Simcha Paul. *Jewish Views of the Afterlife.* 2nd ed. Lanham, MD: Rowman & Littlefield, 2009.

Rogers, Katie. "Bride Is Walked Down the Aisle by the Man Who Got Her Father's Donated Heart." *New York Times*, August 8, 2016.

Shay, Scott A. *Getting Our Groove Back: How to Energize American Jewry.* New York: Devora, 2007.

Steinsaltz, Adin. *The Thirteen Petalled Rose: A Discourse on the Essence of Jewish Existence and Belief*. New Milford, CT: Maggid Books, 1980.

Tishby, Isaiah, and Fischel Lachower. *The Wisdom of the Zohar: An Anthology of Texts*. Vol. 2. Translated by David Goldstein. Portland, OR: Littman Library of Jewish Civilization, 1989.

Welsh, Brian. "The Indiana Jones of Wildlife Protection." *Time*, January 10, 2008.

人生顧問 370

# 愛因斯坦與猶太拉比

Einstein and the Rabbi: Searching for the Soul

作　者—萊維（Naomi Levy）
譯　者—王惟芬
編　者—黃怡瑗（特約）、張啟淵
封面設計—兒　日
編輯總監—蘇清霖
董 事 長—趙政岷
出 版 者—時報文化出版企業股份有限公司
10803臺北市和平西路三段二四〇號四樓
發行專線—（〇二）二三〇六—六八四二
讀者服務專線—〇八〇〇—二三一—七〇五
（〇二）二三〇四—七一〇三
讀者服務傳真—（〇二）二三〇四—六八五八
郵撥—一九三四四七二四時報文化出版公司
信箱—臺北郵政七九～九九信箱
時報悅讀網—http://www.readingtimes.com.tw
法律顧問—理律法律事務所　陳長文律師、李念祖律師
印　刷—勁達印刷有限公司
初版一刷—二〇一九年八月二日
定　價—新臺幣四八〇元
（缺頁或破損的書，請寄回更換）

時報文化出版公司成立於一九七五年，
並於一九九九年股票上櫃公開發行，於二〇〇八年脫離中時集團非屬旺中，
以「尊重智慧與創意的文化事業」為信念。

愛因斯坦與猶太拉比 / 萊維（Naomi Levy）著 ; 王惟芬譯. -- 初版. --
臺北市：時報文化, 2019.08
面；　公分. --（人生顧問 ; 370）
譯自 : Einstein and the Rabbiesearching for the soul
ISBN 978-957-13-7864-0（平裝）

1. 猶太教　2. 靈修

260　　108010352

EINSTEIN AND THE RABBI: Searching for the Soul


ISBN 978-957-13-7864-0
Printed in Taiwan